SANIDAD I

ROMPIENDO EL SILENCIO DEL ALMA HERIDA

PROFETA Y PASTORA

ALBA RIVAS

Copyright © 2020 Alba Rivas

Todos los derechos reservados.

DEDICATORIA

Dedico este libro primeramente a mi Padre Celestial, nuestro Señor Jesucristo, por ser el tesoro mas grande en mi vida. Este libro también va dedicado a mi esposo Jaime Rivas y a mis hijos: Elías, Rosalba, Misael, Perla y Ezequiel a quienes amo con todo mi corazón y por ser los que me inspiran a seguir diariamente en el ministerio. No quiero dejar de mencionar a mis padres Juan Antonio y Cecilia del Carmen, por instruirme y enseñarme desde muy pequeña los principios bíblicos. Papa y mama, ustedes me dieron la mejor herencia, que es conocer al Señor Jesús. Gracias por esa fe genuina que me inculcaron y por la seguridad y valor que me dieron. Esta gran herencia no solo me sirvió para lograr cosas maravillosas para Dios, sino que también, me ayudo muchísimo para fortalecer mi matrimonio, a mis hijos, y en especial al Ministerio. Mama, gracias porque a través de su ejemplo aprendí a ser fuerte y luchar sobre todo obstáculo. Gracias papa, porque desde el cielo me estas mirando; un día voy a estar en ese lugar contigo. Tu hija que te recuerda con mucho amor.

INTRODUCCIÓN

Tenia junto a mi esposo seis años sirviendo como pastores donde el Señor me hacia crecer y aprender de toda la gente que se acercaba a nuestra congregación.

Un día, después de una madrugada de oración, me pregunte:

- ¿Por qué hay tantos creyentes cristianos heridos y dañados, llenos de envidia, rencor y egoísmo?

También le preguntaba al Señor y a mi misma:

- Si ellos no son liberados, ¿podrán ayudar a otros que vienen en busca de una solución para sus traumas y problemas?
- ¿Por qué en muchas iglesias y ministerios hay pastores, lideres y maestros que están atados a muchas cosas que no son agradables ante los ojos de Dios?

Seguí orando y suplicándole al Señor, y le dije:

- ¡Levanta a alguien dentro de nuestro ministerio con revelación para solucionar este problema que tanto me preocupa!

Después de tanto tiempo de suplica, el Señor Jesús me sorprendió. Empecé a sentir y a experimentar un gran interés acerca de la sanidad y liberación interior. Para mi gran sorpresa, el trato primero conmigo. Desde muy pequeña yo sufría de una tremenda bajo estima. Cuando tenia la edad de ocho años, el Señor decidió llevarse a mi padre. Este suceso hizo que todo cambiara dentro de mi. Aunque seguía creciendo bajo el cuidado de mi hermosa madre, me sentía muy sola y triste. A la edad de mi adolescencia, todas las tardes al ponerse el sol, una gran tristeza me envolvía. Después de un tiempo me uní en matrimonio con mi amado esposo, pero ese gran llanto y esa baja autoestima dentro de mi aun permanecían ahí.

Recuerdo que un día fui invitada a una conferencia de mujeres en Florida. En esa conferencia Dios me mostro de donde y por cuanto tiempo venia yo arrastrando este pesar. En esa conferencia quede totalmente liberada de esa tristeza y baja autoestima por el gran poder de Jesucristo.

El Señor me estuvo preparando por el periodo de ocho años. En esta preparación el Señor inculco en mi la disciplina en la oración y ayuno. Durante ese periodo de oración y ayuno, mi pasión por el Señor y por las almas crecía mas y mas.

Recuerdo que un día estaba orando en el altar, y el Señor puso ante mi uno de sus siervos que yo no conocía ni el a mi. Este siervo del Señor me dijo:

- "¡Pastora, párate! Dios dice que ya no quiere que solo ores, sino que también pongas en practica todo lo que El ya te ha revelado durante estos ocho años de ayuno y oración"

Algo muy poderoso empezó a latir dentro de mi. Me sentí como el águila; lista y segura para volar.

Así fue como poco a poco me fui vistiendo de toda armadura de Dios para confrontar, con el Espíritu Santo, a todo poder demoniaco y mentiras de Satanás y poder así ayudar a mucha gente que se acercaba al ministerio en busca de una solución para sus desgarradoras vidas.

Hoy en día, después de muchos años en el ministerio de liberación, sigo gozándome de ver como el Poder del Espíritu Santo sigue obrando en todas aquellas personas que le buscan con el deseo de ser liberadas de las fuerzas del maligno.

Aun en su gran misericordia, sigo viendo como matrimonios y familias enteras son restauradas, personas con enfermedades terminales, como el cáncer y SIDA son sanados, personas con espíritu de suicidio son rescatadas, multitudes enviciadas en las drogas y pornografía son liberadas, personas que han sido abusadas sexualmente son libres de tan aterradora opresión, e individuos que han sufrido de pánico, rechazo, abandono y otros traumas, son rescatados y restaurados con la poderosa sangre de nuestro Señor Jesucristo.

Este libro, que es fruto de todos estos años de milagros vistos en mi ministerio a través del Espíritu Santo, es una herramienta practica para que usted descubra y sane las heridas y golpes que ha sufrido su verdadero "yo", desde su gestación hasta hoy. A través del Espíritu Santo, usted podrá sanar sus emociones y el le encaminara hacia el perdón haciendo que usted aprenda a perdonarse primeramente a si mismo, y luego a las personas que le hayan dañado. Y por ultimo, a Dios, a quien erróneamente culpamos por nuestras desgracias.

Este libro, también le ayudara a quitarle la venda de los ojos al conocer que muchas veces por querer ayudar a cambiar y rescatar a otros, nos hacemos daño a nosotros mismos. Esta conducta nos lleva sin duda a una relación destructiva, enfermiza y de codependencia.

Hay muchas personas que se encuentran en una relación de violencia y abuso sin darse cuenta de ello. Tales abusos como el atropello sexual, verbal, físico, psicológico y espiritual, hacen que la persona bloquee o reprima estas devastadoras experiencias. Este libro no solo le ayudara a desbloquear y romper ese silencio, sino también, le mostrara como resolver, perdonar y sanar esas emociones.

Los ataques de pánico y las crisis de ansiedad son síntomas totalmente detectables, manejables y preventivos. Aquí en este libro, no solo usted aprenderá a como deshacerse de ello, sino que también le ayudará a descubrir y romper con los patrones hereditarios de conducta negativa dentro de su familia. Cuando una persona reconoce a Jesús como a su Señor y Salvador personal, se convierte en un hijo de Dios. Esto quiere decir que sus pecados han sido lavados con la Sangre preciosa de Jesús, y que si esta persona muere, ira directamente al cielo. Sin embargo, este hecho no significa que el creyente es totalmente libre y que todos sus problemas se hayan terminado. Hay creyentes que tienen muchas ataduras del pasado, tales como: heridas, amarguras, complejos, etc., es por eso por lo que la primera pregunta que viene a sus mentes es:

- ¿Por qué, si soy creyente, aun arrastro con cosas del pasado?

La razón es que lo único que nació de nuevo fue nuestro espíritu, no nuestra alma. Nuestra alma tiene que ser renovada y transformada, por lo tanto es en esta área donde necesitamos liberación y sanidad interior.

Atrévase a romper con el silencio que agobia su alma, para que el Señor expulse para siempre toda mala raíz que no le deja vivir con la libertad que Cristo ya le ha entregado; pues su deseo es que usted sea feliz y que pueda disfrutar todas las herencias que el nos ha proporcionado a través de la Cruz del Calvario.

Entréguele a El toda carga y pídale que le ayude a vivir plenamente y a disfrutar de la belleza para lo cual usted y su familia fueron creados. El es el único que puede escudriñar cada rincón de su alma, espíritu y mente y darle así el regalo de la liberación y sanidad interna.

Le ruego a Dios en oración y gran anhelo, que este libro sea de gran bendición hacia aquellas personas, que aun, siendo cristianas, siguen padeciendo de ataduras ligadas al pasado y que puedan entender y recibir la liberación y sanidad interior.

Te pido Jehová, que cada persona creyente o no, entienda que tu verdadero propósito de enviar a tu Hijo Jesús aquí a la tierra fue para satisfacer todas las necesidades humanas a través de la liberación del pecado restaurando así sus almas, y para que puedan vivir una vida libre de opresiones satánicas.

Te lo pido en el hermoso nombre de tu Hijo Jesucristo, amen.

ROMPIENDO EL SILENCIO DEL ALMA HERIDA

CONTENIDO

	AGRADECIMIENTOS	i
1	SANANDO MIS EMOCIONES HERIDAS	1
2	MENTES TRANSFORMADAS	20
3	DESCUBRE LA RAIZ DE TU MAL CARACTER	41
4	POR QUE DESTRUYO A LOS QUE AMO	67
5	RECHAZO	88
6	INMORALIDAD	106
7	PANICO	129
8	DOLOR SECRETO	149
9	PATRONES REPETITIVOS	177
10	EL PERDON	211
11	DESENMASCARANDO A SATANAS	255
12	SÍMBOLOS SATANICOS	317

AGRADECIMIENTOS

Agradezco con toda mi alma a los que me han apoyado y han orado para que este libro sea una realidad. A toda la iglesia de Ministerios Eben-Ezer por creer en mi. También, un cordial agradecimiento a todo el equipo de apoyo en el programa "Rompiendo El Silencio del Alma Herida", donde Dios ha restaurado, liberado y sanado a muchas personas que hoy gozan de su sanidad y restauración del alma, gracias al Poder del Espíritu Santo.

Un especial agradecimiento se extiende también a todo el equipo de edición y diseño que ayudo al proceso de formación de este libro, y por orar incansablemente por un largo tiempo para ver este sueño hecho realidad.

CAPITULO 1

SANANDO MIS EMOCIONES HERIDAS

A lo largo de nuestro caminar hemos vivido de todo; hemos recorrido veredas anchas y estrechas; hemos pasado por tiempo de abundancia y escases, de éxitos y fracasos, tiempos de sequias y lluvias; tiempos de ilusiones y desilusiones.

En ese recorrido hay quienes han estado en prisión, privados de libertad por un tiempo, incluso con algunas sentencias. Le estoy hablando en el ámbito emocional y espiritual donde nuestra alma se ha visto afectada por el dolor que los malos recuerdos y heridas del pasado han causado.

¿Qué es el alma?

> *"Así también esta escrito: Fue hecho el primer hombre Adán alma viviente; el postrer Adán, espíritu vivificante"*
> *1 Corintios 15:45*

Para que tenga un mejor entendimiento acerca de cómo el alma puede llegar a ser perturbada por experiencias destructivas. Me gustaría darle una definición acerca del alma: El **alma** es la parte psicológica del ser humano. Es donde se asientan los afectos, deseos y emociones, ósea, nuestro propio "yo". Sus componentes son: **la mente, la voluntad y las emociones.**

El alma tiene la capacidad de almacenar emociones positivas y negativas. Las emociones negativas pudieron haber sido provocadas por heridas producidas por nosotros mismos o por personas que de algún modo o otro nos hirieron. Causando así una sensación de desesperanza, angustia y otros malestares; e incluso, una baja capacidad de control para manejar las diferentes situaciones que la vida nos presenta.

También, existen heridas que son sencillamente el resultado de circunstancias desafortunadas o de sucesos naturales, tales como: la muerte de un ser querido, un duelo no resuelto, divorcio, infidelidad en el matrimonio, etc.

Otras heridas que caben destacar son las que fueron provocada desde que estábamos en el vientre de nuestra madre. En algunos casos, cuando la mujer se entera de su embarazo, rechaza o intenta abortar a su bebe. Sembrando inmediatamente la semilla de rechazo, ocasionando que el futuro ser se vea afectado con problemas en su personalidad, tales como: el auto rechazo, inestabilidad, depresión y otros conflictos a su alrededor.

El abuso sexual causado en la infancia por un padrastro, tío, primo o cualquier otro familiar, o amigo de confianza cercano a la familia, son heridas que constituyen experiencias traumáticas como maltrato físico, abandono emocional, etc.

¿Qué son las heridas emocionales? Son heridas profundas en el sentimiento y son heridas que traemos fuerte. Golpes violentos en nuestro interior; pueden ser heridas recientes y actuales, heridas viejas que no podemos olvidar, que cada vez que vienen a nuestra memoria causan dolor, heridas que tratamos de ignorar, como si nunca hubiesen ocurrido pero que ahí como quiera que sea, esas heridas están descubiertas y sangran, duelen y nos dejan débiles y vulnerables a cualquier dolor.

Muchas de esas heridas son causadas por maltrato en nuestra niñez, huellas con heridas en el cuerpo y en el alma; abusos sexuales, abandono, violencia. Tales como estos son hechos dolorosos que te marcan desde la niñez, hay otras como el aborto, divorcio, calumnias, etc. esas heridas dejan recuerdos dolorosos, imágenes vivientes de dolor y angustia y emociones que vienen a la mente una y otra vez con pesadillas por las noches.

"Porque así ha dicho Jehová: Incurable es tu quebrantamiento, y dolorosa tu llaga. No hay quien juzgue tu causa para sanarte; no hay para ti medicamentos eficaces." Jeremías 30:12-13

"Mas yo haré venir sanidad para ti, y sanaré tus heridas, dice Jehová; porque desechada te llamaron, diciendo: Esta es Sion, de la que nadie se acuerda."
Jeremías 30:17

Prisiones Del Alma

Quizás usted no se vio afectado por ninguno de los casos o experiencias nombradas anteriormente, pero, como seres humanos que somos, no hay justo, *ni aun uno (Romanos 3:10)* y si usted es una persona que ha aceptado al Señor Jesucristo como a su salvador y no ha pasado por el proceso de liberación, es muy probable que se encuentre privado de su libertad. *Porque en hiel de amargura y en prisión de maldad veo que estas (Hechos 8:23).*

Hay prisiones o ataduras donde el mas débil termina siendo

explotado y oprimido a causa de la **injusticia** de sus opresores. Estas personas sufren angustia y desconsuelo en sus almas debido al abuso desenfrenado en contra de ellas. *Y el que se aparto del mal fue puesto en prisión (Isaías 59:15).*

También existen prisiones como las que sufrió Jacob: *"me habéis privado de mis hijos" (Génesis 42:36).* El sentimiento de **perder un hijo** es devastador. El impacto es una de las emociones mas fuertes que se pueden experimentar; causando sentimientos de ira, culpabilidad, tristeza intensa, etc.

Otras prisiones surgen dentro del matrimonio; tal vez usted se caso con el propósito de que su matrimonio fuera perfecto, pero después de un tiempo se dio cuenta que ya no soporta ciertas situaciones o conductas que su conyugue le proporciona a usted y a sus hijos. Si usted no pide ayuda para mejorar la situación, es muy probable que usted ya se encuentre en una prisión de **infidelidad, codependencia emocional y económica y divorcio,** entre otras, provocando así sentimientos de amargura, violencia, humillación, egoísmo, soberbia, etc.

Por otro lado, las **adicciones** son otras prisiones de codependencia hacia una sustancia, actividad o relación causada principalmente por la satisfacción que esta produce a la persona y traen consigo grandes consecuencias en la vida, afectando negativamente a la capacidad de funcionar de manera efectiva. Una persona que no sea capaz de controlar cualquier actividad excesiva, los lleva a conductas compulsivas, tales como la **adicción al sexo, a la pornografía, a la televisión, a la tecnología, etc.; también el uso indebido de fármacos y alcohol;** otras adicciones pueden ser también las **compras compulsivas y el comer compulsivamente.** La falta de **honra y honor** hacia otras personas o a usted mismo siempre reflejara en todo lo que usted haga o diga: "No soy buena ama de casa, mi trabajo es miserable, mi servicio a Dios es mediocre, mi conyugue es un inútil, mis hijos son insoportables, mis vecinos son sucios" etc. etc. Este tipo de prisión provoca sentimientos de vergüenza, angustia, pobreza, falta de humildad, insensatez, y total desconsideración hacia usted y los demás.

"Tribulación y angustia sobre todo ser humano que hace lo malo, el judío primeramente y también el griego, pero gloria y honra y paz a todo el que hace lo bueno, al judío primeramente y también al griego; porque no hay acepción de personas para con Dios. Porque todos los que sin ley han pecado, sin ley también perecerán; y todos los que bajo la ley han pecado, por la ley serán juzgados; porque no son los oidores de la ley los justos ante Dios, sino los hacedores de la ley serán justificados. Porque cuando los gentiles que no tienen ley, hacen por naturaleza lo que es de la ley, éstos, aunque no tengan ley, son ley para sí mismos, mostrando la obra de la ley escrita en sus corazones, dando testimonio su conciencia, y acusándoles o defendiéndoles sus razonamientos, en el día en que Dios juzgará por Jesucristo los secretos de los hombres, conforme a mi evangelio. He aquí, tú tienes el sobrenombre de judío, y te apoyas en la ley, y te glorías en Dios, y conoces su voluntad, e instruido por la ley apruebas lo mejor, y confías en que eres guía de los ciegos, luz de los que están en tinieblas"
Romanos 2:9-19

En resumen, nuestra alma esta tan herida y sumida en algunas de las prisiones ya mencionadas, que han hecho que todas las metas que soñamos para nuestras vidas queden sumidas en la frustración. Causando así actitudes negativas de ansiedad, angustia, desesperación, resentimiento y tensión en nuestro comportamiento. Recuerde que los presidiarios acumulan mucho de estas actitudes en sus corazones; sus facciones se endurecen, sus gestos son ofensivos y su tono de voz se vuelve tosca e insensible, pues *"de la abundancia del corazón habla la boca" (Lucas 6:45)*.

Así que, ¿cómo podemos convertir nuestras prisiones en libertad? ¿cómo luchar contra nuestra frustración?

Para lograr obtener una respuesta a estas preguntas veremos cual es el proceso de sanidad sobre nuestras emociones heridas.

La Mente

Otra área del alma es la mente, la cual puede dividirse a la vez en tres partes donde encontramos nuestras expectativas, sueños e imaginaciones, los pensamientos y el lenguaje; estas partes contribuyen grandemente en la manera en que vivimos la vida. Una de las mayores revelaciones de la vida, es que puedas elegir tus pensamientos y pensar las cosas a propósito, en otras palabras, tener la capacidad de elegir los pensamientos que permitimos entrar en nuestra mente.

Este versículo puede cambiar tu vida:

"Porque cual es su pensamiento en su corazón, tal es el. Come y bebe, te dirá; Mas su corazón no esta contigo."
Proverbios 23:7

Dios esta preocupado por lo que el hombre esconde en su interior, nuestra vida interior, ya que nuestra vida interior es producto de lo que pensamos.

Como dice el versículo anterior, la manera en la que pensamos determina nuestra manera de vivir y quienes somos. Es por eso por lo que tenemos que pensar acerca de lo que estamos pensando. Debemos entender la importancia de llevar nuestros pensamientos a la obediencia de Cristo.

"Porque las armas de nuestra milicia no son carnales, sino poderosas en Dios para la destrucción de fortalezas, derribando argumentos y toda altivez que se levanta contra el conocimiento de Dios, y llevando cautivo todo pensamiento a la obediencia a Cristo."
2 Corintios 10:4-5

La biblia habla específicamente de tres cosas que debemos hacer para desarrollar una mente que este de acuerdo con Dios, te compartiré los beneficios que encuentras en estas palabras:

1. <u>Concentra tu atención en las cosas de arriba</u>

    "Poned la mira en las cosas de arriba, no en las de la tierra. Porque habéis muerto, y vuestra vida esta escondida con Cristo en Dios."
    Colosenses 3:2

    Esta es la clave para resistir las tentaciones. Tener antemano una decisión para lo que queremos o no hacer, para cuando venga la tentación tu ya has sentado una base en tu mente correcta, así va a superar con éxito la tentación.

2. <u>¡No sea moldeado conforme a este mundo!</u>

    "No os conforméis a este siglo, sino transformaos por medio de la renovación de vuestro entendimiento, para que comprobéis cual sea la buena voluntad de Dios, agradable y perfecta." Romanos 12:2

Renovar la mente es un proceso continuo de todos los días.

3. <u>Por tanto, ceñid los lomos de vuestro entendimiento</u>

"Por tanto, ceñid los lomos de vuestro entendimiento, sed sobrios, y esperad por completo en la gracia que se os traerá cuando Jesucristo sea manifestado."
1 Pedro 1:13

Debemos sacar toda la basura de nuestra mente, alojando todo pensamiento que viene a tu mente para poder seguir el plan de Dios para tu vida. Si te comprometes a poner atención en lo que habla la palabra de Dios. Renovaras tu mente con la verdad y sacaras los malos pensamientos de tu vida, entonces experimentaras una vida a plenitud que todos podemos tener en Cristo.

"Porque el ocuparse en la carne es muerte, pero el ocuparse del Espíritu es vida y paz."
Romanos 8:6

¿Cómo tener control sobre el alma y cual es la participación de la voluntad sobre esta?

"Bendice, alma mía, a Jehová, y no olvides ningunos de sus beneficios. El es quien perdona todas tus iniquidades, El que sana todas tus dolencias."
Salmo 103:2-3

Como le había mencionado anteriormente, Dios nos ha dotado de un cuerpo, alma y espíritu; donde el alma esta compuesta por la mente las emociones y la voluntad. La voluntad juega un papel muy importante dado que en ella es donde reside la capacidad humana para decidir. El ser humano es un agente moral, libre de escoger entre el bien y el mal; y es la fuerza de voluntad quien abre y cierra todo acto de elección en nuestra vida.

La voluntad humana trabaja conjunto con la mente y las emociones. La mente propone, la emoción alienta y la voluntad opera. Por lo tanto la voluntad soberana del hombre para escoger entre lo bueno y lo malo, le da la capacidad de decidir que hacer o no hacer, si le servirá a Dios o al diablo. El ser salvo o ser condenado no depende de Dios, pues El ya dio a su *Hijo unigénito, para que todo aquel que en El cree, no se pierda, mas tenga vida eterna. (Juan 3:16).* Ahora solo depende del hombre porque es un acto de voluntad propia recibir a Cristo o rechazarlo.

Dios no tiene prisiones en el cielo; por eso, es tan importante tratar con nuestra vieja voluntad y someterla a Cristo para así vencer los momentos de debilidad y hacer lo que a El le agrada.

El hombre desarrolla su voluntad de acuerdo con el ambiente emocional y cultural donde vive. El hombre no regenerado, siempre se inclinará a pecar contra Dios, por ejemplo: la desobediencia es un acto de nuestra propia voluntad, pues Dios dice: *"El alma que pecare, esta morirá*

A veces nos preguntamos, ¿Por qué si somos dueños de nuestra propia voluntad, nos cuesta dejar de hacer algo malo? La respuesta esta en que la mente no renovada, envía constantemente pensamientos negativos a las emociones que no están sujetas al espíritu, haciendo que la voluntad del hombre no pare de hacer lo desagradable ante los ojos de Dios.

La voluntad es una barrera que Dios ha puesto en la vida del hombre que ni el mismo traspasa. Esta barrera tampoco puede ser traspasada por el enemigo. Si este ultimo traspasa esa barrera ganando así terreno en nuestras vidas, es porque nosotros se lo hemos permitido a través de nuestra soberana voluntad.

Recuerde, la voluntad es donde se alojan nuestras intenciones, decisiones, propósitos y deseos. Hacer siempre lo que se nos antoja, es solo producto de nuestra rebelión. Una voluntad no renovada se inclinará siempre a querer satisfacer los deseos de la carne.

¿Cómo lidiamos con una voluntad no sometida a Cristo?

La palabra de Dios habla de ciertos términos que nos enseñan a que someter nuestra voluntad a Cristo, es un acto de elección, pero si ya somos hijos de Dios, ósea, si ya hemos aceptado al Señor Jesucristo como a nuestro Salvador, debemos de entender que: *"con Cristo estoy juntamente crucificado, ya no vivo yo, mas vive Cristo en mi; y lo que ahora vivo en la carne, lo vivo en la fe del Hijo de Dios, el cual me amo y se entrego a si mismo por mi"* Gálatas 2:20.

Por lo tanto, para someter nuestra voluntad a Cristo debemos de empezar por rendir nuestra voluntad a El, así como Pablo indica; estamos crucificados juntamente con Cristo, esto indica que hemos renunciado y nos hemos despojado de algo malo, como lo es el viejo hombre.

"En cuanto a la pasada manera de vivir, despojaos del viejo hombre, que esta viciado conforme a los deseos engañosos, y renovaos en el espíritu de nuestra mente, y vestíos del nuevo

hombre creado según Dios en la justicia y santidad de la verdad."
Efesios 4:22-24

Quebrantando nuestra voluntad: ¡La voluntad debe ser quebrantada! Dios quebranta nuestra voluntad cuando nos disciplina como un Padre disciplina a su hijo con amor; también podríamos decir que nuestra voluntad es triturada. La trituración o disciplina tiene que ver con las circunstancias dolorosas que la vida nos presenta, las cuales Dios utiliza como método de enseñanza para ayudarnos a cambiar. Este método disciplinario de parte del Padre puede ser saludable y beneficioso si lo recibimos con sumisión.

"Y habéis ya olvidado la exhortación que como a hijos se os dirige, diciendo: Hijo mío, no menosprecies la disciplina del Señor, Ni desmayes cuando eres reprendido por él; Porque el Señor al que ama, disciplina, Y azota a todo el que recibe por hijo."
Hebreos 12:5-6

"Es verdad que ninguna disciplina al presente parece ser causa de gozo, sino de tristeza; pero después da fruto apacible de justicia a los que en ella han sido ejercitados."
Hebreos 12:11

Vaciando nuestra voluntad y llenándola con la voluntad de Dios:

Jesús nos muestra con excelente ejemplo de sometimiento, al destacar en las escrituras su dependencia total del Padre. Este logro fue debido a que el sabia que había descendido del cielo, no para hacer su voluntad, sino la voluntad del que le envió.

"Porque he descendido del cielo, no para hacer mi voluntad, sino

la voluntad del que me envió."
Juan 6:38

Por eso, debemos de renovar nuestra mente constantemente con la palabra de Dios, para que nuestra voluntad despierte el deseo de someterse a Cristo como el se sometió al Padre.

Recuerde que el obstáculo mas grande que nos impide hacer la voluntad de Dios es nuestra voluntad propia, ósea, nuestro propio "yo". David sabia muy bien como vencer su propio "yo" cuando le suplicaba al Padre dirección, para someter su voluntad a el: *"Enséname a hacer tu voluntad, porque tu eres mi Dios; tu buen espíritu me guie a tierra de rectitud." Salmo 143:10.*

Sanando Las Emociones Heridas
Que son las emociones

Las emociones son un impulso que mueven a las personas a actuar, las emociones son parte del hombre donde se envuelven los sentimientos y afectos. Hay varias emociones negativas como lo son la tristeza, la ira, la venganza, dolor, miedo, celos, confusión, odio, de la misma manera que hay emociones positivas, estas son, amor, gozo, las emociones las vemos en los cinco sentidos que son, el gusto, el olfato, el oído, el tacto y la vista. Jesucristo enfrento todas las emociones y los sentimientos de la vida humana y lo hizo para proveernos de recursos con el fin de que pudiéramos controlarlas. Las personas que viven motivada solamente por sus sentimientos no entienden el valor de los principios bíblicos.

"Pero pida con fe, no dudando nada; porque el que duda es semejante a la onda del mar, que es arrastrada por el viento y echada de una parte a otra."
Santiago 1:6

Cuando el Espíritu Santo comienza a dirigir la vida del hombre, las emociones se controlarán como consecuencia del silencio total de las emociones, es una condición para poder caminar en el espíritu.

¿Cuál es el proceso?

El proceso consiste en exteriorizar situaciones tales como, confesar pecados personales y de nuestros ancestros; renunciar y romper poderes ocultistas y reafirmar la fe en Dios y en su poder libertador. Este es un proceso donde se reclama la restauración del alma, la sanidad espiritual y el bienestar y paz interna. En muchos casos, los padecimientos físicos que se originan en el espíritu también son sanados.

"El sana a los quebrantados de corazón y sana sus heridas"
Salmo 147:3

Dios doto al hombre de un cuerpo, alma y espíritu. El deseo de ser libre en estas áreas de nuestra vida debe tener una preparación:

- Identificar las ataduras (prisiones)
- Hacer una confesión abierta
- Se necesita mucha humildad para que le des el derecho a Dios entregándole tu voluntad.
- Querer ser libre por completo
- Un arrepentimiento genuino
- Apropiarse de la verdad que esta en Jesucristo y la palabra de Dios

"Que el mismo Dios de paz os santifique por completo; y todo vuestro ser, espíritu, alma y cuerpo, sea guardado irreprensible para la venida de nuestro Señor Jesucristo"

1 Tesalonicenses 5:23

Las ataduras provienen del pecado. Como habíamos mencionado anteriormente, una atadura (prisión) puede ser: angustia, calamidad, injusticia, infidelidad, soledad, dolor, miseria, sufrimiento, ruina, etc.

El propósito de Dios al enviar a su hijo Jesucristo fue para que seamos verdaderamente libres. Nuestras malas decisiones, las traiciones, decepciones y los golpes son situaciones que causaron heridas en el alma. Estas heridas deben ser sanadas para lograr que nuestras vidas avancen y para que nuestros hijos no sean dañados a causa de estas.

Los psicólogos estudian el alma, o sea el "yo"; que es la personalidad verdadera del ser humano, pero estos especialistas se encuentras con limitaciones humanas y científicas. Solo el poder ilimitado de Dios puede sanar por completo nuestras heridas.

El proceso de liberación solo se inicia cuando la persona desea ser realmente libre: *"Porque la palabra de Dios es viva y eficaz, y más cortante que toda espada de dos filos; y penetra hasta partir el alma y el espíritu, las coyunturas y los tuétanos, y discierne los pensamientos y las intenciones del corazón." Hebreos 4:12.*

Pues Dios desea que usted sea verdaderamente libre,

> *"Vuélvete, oh Jehová, libra mi alma. ¡Sálvame por tu misericordia!"*
> *Salmo 6:4*

Y que aprenda a vivir en libertad,

> *"Así que, si el Hijo os libertare, seréis verdaderamente libres"*

Juan 8:36

La razón por la que muchos creyentes todavía cargan y acarrean con prisiones o heridas emocionales, malos pensamientos y deseo de no hacer la voluntad de Dios, es a causa de su propia rebeldía,

"Así que, hermanos, os ruego por las misericordias de Dios, que presentéis vuestros cuerpos en sacrificio vivo, santo, agradable a Dios, que es vuestro culto racional. No os conforméis a este siglo, sino transformaos por medio de la renovación de vuestro entendimiento, para que comprobéis cuál sea la buena voluntad de Dios, agradable y perfecta. Digo, pues, por la gracia que me es dada, a cada cual que está entre vosotros, que no tenga más alto concepto de sí que el que debe tener, sino que piense de sí con cordura, conforme a la medida de fe que Dios repartió a cada uno."
Romanos 12:1-3

Hay personas confundías por que no saben con certeza si son nacidas de nuevo. Esta confusión se origina debido a situaciones ocurridas en el pasado y que aun no han podido vencer, causando que sus almas, o sea, su voluntad, sus emociones y sus mentes queden totalmente estancadas en un túnel sin salida. Estas personas necesitan saber que sus almas deben ser renovadas a través de la palabra de Dios que proporciona la sanidad interior y liberación.

El Nuevo Nacimiento

Como ya hemos mencionado anteriormente, hay creyentes que no han entendido lo que es el nuevo nacimiento, la palabra de Dios nos enseña que cuando un cristiano recibe a Jesús como su Señor y Salvador, su espíritu nace de nuevo pero su alma no.

La palabra de Dios nos instruye que el espíritu (del griego original "*zoe*") y el Alma (del griego original "*pesuke*") son diferentes.

Las características del alma se comparan a las del burro; egoísta, inseguro, rudo, exhibicionista, rebelde, orgulloso y arrogante. Esta naturaleza necesita ser totalmente restaurada por le Espíritu renovador y transformador de Dios para así poder disfrutar la vida en abundante que Cristo nos ofrece.

Para lograr esta vida espiritual es necesario nacer de nuevo:

"Respondió Jesús y le dijo: De cierto, de cierto te digo, que el que no naciere de nuevo, no puede ver el reino de Dios. Nicodemo le dijo: ¿Cómo puede un hombre nacer siendo viejo? ¿Puede acaso entrar por segunda vez en el vientre de su madre, y nacer? Respondió Jesús: De cierto, de cierto te digo, que el que no naciere de agua y del Espíritu, no puede entrar en el reino de Dios. Lo que es nacido de la carne, carne es; y lo que es nacido del Espíritu, espíritu es. No te maravilles de que te dije: Os es necesario nacer de nuevo."
Juan 3: 3-7

Este nuevo nacimiento que surge en nuestro espíritu hace que:

➢ Tengamos la posibilidad de comunicarnos con Dios

"Os daré corazón nuevo, y pondré espíritu nuevo dentro de vosotros; y quitaré de vuestra carne el corazón de piedra, y os daré un corazón de carne."
Ezequiel 36:26

➢ Nos permite conocerle y entender su voluntad

> *"Por lo cual también nosotros, desde el día que lo oímos, no cesamos de orar por vosotros, y de pedir que seáis llenos del conocimiento de su voluntad en toda sabiduría e inteligencia espiritual"*
> *Colosenses 1:9*

➢ Nos da la habilidad de convertirnos en verdaderos adoradores

> *"Mas la hora viene, y ahora es, cuando los verdaderos adoradores adorarán al Padre en espíritu y en verdad; porque también el Padre tales adoradores busca que le adoren."*
> *Juan 4:23*

En conclusión, cada creyente tiene que pasar por este proceso de renovación y transformación del alma, con la profunda convicción de que la redención perfecta que nuestro Señor Jesucristo efectuó en la cruz fue mas que suficiente para libertarnos y sanarnos de las heridas del pasado, cuando dejamos que su maravilloso Espíritu mas en nosotros.

¡Prepárese! ¡Le traigo buenas noticias!

> *"El Espíritu del Señor está sobre mí, Por cuanto me ha ungido para dar buenas nuevas a los pobres; Me ha enviado a sanar a los quebrantados de corazón; A pregonar libertad a los cautivos, Y vista a los ciegos; A poner en libertad a los oprimidos; A predicar el año agradable del Señor."*
> *Lucas 4:18-19*

Es tiempo de romper la prisión en la que te encuentras atrapado, desbloqueando esos recuerdos que provocan dolor, temor, enojo, culpa y liberarlos con la ayuda de Dios ¿estas listo para renunciarlo a todo? Dios dice en *Isaías 43:18-19 "No te acuerdes de las cosas pasadas ni traigas a memoria las cosas antiguas."*

"Yo Jehová te eh llamado en justicia y te sostendré por la mano, te guardare y te pondré por pacto al pueblo por luz de las naciones, para que abras los ojos de los ciegos, para que saques de la cárcel a los presos y casas de prisión a los que moran en tinieblas."
Isaías 42:6-7

Oración

Señor Jesús, quiero conocerte, hoy abro mi corazón a ti y te pido que entres y sanes todos mis recuerdos dolorosos del pasado y todas las heridas que hay en mi corazón. Tu que eres la luz del mundo, ven a iluminar cada recuerdo escondido y guardado en mi inconsciente; sácalo a la luz, revívelo y sánalo. Declaro en el nombre de Jesús revocada la sentencia y el derecho legal de fracaso, de soledad, de vivir en depresión, infelicidad, en miseria, en ruñía, en dolor y en adicción. En lugar de todo eso, declaro en el nombre de Jesús, que comienza a manifestarse la plenitud de Dios a través de nuestra familia, hijos, matrimonio, trabajos y amigos. Yo tengo derecho a vivir en libertad, en santidad, en prosperidad, en felicidad y en alegría con la ayuda de Jesucristo. En el nombre de Jesús, anulo el convenio de fracaso y de soledad. Anulo la sentencia y el decreto que dieron para destruir mi vida y mi familia. Hoy Dios Padre, me declaro libre en el nombre de Jesús. ¡¡Libre!! ¡¡Libre!! ¡Amen!

"Ahora pues, ninguna condenación hay para los que no andan conforme a la carne, sino conforme al Espíritu"
Romanos 8:1

"Mas si desde allí buscares a Jehová tu Dios, lo hallaras, si lo buscaras de todo tu corazón y de toda tu alma"
Deuteronomio 4:2

"Pero he aquí que yo la atraeré y la llevare al desierto, y hablare a su corazón"
Oseas 2:14

¡Somos un arsenal de dinamita! Si yo estoy bien, mi esposo(a) esta bien y mis hijos están bien.

CAPITULO 2

LA MENTE
MENTES TRANSFORMADAS

"Porque cual es su pensamiento en su corazón, tal es él. Come y bebe, te dirá; Mas su corazón no está contigo."
Proverbios 23:7

¿Que es la mente?

La mente es el control de la inteligencia, del razonamiento y de la memoria, y se parece a una computadora con un poder y una memoria ilimitada, muestra el proceso de pensamientos en el cual crece y lo que se piensa se manifiesta directamente en el cuerpo.

Los científicos creen que el ser humano usa menos del 10% de la mente; es un instrumento físico que tiene componentes espirituales, que, si son activados por el Espíritu Santo, la convierte en aparato milagroso capaz de diseñar cualquier tipo de invento.

¿Qué significa tener la mente de Cristo?

La biblia es la única herramienta la cual es capaz de penetrar cada centro con la verdad y la gracia de Cristo Jesús,

> *"Porque la palabra de Dios es viva y eficaz, y más cortante que toda espada de dos filos; y penetra hasta partir el alma y el espíritu, las coyunturas y los tuétanos, y discierne los pensamientos y las intenciones del corazón."*
> *Hebreos 4:12*

La palabra es Jesús.

La palabra es la que posee el poder para construir la mente de Cristo Jesús, para que podamos conocer a Dios cuando verdaderamente lo conocemos, la mente pierde el deseo de auto persecución y transciende a su propósito original que es servir al espíritu.

La mente en Cristo Jesús se levanta muy por encima de esta vida y de las ambiciones miserables de este mundo. Llega a un nivel de verdadera autoridad del reino de Dios. Es el comienzo de la mente de Cristo en nosotros.

¿Qué significa la mente de Cristo?

La biblia es uno de los métodos que Dios ha usado durante mucho tiempo para hablarnos a través de ella. El Señor nos aconseja de cómo vivir de acuerdo con su voluntad; para establecer sus diseños celestiales en nuestra vida. ¿Cómo debemos actuar y pensar? Tal cual como el lo hace, el Señor nos dice en:

> *"Porque ¿quién conoció la mente del Señor? ¿Quién le instruirá? Mas nosotros tenemos la mente de Cristo."*
> *1 Corintios 2:16*

Este pensamiento quiere decir que todos los hijos de Dios que han confesado que Jesús es su Señor y Salvador, poseen su mente, entonces, esto significa que debemos pensar como el piensa, mirar como él mira, y evaluar como el lo hace. Ser transformados en la mente de Jesús.

Nuestra alma tiene que poseer la mente de Cristo

Nuestra alma debe poseer la mente de Cristo para poder controlar la actividad de nuestra mente. Las emociones y la voluntad son dos centros los cuales son muy importantes en el alma para controlar nuestra mente. La mente es una poderosa computadora que, si es colectada con el Espíritu Santo, producirá soluciones del reino de Dios.

Muchos de los inventos que a realizado el hombre moderno, han ocurrido después del gran derramamiento del Espíritu Santo que empezó a principios del siglo veinte.

Las visitaciones de Dios siempre traerán prosperidad para todos,

> *"Jesús le dijo: Amarás al Señor tu Dios con todo tu corazón, y con toda tu alma, y con toda tu mente."*
> Mateo 22:37

La creencia en el mundo; un sistema de creencia y heroína

La creencia generalmente en el mundo en estos tiempos, la supremacía mental de los científicos va a resolver todos los problemas del ser humano por ello es por lo que los medios de comunicación y los intelectuales hacen todo lo posible de eliminar a Dios, como es creador omnipotente de la raza humana y no quieren considerar que el es la única solución para nuestra condición, en otras palabras, el ser humano todavía quiere volver a la mentalidad que Adán obtuvo después de la caída.

Claramente, el hombre esta diciendo "yo voy a tomar mis propias decisiones y voy a hacer mi propio dios", pero la verdad que la creación nunca a creado ninguna de las leyes que gobiernan nuestro universo solamente ha podido descubrir los principios de Dios, los cuales son lo que mantienen todo el orden. Mas aun, cualquier persona que tenga la supervivencia como objetivo principal, estará asustado con el simple pensamiento de no tener las cosas bajo su control. Aquí es donde reside la principal razón de que el ser humano reúsa a creer que no posee todas las respuestas.

Cuando la mente es controlada por el mal

La mente es el pizarrón del diablo, el utiliza imprevisiones, sonidos e imaginaciones de muchas formas y maneras con el fin de asustarnos y así poder controlar nuestra alma y nuestro corazón. La razón por el cual tenemos miedo es que el temor crece en las mentiras, es un lazo el cual nos mantiene atados a nuestras realidades de pecado, enfermedad y muerte. Por ejemplo, si el Espíritu Santo no se hace el dueño de nuestro corazón, de nuestra alma y de nuestra mente, vivimos asustados. Si escuchamos constantemente que alguna epidemia va a infectar todo el mundo, el miedo entonces será una imagen en nuestra mente y nuestro cuerpo empezara a manifestar síntomas, y la razón por la cual pecamos, es la misma de por que nos enfermamos.

Nos rendimos ante las sugestiones del diablo. Los pensamientos hacen raíces en el corazón. Normalmente por medio del temor y avanza a través todos los centros del humano hasta que se manifiesta en el cuerpo.

Si tenemos la mente de Cristo conoceremos los planes y diseños de Dios

Tener la mente de Cristo implica saber lo que el piensa y conocer los planes y diseños que el tiene para nosotros y así saber que él espera de nosotros. Todos los hijos de Dios que han nacido de nuevo deben entender esta verdad y tenerla siempre presente. Saber que ya no vivimos nosotros, sino que Cristo es quien ahora vive en nosotros.

Tenemos el privilegio de esta gran verdad,

"Pero el hombre natural no percibe las cosas que son del Espíritu de Dios, porque para el son locura, y no las puede entender, porque se han de discernir espiritualmente."
1 Corintios 2:14

Este pasaje nos explica que el hombre natural o carnal no es capaz de entender las cosas del Espíritu porque estas cosas se disciernen estando en el espíritu solo a los hijos de Dios. Se nos a dado el privilegio de percibir y entender las cosas del espíritu de Dios. Lo que para el hombre carnal es locura, para nosotros es un privilegio que Dios nos a otorgado.

Para tener la mente de Cristo, debemos buscar a Dios

Si permanecemos en una búsqueda continua y constante de Dios, estudiando su palabra y orando en todo tiempo, nuestra mente entonces será renovada cada día en la mente de Cristo. Nuestro pensar y accionar será como la de él y nos pareceremos mas a Jesús.

El Espíritu Santo siempre esta ayudándonos e inquietándonos para memorizar, alizar y discernir todas las cosas como Cristo las ve y hace, pero tenemos que saber como reconocer la voz del Espíritu Santo.

Si logramos entender esta gran verdad, nuestra vida cambiara por completo y también nuestras relaciones con los demás serán totalmente diferentes porque miraremos a nuestro prójimo totalmente como Cristo lo ve. Entonces permanecería en nosotros el ser espiritual y no el hombre carnal. Dios quiere que entendamos lo que implica este privilegio y que busquemos apasionadamente tener una profunda intimidad con nuestro Padre Celestial para tener una mente renovada, limpia y transformada.

No se puede tener una mente positiva en una mente negativa. Pensar como Dios es vital para el cambio; hay fortalezas mentales.

Si lucha contra el pensamiento negativo, es importante con el hecho de que tu vida no cambiara hasta que tus pensamientos cambien. La palabra de Dios dice que Dios nos ama, pero ¿alguna vez as luchado para creerlo? Si no aprendemos a meditar en la palabra de Dios, nunca experimentaras las profundidades de su amor por nosotros. El amor de Dios esta destinado a ser una fuerza poderosa en nuestras vidas que nos llevara a través de las pruebas mas difíciles hacia la victoria. La palabra de Dios representa una gran cantidad de instrucciones detalladas sobre que tipo de cosas debemos pensar:

"Por lo demás, hermanos, todo lo que es verdadero, todo lo honesto, todo lo justo, todo lo puro, todo lo amable, todo lo que es de buen nombre; si hay virtud alguna, si algo digno de alabanza, en esto pensad."
Filipenses 4:8

Nos dice que debemos de pensar en las cosas que nos edifican y no en las que nos derriban.

Dios puede multiplicar los buenos pensamientos en bendiciones abundantes. Pero si a diario tenemos mas pensamientos negativos que positivos, los pensamientos serán malos y te gobernarán durante el día y no solo en el día, sino también en la noche.

A veces pasamos mas tiempo pensando que orando:

> "¡Cuan preciosos me son, oh Dios, tus pensamientos! ¡Cuan grande es la suma de ellos."
> Salmo 139:17

> "Seis días después, Jesús tomo a Pedro, a Jacobo y a Juan su hermano, y los llevo aparte a un monte alto; y se transfiguro delante de ellos, y resplandeció su rostro como el sol, y sus vestidos se hicieron blancos como la luz."
> Mateo 17:1-2

Para tener una mente transformada, es un proceso continuo y progresivamente que nos lleva de gloria en gloria

> "Por tanto, nosotros todos, mirando a cara descubierta como en un espejo la gloria del Señor, somos transformados de gloria en gloria en la misma imagen, como por el Espíritu de Señor."
> 2 Corintios 3:18

El propósito principal es alcanzar una transformación total en nuestra mente. Es muy importante tener en cuenta y entender que la palabra **mente** en el antiguó testamento se traduce del hebreo ***kilia*** que significa también riñón, corazón y entrañas, es lo mas secreto e intimo del hombre, por ejemplo:

> "Yo Jehová, que escudriño la mente, que pruebo el corazón, para dar a cada uno según su camino, según el fruto de sus obras."
> Jeremías 17:10

Entonces el cerebro recibe de lo profundo del interior humano para actuar, por eso Jesús nos enseño en:

"El les dijo: ¿También vosotros estáis así sin entendimiento? ¿No entendéis que todo lo de fuera que entra en el hombre, no le puede contaminar, por que no entra en su corazón, sino en el vientre, y sale a la letrina? Esto decía, haciendo limpios todos los alimentos. Pero decía, que lo que del hombre sale, eso contamina al hombre. Porque de dentro, del corazón de los hombres, salen los malos pensamientos, los adulterios, las fornicaciones, los homicidios, los hurtos, las avaricias, las maldades, el engaño, la lascivia, la envidia, la maledicencia, la soberbia, la insensatez. Todas estas maldades de dentro salen, y contaminan al hombre."
Marcos 7:18-23

"Y vio Jehová que la maldad de los hombres era mucha en la tierra, y que todo designio de los pensamientos del corazón de ellos era de continuo solamente el mal."
Génesis 6:5

*"En los cuales el Dios de este siglo cegó el entendimiento de los incrédulos, para que no les resplandezca la luz del evangelio de la gloria de Cristo, el cual es
la imagen de Dios."*
2 Corintios 4:4

"Porque lo que hago, no lo entendiendo; pues no hago lo que quiero, sino lo que aborrezco, eso hago. Y si lo que no quiero, esto hago, apruebo que la ley es buena. De manera que ya no soy yo quien hace aquello, sino el pecado que mora en mi. Y yo se que en mi, esto es, en mi carne, no mora el bien; porque el querer el bien esta en mi, pero no el hacerlo. Porque no hago el buen que quiero, sino el mal que no quiero, esto hago. Y si hago lo que no quiero, ya no lo hago yo, sino el pecado que mora en mi. Así que, queriendo yo hacer el bien, hallo esta ley: que el mal

esta en mi."
Romanos 7:15-21

"Porque según el hombre interior, me deleito en la ley de Dios; pero veo otra ley en mis miembros, que se rebela contra la ley de mi mente, y que me lleva cautivo a la ley del pecado que esta en mis miembros."
Romanos 7:22-23

Jesús nuestro libertador

"¡Miserable de mi! ¿quién me liberara de este cuerpo de muerte? Gracias doy a Dios, por Jesucristo Señor nuestro. Así que, yo mismo con la mente sirvo a la ley de Dios, mas con la carne a la ley del pecado."
Romanos 7:24-25

Paz y vida abundante

"Porque los que son de la carne piensan en las cosas de la carne; pero los que son del Espíritu, en las cosas del Espíritu. Porque el ocuparse de la carne es muerte, pero el ocuparse del Espíritu es vida y paz. Por cuanto los designios de la carne son enemistad contra Dios; porque no se sujetan a la ley de Dios, ni tampoco pueden; y los que viven según la carne no pueden agradar a Dios. Mas vosotros no vivís según la carne, sino según el Espíritu, si es que el Espíritu de Dios mora en vosotros. Y si alguno no tiene el Espíritu de Cristo, no es de el. Pero si Cristo esta en vosotros, el cuerpo en verdad esta muerto a causa del pecado, mas el espíritu vive a causa de la justicia."
Romanos 8:5-10

"Deje el impío su camino, y el hombre inicuo sus pensamientos, y vuélvase a Jehová, el cual tendrá de él misericordia, y al Dios

nuestro, el cual será amplio en perdonar. Porque mis pensamientos no son vuestros pensamientos, ni vuestros caminos mis caminos, dijo Jehová. Como son mas altos los cielos que la tierra, así son mis caminos mas altos que vuestros caminos, y mis pensamientos mas que vuestros pensamientos."
Isaías 55:7-9

"Lo cual también hablamos, no con palabras enseñadas por sabiduría humana, sino con las que enseña el Espíritu, acomodando lo espiritual a lo espiritual. Pero el hombre natural no percibe las cosas que son del Espíritu de Dios, porque para el son locura, y no las puede entender, porque se han de discernir espiritualmente."
1 Corintios 2:13-14

"Porque ¿quién conoció la mente del Señor? ¿Quién le instruirá? Mas nosotros tenemos la mente de Cristo."
1 Corintios 2:16

"Nunca se apartará de tu boca este libro de la ley, sino que de día y de noche meditaras en el, para que guardes y hagas conforme a todo lo que en el esta escrito; porque entonces harás prosperar tu camino, y todo saldrá bien."
Josué 1:8

"Por lo demás, hermanos, todo lo que es verdadero, todo lo que es honesto, todo lo justo, todo lo puro, todo lo amable, todo lo que es de buen nombre; si hay virtud alguna, si algo digno de alabanza, en esto pensad."
Filipenses 4:8

"Para que sean consolados sus corazones, unidos en amor, hasta alcanzar todas las riquezas de pleno entendimiento, a fin de conocer el ministerio de Dios el Padre, y de Cristo. En quien están escondidas todos los tesoros de la sabiduría y del

conocimiento."
Colosenses 2:2-3

Destruyendo fortalezas mentales

"Porque las armas de nuestra milicia no son carnales, sino poderosas en Dios para la destrucción de fortalezas, derribando argumentos y toda altivez que se levanta contra el conocimiento de Dios, y llevando cautivo todo pensamiento a la obediencia a Cristo."
2 Corintios 10:4-5

Cuando llegamos a Cristo, nacemos de nuevo y comenzamos a vivir una vida espiritual y comienza una guerra espiritual por que el enemigo de nuestra alma esta afanado por destruirnos; por que ha perdido un alma que estaba en el reino de las tinieblas y paso al reino de la luz. Ahora ya somos parte del ejercito de Dios y como soldados necesitamos conocer a nuestro enemigo; conocer sus artimañas, sus armas y su astucia. Hay un peligro cuando ignoramos cuales son las estrategias del enemigo por que nuestra ignorancia se convierte en una gran ventaja para el, Pablo nos dice en:

"Para que Satanás no gane ventaja alguna sobre nosotros; pues no ignoramos sus maquinaciones."
2 Corintios 2:11

Este tiempo es lo que trata el enemigo contra nosotros, quiere que vivíamos frustrados, derrotados, arruinados, deprimidos y parece increíble, pero a veces pasamos por todo esto y dejamos que el enemigo nos gane ventaja y nos gane la batalla.

Hoy quiero decirte cómo el Señor quiere que aprendas a destruir fortalezas.

Como destruir fortalezas

La primera cosa que aparece en este pasaje es **derribando argumentos**, la palabra argumentos en este versículo significa "pensamientos o argumentos". Hay procesos para que un pensamiento se convierta en fortaleza.

Cuando hablamos de pensamientos, el pensamiento es la actividad de la mente. Cuando tenemos una gran cantidad de pensamientos, esos se convierten en ideas, una serie de ideas se convierten en un concepto, dan paso a un argumento y varios argumentos crean una fortaleza. Una fortaleza es una muralla militar construida para servir como defensa en la guerra, pero también una fortaleza puede ser una cárcel. El diablo quiere tenerte encarcelado en fortalezas mentales. Dios quiere bendecir a su pueblo, pero el diablo lo tiene cercado porque tiene a muchos creyentes cercados con fortalezas mentales. Una fortaleza es una mentira del diablo escondida, escondida en razón humana, esperando a que usted se ponga de acuerdo con ella y que la apruebe.

Una fortaleza en el original es sostener, aguantar y resistir, eso se agarra y se junta a ti como un yugo por que lo que busca es convertirse en ti. Hay personas que tienen varios comportamientos que lo hacen decidir y hacer cosas que no son normales.

¿Como es que el diablo agarro sus finanzas? ¿Atrapo sus hijos y sus cuerpos? El diablo no va donde no se le invita. Dice la biblia en *Efesios 4:27,*

"Ni deis lugar al diablo."

Usted no puede dejar que un pensamiento este dando vuelta y vuelta en su mente y no tener compañerismo con el, el compañerismo crece y genera poder. Llega un momento en que solo piensa en esto, y donde te enfoques, eso se expande.

Debemos renunciar todo aquello que te esta perturbando, por que, si no renuncia, esto se hará mas fuerte. Tienes que hablarlo con tu boca porque al quien lo habla se convierte en una semilla que si no la sacas crecerá, dará su fruto para destruirte a ti y a destruir a otros.

Argumentos que se convierten en fortalezas

Vas al medico y te dan una lista de preguntas que tiene que responder, el doctor le dice a usted "tiene diabetes" y le preguntan "¿algún familiar tiene o a tenido diabetes?" Y de ahí se garran los médicos para decir que usted sufrirá y morirá de diabetes, y pues claro, es una gran mentira, y si usted la cree, eso es suficiente para que se convierta en una fortaleza mental. Argumentos diabólicos como esto, que diciendo algunos "es que yo no puedo servir en la iglesia, tengo niños" o "no puedo servir, trabajo mucho y no tengo tiempo de nada ni para mi familia." También, "¿Por qué no ofrendo ni diezmo? Hay por que tengo muchos gastos y deudas que pagar y dicho sea de paso, no tengo trabajo para acabarla." "No me alcanza el sueldo, pues mi familia siempre fue pobre y también yo seré pobre, y pues se que también a mi me toca vivir así, pobre mi familia, nadie es profesional"

"En Dios solamente está acallada mi alma; De él viene mi salvación. Él solamente es mi roca y mi salvación; Es mi refugio, no resbalaré mucho."
Salmo 62:1-2

RENUEVA TU MENTE

Enfoque; el centro de poder de tu cerebro

Este es uno de los versículos mas emocionantes y sanadores de la biblia:

"Así que, hermanos, os ruego por las misericordias de Dios, que presentéis vuestros cuerpos en sacrificio vivo, santo, agradable a Dios, que es vuestro culto racional. No os conforméis a este siglo, sino transformaos por medio de la renovación de vuestro entendimiento, para que comprobéis cuál sea la buena voluntad de Dios, agradable y perfecta."
Romanos 12:1-2

Una de las piedras angulares del éxito en el propósito de Dios es reinar sobre pensamientos, momento a momento, de modo que con la ayuda de Dios puedas mantenerte en control de tu conducta.

La neurociencia nos enseña que cada vez que tienes un pensamiento, tu cerebro libera sustancias químicas que te hacen sentir bien o mal, lo pensamientos tienen un pensamiento feliz, esperanzador y optimista, tu cerebro libera sustancias químicas que te levantan el animo y te alientan a sentir bien. Los pensamientos positivos ejercen una respuesta física y tiene la capacidad de relajar inmediatamente y suavizar tu cuerpo. Tiende a calentar tus manos, tus músculos, calmar y suavizar tu respiración, y ayuda a tu corazón a latir a un ritmo mas saludable. Prueba a lo siguiente ahora: toma un minuto, cierra tus ojos y piensa en la ultima vez que te sentiste verdaderamente querido. Cuando la mayoría de las personas hacen este ejercicio sienten un profundo sentimiento de felicidad y relajación física.

Lo contrario es cierto también, cuando tiene un pensamiento de enojo, ansiedad, desesperación o importancia, tu cerebro libera sustancias químicas que estresan tu cuerpo y alteran como te sientes física y emocionalmente; toma un minuto, cierra tus ojos y piensa en la ultima vez que verdaderamente te sentiste enojado ¿cómo te hace sentir eso?

La mayoría de las personas se sienten tensas, su respiración se vuelve menos profundas, sus manos están mas frías y se sienten enojadas e infelices. Ahora regresa al primer ejercicio antes de seguir leyendo. Los pensamientos son automáticos y tan solo suceden, están basados en complejas reacciones químicas y en información del pasado, y lo que la mayoría de las personas piensan, son engañosos y mienten, mienten mucho. Con frecuencia, esos pensamientos poco investigados con los que pronuncian el combustible emocional para el enojo, la ansiedad, la depresión, las conductas malsanas, como comer en exceso. Además, si nunca cuestionas tus pensamientos erróneos y negativos y lo crees al 100% y después actúas como si las mentiras en tu cabeza fuesen verdad y por ejemplo si crees que tu esposo nunca te escucha, aunque lo haga hecho en muchas ocasiones, te comportas como si no lo hiciera y sientes que tienes justificación por enojarte, si crees que eres fracasado, aunque hayas tenido mucho éxito, tienes mayor probabilidad de abandonar fácilmente.

Piensa en el gran ejemplo que tenemos del carácter de Dios:

➢ Dios es poderoso

> *"!Oh Señor Jehová! He aquí que tu hiciste el cielo y la tierra con tu gran poder, y con tu brazo extendido, ni hay nada que sea difícil para ti"*
> *Jeremías 32:17*

➢ Dios es amor

> *"Por lo cual estoy seguro de que ni la muerte, ni la vida, ni ángeles, ni principados, ni potestades, ni lo presente, ni lo por venir, ni lo alto, ni lo profundo, ni ninguna otra cosa nos podrá separar del amor de Dios, que es en Cristo Jesús Señor nuestro."*
> Romanos 8:38-39

➢ Dios es omnisciente

> *"Pues aun no esta la palabra en mi lengua, Y he aquí, oh Jehová, tu la sabes toda. Detrás y delante me rodeaste, y sobre mi pusiste tu mano. Tal conocimiento es demasiado maravilloso para mi; Alto es, no lo puedo comprender."*
> Salmo 139:4-6

➢ Dios es misericordioso

> *"Cuidareis de poner por obra todo mandamiento que yo os ordeno hoy, para que viváis, y seáis multiplicados, y entréis y poseáis la tierra que Jehová prometió con juramento a vuestros padres. Y te acordaras de todo el camino por donde te ha traído Jehová tu Dios estos cuarenta años en el desierto, para afligirte, para robarte, para saber lo que había en tu corazón, si habías de guardar o no sus mandamientos."*
> Deuteronomio 8:1-2

➢ Dios es fiel

> *"Por la misericordia de Jehová no hemos sido consumidos, porque nunca decayeron sus misericordias."*
> Lamentaciones 3:22-23

Para estar sano y mantenerte sano, comienza a examinar tus pensamientos y a cuestionarlos siempre que te sientas triste, enojado, o fuera de control; pregúntate si son verdaderamente ciertos. Con frecuencia son las pequeñas mentiras que nos decimos a nosotros mismos, las que nos mantienen deprimidos y débiles espiritualmente y que afectan nuestro estado de animo trayendo consecuencias en el cuerpo, a sentirnos enfermos e infelices con sobre peso en una tremenda bajo auto estima, trastorno del pensamiento como un trastorno alimenticio o el estado de animo.

Uno de los pasos mas importantes para llegar a estar sano de manera duradera, es controlar tu mente, siempre que te sientas ansioso y triste, obsesivo o fuera de control, agarra un lápiz o una pluma, un cuaderno y escribe los pensamientos que pasen por tu cabeza, después pregúntate si los pensamientos tienen sentido o si son realmente ciertos, por ejemplo, si te escuchas a ti mismo – no tengo ningún control – escribe esto y hazte la pregunta ¿es cierto ese pensamiento? ¿realmente es verdad? Si no es, sustituye ese pensamiento negativo y falso por la información correcta.

Cuando dejes de creer esas mentiras y las sustituyas por pensamientos correctos y precisos y por la verdad y las promesas de Dios, tu respuesta a los acontecimientos de la vida cambiara y te sentirás menos estresado y mas esperanzado en lugar de preocuparte por el mañana, puedes meditar en la verdad

"Porque yo sé los pensamientos que tengo acerca de vosotros, dice Jehová, pensamientos de paz, y no de mal, para daros el fin que esperáis."
Jeremías 29:11

¿Como distorsionamos nuestros pensamientos?

Los pensamientos negativos mantienen a las personas atascadas en los malos hábitos:

1. Generalización excesiva – esto normalmente implica pensamientos con palabras como decir siempre, nunca, cada vez a todos, y haces que una situación sea peor de lo que realmente es.

A continuación, veremos algunos ejemplos de verdades que encontramos en la palabra para cambiar las mentiras de satanás;

> "No temas, porque yo estoy contigo; no desmayes, porque yo soy tu Dios que te esfuerzo; siempre te ayudaré, siempre te sustentaré con la diestra de mi justicia."
> Isaías 41:10

> "Y me ha dicho: Bástate mi gracia; porque mi poder se perfecciona en la debilidad. Por tanto, de buena gana me gloriaré más bien en mis debilidades, para que repose sobre mí el poder de Cristo."
> 2 Corintios 12:9

> "Venid a mí todos los que estáis trabajados y cargados, y yo os hare descansar. Llevad mi yugo sobre vosotros, y aprended de mí, que soy manso y humilde de corazón; y hallaréis descanso para vuestras almas."
> Mateo 11:28-29

> "Jehová está en medio de ti, poderoso, él salvará; se gozará sobre ti con alegría, callará de amor, se regocijará sobre ti con cánticos."
> Sofonías 3:17

"Por lo tanto, puesto que falta que algunos entren en él, y aquellos a quienes primero se les anunció la buena nueva no entraron por causa de desobediencia."
Hebreos 4:6

"Deléitate asimismo en Jehová, Y él te concederá las peticiones de tu corazón."
Salmos 37:4

Generalizar en exceso se introduce en tu mente y tiene un efecto inmediato y negativo de tu estado de animo. Generalizar en exceso te hace creer que no tienes control alguno sobre tus actos y conductas y que eres incapaz de cambiarlos.

2. Pensar con tus sentimientos negativos – se producen cuando tienes un pensamiento con respecto a algo y supones que tu pensamiento es correcto, los pensamientos son complejos y con frecuencia están arraigados con potentes recuerdos del pasado. Los sentimientos al igual que los pensamientos, también pueden mentir. Esos pensamientos normalmente comienzan con la palabra – siento – por ejemplo, me siento un fracasado, siento que Dios a mi me ha abandonado; siempre que tenga un fuerte sentimiento negativo, conviértalo buscando las evidencia que hay de tras de ese sentimiento ¿esta basado en acontecimientos o experiencias del pasado?

3. Culpar – cuando culpas a algo o alguien de los problemas que hay en tu vida, te conviertes en una victima de las circunstancias, como si no pudieras hacer nada para cambiar la situación, los pensamientos de culpa te pueden mantener poco sano e infeliz. Se sincero y pregúntate si tienes tendencia de decir cosas como "yo nunca voy a cambiar" o "es tu culpa que este arruinado en mi vida", estos pensamientos te convierten en victima, y cuando eres victima te vuelves importante para cambiar tu conducta.

4. Negación – estos pensamientos evitan que veas la verdad, ahora es tiempo de desarrollar un poco de disciplina mental y convertir los patrones de pensamientos negativos en otros pensamientos positivos, preciosos y saludables. De modo de similar a como te alientas con la disciplina espiritual. Aprende a disciplinar tus pensamientos para que seas sincero y útil, te ayudara a descubrir y cambiar esos patrones de pensamientos negativos.

5. Enfocarse – muchas personas son maestros en controlar lo negativo acerca de cualquier situación y siempre se enfocan en lo negativo. Toma esta experiencia y llévalo a lo positivo, siempre que te encuentras enojado, triste o fuera de control, identifica cuales son los pensamientos negativos y que as permitido.

Debemos cuidar la mente y los pensamientos que desarrollamos, los pensamientos malos van a venir a nuestra mente, pero tenemos dos opciones; aprobarlos o rechazarlos, la decisión es suya.

<u>Oración</u>

Amado Padre Celestial, Señor todo poderoso, rindo mi mente a ti para que la transformes y renueves, ya las cosas viejas pasaron e aquí son todas hechas nuevas. En el nombre de Jesús tomo autoridad sobre mis pensamientos por que las armas de nuestra milicia no son carnales sino poderosas en Dios para destrucción de fortalezas, derribo todo argumento y toda altivez que se levanta en contra del conocimiento de Cristo llevando cautivo todo pensamiento a la obediencia a Cristo.

Hago murallas de fuego y una cerca de protección alrededor de mis pensamientos en el nombre de Jesús y me cubro con la sangre de Cristo, limpio mi mente de toda inmundicia pecaminosa. Dame un corazón limpio que ame con todas mis fuerzas, mente y alma y pon en mi un espíritu nuevo. Quita el corazón de piedra y pon un corazón de carne, pon en mi un espíritu nuevo que ande en tus estatutos y cuidadosamente obedezca tu palabra.

Tu eres quien perdona todas nuestras dolencias. La mente pecaminosa ya no opera en mi, renuncio a toda semilla que fue sembrada en mi mente que dio fruto, formando fortalezas demoniacas en mi. Rompo toda ligadura demoniaca que di lugar con mis palabras negativas.

Declaro que tengo la mente de Cristo, llena de inteligencia, sabiduría y conocimiento y revelación de su palabra en que pensar de acuerdo con su voluntad.

Señor Jesucristo, renuncio a todo pensamiento negativo que se a convertido en fuerzas mentales. Haz en mi mente un lugar de calma donde yo pueda descansar y encontrar respuesta de cada problema que se me presente. Dios de paz, desciende tu Espíritu Santo sobre mi cabeza y haz descansar mi mente. Gracias Espíritu Santo.

CAPITULO 3

DESCUBRE LA RAIZ DE TU MAL CARACTER
QUE TE LLEVA A LA AMARGURA

¿Como puedo controlar mi mal genio?

Dicen en *Proverbios 14:30 "El corazón apacible es vida de la carne; Mas la envidia es carcoma de los huesos"*

<u>¿Se despierta de mal humor?</u>

Podemos decir que muchas personas se levantan con buen humor por las mañanas y enfrentan su día con alegría y entusiasmo y tiene buena disposición para enfrentar los diversos compromisos y desafíos cotidianos. Pero hay otras que se despiertan de muy mal humor y eso es un problema. Nadie le puede hablar porque contesta con ira y con gritos.

Hay muchos retrasos en la vida y la mala salud dependen del mal carácter, mira cómo superarlo y mejorar en todo, porque si no puedes enfrentar el mal carácter, puede hacer la diferencia entre vivir o no vivir, entre salud y la enfermedad. El mal carácter te puede llevar a perder las mejores oportunidades en la vida.

Dicen algunos "tengo un mal carácter, tan horrible que ni yo me aguanto". Una persona mal humorada afecta a los ambientes, se ofende por todo diciendo cosas como ¿Porque me miras así? O ¿Por qué me habla así? Explotan por cualquier cosa, cuando van por la calle van pitando, mal humorados, tirando el dedo, diciendo muchas cosas y siempre maldiciendo a todo el que se le atraviesa por el camino.

Hay gente que explota por todo, es fácil decir "yo soy así y nadie me va a cambiar", esto es porque hay emociones reprimidas. Podemos entrenar el corazón y también el cerebro que es un musculo. La palabra dice que la ira termina cerrando y endureciendo el corazón.

"Os daré corazón nuevo, y pondré espíritu nuevo dentro de vosotros; y quitaré de vuestra carne el corazón de piedra, y os daré un corazón de carne."
Ezequiel 36:26

Te voy a dar unos pasos para entrenar tu corazón hoy, diga "voy a entrenar mi corazón"

La primera pregunta es, ¿desde cuando tienes ese carácter horrible? ¿Es por algo que te sucedió? ¿Esta usted listo para preparar las maletas y cambiar el rumbo de tu vida?

Si tiene alguna adicción a las drogas, cigarrillo, al alcohol o cualquier otra adicción como pastillas para dormir, pastillas para el dolor de uñas, de pestañas, adicción a las bebidas energéticas.

Hay muertes prematuras de gente que se enojan por todo. Hay dolores en el cuerpo que tienen que ver con el enojo, si quiere vivir tiene que soltar ese mal carácter.

A todos nos han pasado cosas terribles que no quisiéramos que nos pasaran, di "tengo que cambiar y transformar mis creencias equivocadas".

Dicen algunos, "a mi todo mundo me tiene que tratar bien" o "a mí me deben escuchar y poner atención"

No todo mundo te va a tratar bien, si no mire a la suegra que usted tiene en su casa.

Journal of medicine and life declara que la ira puede provocar enfermedades del corazón.

> *"No te entremetas con el iracundo, Ni te acompañes con el hombre de enojos, No sea que aprendas sus maneras, Y tomes lazo para tu alma."*
> *Proverbios 22:24*

Si no aprendes a controlar tu mal carácter, te perderás la oportunidad de tener buenas amistades. ¿Cómo quiero que se me conozca? ¿Como una persona pacifica, o como una bomba a punto de estallar?

> *"El que tarda en airarse es grande de entendimiento; Mas el que es impaciente de espíritu enaltece la necedad."*
> *Proverbios 14:29*

Nadie quiere estar con alguien con un genio explosivo.

> *"El hombre iracundo levanta contiendas, y el furioso muchas veces peca."*
> *Proverbios 29:22*

Dicen algunas personas "cuando era adolecente, me costaba mucho controlar mi mal carácter" "La familia de mi padre tiene el mismo problema, decimos que lo llevamos en la sangre y tenemos un mal carácter muy difícil de controlar."

¿Me enfado con facilidad? ¿Por qué cuando señalan mis buenas cualidades el mérito es mío? ¿Pero cuando me señalan mis defectos culpan la genética?

"La blanda respuesta quita la ira; Mas la palabra áspera hace subir el furor."
Proverbios 15:1

La clave está en aprender a controlar tus emociones. Si te esfuerzas por ser una persona amable y te concentras en lo positivo no tendrás problemas en controlar tu mal carácter.

Cuándo me provocan, ¿porque es importante la manera en la que respondo?

"Sin leña se apaga el fuego, Y donde no hay chismoso, cesa la contienda."
Proverbios 26:20

Cuando respondes con calma, la otra persona se tranquiliza y entonces pueden conversar mejor sin que la situación se vaya de las manos.

¿Cómo añade más leña al fuego lo que hago o lo que digo?

"El avisado ve el mal y se esconde; Mas los simples pasa y reciben el daño."
Proverbios 22:3

A veces simplemente necesitas irte y darte tiempo para pensar en lo que paso, cuando ya estés más tranquilo trata de resolver la situación. Eso es algo muy sabio que trabaja cuando hay peleas entre los matrimonios o con cualquier otra persona.

"Porque todos ofendemos muchas veces. Si alguno no ofende en palabra, éste es varón perfecto, capaz también de refrenar todo el cuerpo."
Santiago 3:2

Debemos arrepentirnos de nuestros errores, pero también aprender de ellos si nos caemos, decidimos hacerlo mejor la próxima vez.

Si eres corajudo ponte la meta de mantenerte tranquilo durante cierto tiempo por un mes, por ejemplo, escribe en un diario o un cuaderno tu progreso.

La raíz de amargura: Como y cuando se originaron estas malas raíces.

"Mirad bien, no sea que alguno deje de alcanzar la gracia de Dios; que brotando alguna raíz de amargura, os estorbe, y por ella muchos sean contaminados"
Hebreos 12:15

"Y no contristéis al Espíritu Santo de Dios, con el cual fuisteis sellados para el día de la redención. Quítense de vosotros toda amargura, enojo, ira, gritería y maledicencia, y toda malicia. Antes sed benignos unos con otros, misericordiosos, perdonándoos unos a otros, como Dios también os perdona vosotros en Cristo"
Efesios 4: 30-32

La amargura de la palabra griega, pilkria, que significa punzante, específicamente veneno, perforar, atravesar amargo; es una de las mayores causas por la cual muchos creyentes se sienten miserables, enfermos e incluso apartado de la Gracia de Dios.

La amargura es un sentimiento de angustia en el alma, por

circunstancias que nos sobrecogen y no podemos cambiar; es tener una profunda tristeza y resentimiento; es sentirse desesperanzado y hostil e incluso con ira reprimida. También me atrevería a decir que la amargura es tan destructiva que acaba con nuestra voluntad y nos liga totalmente a la falta de perdón, ya que produce y desarrolla raíces tales como el enojo, ira, gritería, maledicencia y malicia.

Debido a que la amargura es específicamente veneno, contamina todo nuestro ser hasta lograr destruir toda buena obra moral que Dios ha hecho en nosotros desde el momento que nos creo; y no solo eso, sino que también, la amargura, y por consiguiente la personalidad del hombre quede sumida en la amargura, y por consiguiente incapaz de comprender y perdonar a otros e incluso a si mismo.

La obra redentora de Cristo Jesús en la Cruz de Calvario nos muestra que el sello del Espíritu Santo es una persona y no una simple influencia, por lo tanto si como creyentes no adoptamos un espíritu de perdón constante, la persona del Espíritu Santo también se siente agraviada con nuestra amargura.

Como se desarrolla la amargura

Podríamos decir que la amargura se va desarrollando en diferentes niveles:

- Acumulación
- Arraigamiento
- Crecimiento
- Madurez

La amargura es un resentimiento que crea raíces internas y si no es tratada a tiempo, se va **acumulando** y **arraigando** en lo mas profundo del corazón humano hasta lograr ahogar el alma; luego cuando estas raíces cumplen con las funciones principales de fijación y absorción, le dan lugar al **crecimiento** de la planta, hasta convertirse en un árbol **maduro** que da frutos de odio, furia, celos, destrucción, desamor, muerte, homicidio, suicidio, envidia, venganza, ira, rabia, resentimiento, rencor, violencia y la falta de perdón entre otros. Estos malos frutos provocan una total inestabilidad emocional y mental hasta tal punto, que podemos fácilmente identificar la amargura de nuestro prójimo, pero muy difícilmente la podemos identificar en nosotros mismos.

Odio

"El odio despierta rencillas;
Pero el amor cubrirá todas las faltas.
En los labios del prudente se halla sabiduría;
Mas la vara es para las espaldas del falto de cordura.
Los sabios guardan la sabiduría;
Mas la boca del necio es calamidad cercana.
Las riquezas del rico son su ciudad fortificada;
Y el desmayo de los pobres es su pobreza.
La obra del justo es para vida;
Mas el fruto del impío es para pecado.
Camino a la vida es guardar la instrucción;
Pero quien desecha la represión, yerra.
El que encubre el odio es de labios mentirosos;
Y el que propaga calumnia es necio"
Proverbios 10:12-18

Furia

"Aunque su odio se cubra con disimulo,
Su maldad será descubierta en la congregación"
Proverbios 26:26

> *"Hay bendiciones sobre la cabeza del justo;*
> *Pero violencia cubrirá la boca de los impíos"*
> *Proverbios 10:6*

Celos

> *"Porque los celos son el furor del hombre, y no perdonara en el día de la venganza"*
> *Proverbios 6:34*

Destrucción

> *"Sus pies corren al mal, se apresuran para derramar la sangre inocente; sus pensamientos, son pensamientos de iniquidad; destrucción y quebrantamiento hay en sus caminos"*
> *Isaías 59:7*

Desamor

> *"Mas yo os conozco, que no tenéis amor de Dios en vosotros"*
> *Juan 5:42*

Muerte

> *"Oíste que fue dicho a los antiguos: No mataras; y cualquiera que matare será culpable de juicio*
> *Pero yo os digo que cualquiera que se enoje contra su hermano, será culpable de juicio; y cualquiera que diga: Necio, a su hermano, será culpable ante el concilio; y cualquiera que le diga; Fatuo, quedara expuesto al infiero de fuego. Por tanto, si traes tu ofrenda al altar, y allí te acuerdas de que tu hermano tiene algo contra ti, deja allí tu ofrenda delante del altar, y anda, reconcíliate primero con tu hermano y entonces ven y presenta tu ofrenda"*
> *Mateo 5:21-24*

Homicidio:

"Pero los cobardes e incrédulos, los abominables y homicidas, los fornicarios y hechiceros, los idolatras y todos los mentirosas tendrán su parte en el lago que arde con fuego y azufre, que es la muerte segunda"
Apocalipsis 21:8

Suicidio

Hay personas que cometen suicidio en su propia vida, se cortan los brazos constantemente eso lo produce el dolor, la amargura y el coraje que traen por adentro los lleva al suicidio.

"No mataras"
Éxodo 20: 13

Como dice este versículo "No mataras" pues tu no puedes quitarte la vida por que es pecado.

Envidia

"Y manifiestas son las obras de la carne, que son: adulterio, fornicación, inmundicia, lascivia, idolatría, hechicerías, enemistades, pleitos, celos, iras, contiendas, disensiones, herejías, envidias, homicidios, borracheras, orgias, y cosas semejantes a estas; acerca de las cuales os amonesto, como ya os le he dicho antes, que los que practican tales cosas no heredaran el reino de Dios"
Gálatas 5:19-21

Venganza

"Si es posible, en cuanto dependa de vosotros, estad en paz con todos los hombres. No os venguéis vosotros mismos, amados

míos, sino dejad lugar a la ira de Dios; porque escrito esta: Mia es la venganza, yo pagare, dice el Señor"
Romanos 12:18-19

Ira

"Deja la ira, y desecha el enojo; no te excites en manera alguna a hacer lo malo"
Salmo 37:8

Rabia

"No te apresures en tu espíritu a enojarte; porque el enojo reposa en el seno de los necios"
Eclesiastés 7:9

Resentimiento

"Mas los hipócritas de corazón atesoran para si la ira, y no clamaran cuando el los atare"
Job 36:13

Rencor

"El amor es sufrido, es benigno; el amor no tiene envidia, el amor no es jactancioso, no se envanece; no hace nada indebido, no busca lo suyo, no se irrita, no guarda rencor"
1 Corintios 13:4-5

Violencia

*"Hay bendiciones sobre la cabeza del justo;
Pero violencia cubrirá la boca de los impíos. La memoria del justo será bendita;
Mas el nombre de los impíos se pudrirá. El sabio de corazón recibirá los mandamientos;*

Mas el necio de labios caerá. El que camina en integridad anda confiado;
Mas el que pervierte sus caminos será quebrantado. El que guiña el ojo acarrea tristeza;
Y el necio de labios será castigado. Manantial de vida es la boca del justo;
Pero violencia cubrirá la boca de los impíos."
Proverbios 10:6-11

Falta de perdón

"Entonces se le acerco Pedro y le dijo: Señor, ¿Cuántas veces perdonare a mi hermano que peque contra mi? ¿Hasta siete? Jesús le dijo: No te digo hasta siete, sino aun hasta setenta veces siete"
Mateo 18:21-22

Circunstancias que causan amargura

1. **Cuando hemos perdido algo o se nos ha sido quitado algo:**

   "Y ella les respondía: No me llaméis Noemí, sino llamadme Mara; porque en gran amargura me ha puesto el Todopoderoso. Yo me fui llena, pero Jehová me ha vuelto con las manos vacías. ¿Por qué me llaméis Noemí, ya que Jehová ha dado testimonio contra mi, y el todopoderoso me ha afligido?"
   Rut 1:20-21

La viudez, la muerte de sus hijos y la falta de descendencia produjeron en el corazón de Noemí tal vacío, que llego a responsabilizar al Señor por esto. Esta gran tristeza hizo que

Noemí no pudiera reconocer que la soberanía de Dios estaba en control de todos estos sucesos que le causaban amargura a su vida. Ella no podía ver que toda esta desgracia que ella estaba viviendo, Dios la usaría como instrumento para bendecir su vida de una manera que ella jamás se imaginaba, como lo fue el regreso a su tierra (Judá), donde nuevamente estaba llena de promesas a causa de la vista que Jehová había hecho a su pueblo y donde le nació un Hijo a través de Ruth, cuya descendencia concretaría el nuevo orden del gobierno de Dios sobre Israel.

En actualidad, como Noemí, muchos creyentes cristianos siguen echándole la culpa a Dios por su amargura y expresan su inconformismo con el todopoderoso, haciéndolo así, responsable de todas sus desgracias. Debemos de notar que Dios es infinitamente bueno y todas sus obras son buenas. Sin embargo, nadie escapa a la experiencia del sufrimiento que el hombre por su libre albedrio, se proporciona a si mismo o proporciona a los demás. La carta de Santiago dice que Dios nunca lo tentara a usted a que caiga en pecado, ni tampoco lo probara en sentido de averiguar algo que él no supiera; mas bien somos nosotros los que llegamos a conocer nuestras fortalezas o nuestras debilidades cuando nos encontramos en grande prueba de tribulación. Satanás por otra parte lo tentara, pero el poder de este es totalmente limitado; el tiene poder para tentarlo a hacer algo malo, pero no para hacerlo caer a usted en pecado. Caer a la tentación del pecado es una decisión nuestra.

Debemos, por tanto, examinar la cuestión del origen del mal figando la mirada de nuestra fe en Jesús, único vencedor.

"Cuando alguno es tentado, no diga que es tentado de parte de Dios; porque Dios no puede ser tentado por el mal, ni le tienta a nadie; sino que cada uno es tentado, cuando de su propia

concupiscencia, después que ha concebido, da a luz el pecado;
y el pecado, siendo consumado, da a luz la muerte."
Santiago 1:13-15

Otro ejemplo que podemos encontrar en la biblia es cuando Esaú perdió su primogenitura para obtener una satisfacción carnal momentánea. Esaú representa al hombre que es meramente terrenal. Esaú tenía en poco valor las promesas del pacto que Isaac había heredado de Abraham, y desprecio la primogenitura porque esta era una cosa espiritual cuyo valor se hacia evidente solo cuando había fe para apreciarla pero, cuando se entero que había perdido la bendición para siempre el lloro amargamente a gritos; sin embargo, no hubo oportunidad para el arrepentimiento aunque la procuro con lagrimas.

"Cuando Esaú oyó las palabras de su padre, clamo con una muy grande y muy amarga exclamación, y le dijo: Bendíceme también a mí, padre mío. Y el dijo: Vino tu hermano con engaño, y tomo tu bendición."
Génesis 27:34-35

"Por que ya sabéis que aun después, deseando heredar la bendición, fue desechado, y no hubo oportunidad para el arrepentimiento, aunque la procuro con lagrimas"
Hebreos 12:17

2. Cuando nos encontramos en circunstancias que no podemos cambiar

"Después partieron al monte de Hor, camino del Mar Rojo, para rodear la tierra de Edom; y se desanimó el pueblo por el camino. Y hablo el pueblo contra Dios y contra Moisés: ¿Por qué no hiciste subir de Egipto para que muramos en este desierto? Pues no hay pan ni agua, y nuestra alma tiene

> *fastidio de este pan tan liviano."*
> *Números 21:4-5*

La decisión de Moisés de no combatir con Edom, hizo que el pueblo se impacientara con el y con las ordenes que el Señor les estaba dando. El pueblo de Israel había olvidado que la victoria que se les había concedido sobre Arad era a causa de la solemne promesa que el pueblo le había hecho al Señor; sin embargo, ya estaban dispuestos a revelarse otra vez. La impaciencia del pueblo los llevo a tal amargura que blasfemaron contra Dios y Moisés, maldiciendo así el pan del cielo. Este fue el mas amargo insulto contra el Mana. Despreciar el Mana del cielo es lo mismo que despreciar la gracia de Dios.

Cuando una persona se encuentra bajo una circunstancia que le sobrecoge y que no puede cambiar, le viene el desanimo; se angustia, se desespera y se siente sin esperanza y otra vez culpa a Dios por su circunstancia.

Si nos sometemos por mucho tiempo a un problema difícil y que no podemos cambiar, corremos el peligro de abrirle las puertas a espíritus inmundos de amargura. Estos espíritus hacen que las personas se expresen de la siguiente manera: "Me doy por vencido, y ya no hay esperanza ni posibilidades de cambio." Debemos de aprender a esperar en Dios sin maldecirle o culparle como lo hizo el pueblo de Israel, y aprovechar esos momentos de desanimo para refugiarnos en él y meditar en las promesas de Dios y en la esperanza que tenemos en Cristo Jesús.

3. Cuando alguien nos ha herido

> *"¿He de mentir yo contra mi razón? Dolorosa es mi herida sin haber hecho yo transgresión." Job 34:6*

Job pensaba que Dios estaba tratando con él en un sentido para castigarlo por algún pecado que él había cometido, pero sin embargo no fue así, Dios estaba usando el sufrimiento de Job para llevarlo a una total dependencia de Dios y a que se enfocara en la gran misericordia de Dios que siempre está presente, aun en los momentos más difíciles de su vida.

Cuando permitimos que las circunstancias se interpongan entre nosotros y Dios, El queda fuera, y como resultado nosotros perdemos el sentido de su presencia y de su propósito para con nosotros. Cuando nos apartamos de su mano protectora, nos angustiamos con los recuerdos amargos de las heridas que nos hayan proporcionado, tanto en el pasado como en el presente. Estas heridas hacen que nos volvamos irritables, impacientes e incluso llegamos a pensar que no vale la pena agradar a Dios y que nuestra vida no tiene valor alguno.

Las heridas que no han sido curadas se van desarrollando en el siguiente siclo:

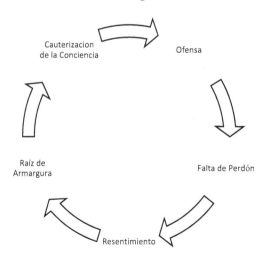

Por tal razón, debemos de perdonar de forma inmediata, cualquier ofensa que se nos haya proporcionado, para evitar que el sol se ponga sobre nuestro enojo. No debemos de olvidar que Dios esta al pendiente de nuestras vidas y que los que ponemos nuestra confianza en Dios, todas las cosas nos ayudan a bien. El perdón abre las puertas a una vida llena de paz, la paz que solo Cristo puede dar.

"Y sabemos que a los que aman a Dios, todas las cosas le ayudan a bien..."
Romanos 8:28

"La paz os dejo, mi paz os doy; yo no os la doy como el mundo la da. No se turbe vuestro corazón, ni tenga miedo."
Juan 14:27

4. Crea sentimientos de culpabilidad

La culpa es una falta cometida conscientemente, ya sea con la intención de perjudicar o no. Es una responsabilidad que acarrea un acto realizado incorrectamente que provoca daño o prejuicio. Sin embargo, echar la culpa, es atribuir la responsabilidad de una cosa negativa a alguien, ya sea que la persona sea culpable o no.

El sentimiento de culpa es una de las emociones más dolorosas que una persona puede sufrir a lo máximo para después pedir perdón debido a que satanás les proporciona pensamientos de que Dios nunca les responderá a sus oraciones porque son indignas y no merecedoras de ser perdonadas por él.

Los comportamientos que estas personas desarrollan son:

- **Inferioridad:** Este es un sentimiento en el cual de un modo o otro una persona se siente de menor valor que los demás. Normalmente es un reflejo mental inconsciente por la imagen distorsionada de "yo" al ser comparada con las ideas sugestivas que ha obtenido la persona a lo largo de su vida. Estas ideas sugestivas hacen que la persona tenga menos capacidades de las que realmente posee, convirtiendo este sentimiento en un complejo basado en que jamás estará a la altura de lo que los demás esperan de él o de ella y se culpan a si mismas y a los demás por el resultado de sus frustraciones.

- **Comportamiento compulsivo:** Este comportamiento es causado por la ansiedad caracterizada por pensamientos intrusivos, recurrentes y persistentes, que producen inquietud, opresión, temor y preocupación. Estas personas suelen sentirse culpables de su conducta anormal y llegan a destruirse a sí mismos y a los demás.

Aunque somos no merecedores del perdón, en Cristo tenemos redención por su sangre, el perdón de pecados según la riqueza de su gracia.

> *"En quien tenemos redención por su sangre, el perdón de pecados según las riquezas de su gracia,"*
> *Efesios 1:7*

Por el sacrificio que él hizo en la cruz, somos dignos de ser llamados justos, porque al que no conoció pecado, por nosotros se hizo pecado, para que nosotros fuésemos hechos justicia de Dios en él;

> *"Al que no conoció pecado, por nosotros lo hizo pecado, para que nosotros fuésemos hechos justicia de Dios en él."*
> *2 Corintios 5:21*

"Acerquémonos, pues, confiadamente al trono de la gracia, para alcanzar misericordia y hallar gracia para el oportuno socorro."
Hebreos 4:16.

Dios nos invita a que nos apropiemos de la obra redentora de Jesucristo, perdonándonos a si mismos, y que nos arrepintamos del pecado de la incredulidad, renunciando a todo espíritu de culpabilidad, y a la razón o causa que nos produce culpa; confesando nuestra libertad en el Nombre Poderoso de Jesucristo; y que nos decidamos a ser transformados por medio de la renovación de nuestro entendimiento, para que comprobemos cuál es su voluntad, agradable y perfecta de Dios. *"No os conforméis a este siglo, sino transformaos por medio de la renovación de vuestro entendimiento, para que comprobéis cuál sea la buena voluntad de Dios, agradable y perfecta." Romanos 12:2;* y para que nos mantengamos libres de cualquier trauma emocional.

Hay muchas personas que, habiendo sido libres de diferentes heridas emocionales, vuelven a ser víctimas de satanás cuando las ofende o hieren nuevamente. No han aprendido que de una u otra manera serán heridas y lastimadas durante el transcurso de sus vidas. Recuerde que satanás no perderá oportunidad de acusarle o recordarle su pasado. Cuando esto pase, confiese la palabra de Dios, y siga caminando hacia adelante, permaneciendo fundados y firmes en la fe, y sin moverse de la esperanza del evangelio que habéis oído, el cual se predica en toda la creación que está debajo del cielo.

"si en verdad permanecéis fundados y firmes en la fe, y sin moveros de la esperanza del evangelio que habéis oído, el cual se predica en toda la creación que está debajo del cielo; del cual yo Pablo fui hecho ministro."
Colosenses 1:23

Otra manera de mantenerse libres es aprender a vivir en el Espíritu; esto implica negar nuestro ego y hacer del perdón un estilo de vida cotidiano. Para lograr esto, es importante que tengamos una actitud sincera y genuina, y adoptar disciplina. *"Mas el fruto del Espíritu es amor, gozo, paz, paciencia, benignidad, bondad, fe, mansedumbre, templanza; contra tales cosas no hay ley" Gálatas 5:22-24.*

¿Cuáles son las indicaciones que muestran las raiz de amargura en una persona?

- **La queja**

  "E hizo Moisés que partiese Israel del Mar Rojo, y salieron al desierto de Shur; y anduvieron tres días por el desierto sin hallar agua. Y llegaron a Mara, y no pudieron beber las aguas de Mara, porque eran amargas; por eso le pusieron el nombre de Mara. Entonces el pueblo murmuro contra Moisés, y dijo: ¿Qué hemos de beber? Y Moisés clamo a Jehová, y Jehová le mostro un árbol; y lo hecho en las aguas, y las aguas se endulzaron. Allí les dio estatutos y ordenanzas, y allí los probo."
  Éxodos 15:22-25

Durante la peregrinación por el desierto, los israelitas murmuraron contra Moisés y Aron cada vez que enfrentaron una crisis. Dichas murmuraciones en realidad eran en contra de Dios.

Las personas con raíces de amargura buscan permanentemente un motivo para quejarse. Siempre muestran disconformidad, oposición o protesta en contra de algo o alguien.

Pablo nos aconseja no seguir el ejemplo del pueblo de Israel y que permanezcamos unidos en un solo sentir, para que podamos gozar de una estrecha relación entre si y para que también podamos vivir de acuerdo a los estatutos y ordenanzas que Dios nos ha otorgado en Cristo Jesús.

- **La ira**

    "Airaos, pero no pequéis; no se ponga el sol sobre vuestro enojo, ni deis lugar al diablo."
    Efesios 4:26

    El diccionario define la ira como "emoción excesiva, pasión incitada por un sentido de daño o injusticia" este daño puede ser hacia nosotros o hacia alguien mas. Bíblicamente, la ira es una emoción dada por Dios con la intención de ayudarnos a resolver problemas; pero la ira se vuelve pecado cuando es motivada por el egoísmo, cuando el objetivo de Dios es distorsionado, o cuando se deja que la ira persista. Nosotros como humanos en vez de utilizar la ira para atacar el problema en si, somos nosotros quienes terminamos siendo atacados por esta. Efesios 4:15-19 dice que debemos hablar la verdad en amor y usar nuestras palabras para edificar a otros y no permitir que salgan de nuestra boca palabras corrompidas o destructivas. Desafortunadamente, esta venenosa manera de hablar es una característica común del hombre caído. La ira se vuelve pecado cuando se le permite desbordarse sin restricción, dando como resultado un escenario en el que todos a su alrededor resultan lastimados y contaminados, dejando devastación a su camino, usualmente con consecuencias irreparables. La ira también se vuelve pecado cuando el airado rehúsa ser tranquilizado, guarda rencor, o lo guarda todo en su interior. Esto puede causar que la persona recuerde detalles tales como: nombres, cosas, palabras y circunstancias que fueron hechas y dichas en su momento. El aislamiento es otra de las características de una persona con raíz de amargura. Esta se aísla porque tiene temor que se le hiera mas de lo que esta.

"Porque la ira del hombre no obra la justicia de Dios."
Santiago 1:20

"Si, pues, coméis o bebéis, o hacéis otra cosa, hacedlo todo para la gloria de Dios."
1 Corintios 10:31

"Sino que, siguiendo la verdad en amor, crezcamos en todo en aquel que es la cabeza, esto es, Cristo. Y ninguna palabra corrompida salga de vuestra boca, sino la que sea buena para la necesaria edificación, a fin de dar gracias a los oyentes."
Efesios 4:15-19

"Sepulcro abierto es su garganta; con su lengua engañan. Veneno de áspides hay debajo de sus labios; su boca esta llena de maldición y de amargura."
Romanos 3:13-14

"El necio da rienda suelta a toda su ira, mas el sabio al fin la sosiega."
Proverbios 29:11

"Airaos, pero no pequéis; no se ponga el sol sobre vuestro enojo, ni deis lugar al diablo."
Efesios 4:26-27

- **La tristeza**

> *"Bienaventurados los que lloran, porque ellos recibirán consolación."*
> Mateo 5:4

> *"Porque la tristeza que es según Dios produce arrepentimiento para salvación, de que no hay que arrepentirse; pero la tristeza del mundo produce muerte."*
> 2 Corintios 7:10

La tristeza es una de las emociones básicas del ser humano. Este estado afectivo es provocado por un decaimiento de la moral, o sea un síntoma de la depresión y se caracteriza por el abatimiento general de la persona, descenso de la autoestima y sentimientos de pesimismo, desesperanza, desamparo y desconsuelo. Es la expresión del dolor afectivo expresado por el llanto, el rostro abatido, la falta de apetito, etc. A menudo nos sentimos tristes cuando nuestras expectativas no se ven cumplidas o cuando las circunstancias de la vida son mas dolorosas que alegres. Como podemos ver en los versículos mencionados arriba, la tristeza es otra de las emociones dadas por Dios y si meditamos estos pasajes podemos ver que no solamente son incompatibles, sino que es la receta divina para lograr la felicidad. Jesús emplea las palabras "los que lloran". Estas palabras expresan el lamento de un corazón quebrantado por las injusticias que una persona recibe a causa de los pecados de otros y el estado pecaminoso de la humanidad en general; pero Jesús nos promete consolar toda tristeza, sino la que se manifiesta en el arrepentimiento y en la bendición de la gracia divina que es según la voluntad de Dios. La tristeza del mundo trae muerte, porque en vez de concentrarse en Dios y reflexionar la maldad del pecado, se centra en si misma y proporcionan heridas que producen tristeza a su propia alma y a los demás.

Tristeza divina:

"Y los redimidos de Jehová volverán, y vendrán a Sion con alegría; y gozo perfecto será sobre sus cabezas; y tendrán gozo y alegría, y huirán la tristeza y el gemido."
Isaías 35:10

Tristeza del mundo:

"Y Jehová te esparcirá por todos los pueblos, desde un extremo de la tierra hasta el otro extremo; y allí servirás a dioses ajenos que no conociste tú ni tus padres, al leño y a la piedra. Y ni aun entre estas naciones descansarás, ni la planta de tu pie tendrá reposo; pues allí te dará Jehová corazón temeroso, y desfallecimiento de ojos, y tristeza de alma; y tendrás tu vida como algo que pende delante de ti, y estarás temeroso de noche y de día, y no tendrás seguridad de tu vida."
Deuteronomio 28:64-66

¿Cuáles son las consecuencias de la raíz de amargura?

Como la amargura proviene del diablo, este pecado se manifiesta de diferentes formas dentro de la misma persona:

- Enojo: Sentimiento que una persona experimenta cuando se siente contraída y perjudicada por otra o por una cosa, como ante de una falta de respeto, una desobediencia o un error.
- Ira: Enfado muy grande o violento en el que la persona pierde el dominio sobre si misma y siente indignación y enojo.
- Gritería: Confusión de voces altas y desentonadas

- Maledicencia: Habito de maldecir, murmurar o hablar mal sobre la conducta de los demás
- Malicia: Actitud mental de la persona que atribuye mala intención a las palabras o a los hechos de los demás

Estos pecados tienen la capacidad de cegarnos de tal manera, que nos pueden apartar de la fe en Cristo Jesús; y esto es un riesgo que debemos de evitar. También nos encierra en prisiones financieras y causa cualquier tipo de problemas familiares, olvidándonos así de todo lo bueno que Dios y otras personas han hecho por nosotros. Debemos de notar también, que estos pecados son los causantes de muchas enfermedades físicas no originadas precisamente de un desbalance anatómico, sino que son originadas de un alma con raíz de amargura, por ejemplo: la artritis, las ulceras, el cáncer, el insomnio, la migraña y dolores de espalda, alta presión, desordenes cardiacos, diabetes, entre otros.

¿Cómo nos deshacemos de la raíz de la amargura?

Como habíamos dicho al principio de este capitulo, la amargura es un sentimiento de angustia en el alma, por circunstancias que nos sobrecogen y no podemos cambiar; sin embargo, librarnos de la amargura es un proceso gradual que nos lleva a la liberación emocional y a la libertad espiritual.

> *"¿Por qué fue perpetuo mi dolor, y mi herida desahuciada no admitió curación? ¿Serás para mí como cosa ilusoria, como aguas que no son estables? Por tanto, así dijo Jehová: Si te convirtieres, yo te restauraré, y delante de mí estarás; y si entresacares lo precioso de lo vil, serás como mi boca. Conviértanse ellos a ti, y tú no te conviertas a ellos."*
> *Jeremías 15:18-19*

Jeremías nos hace entender que no debemos que tener dudas de quienes somos nosotros en Cristo Jesús, cual es nuestra misión y hasta que punto Dios nos es fiel en sus promesas. A veces como Jeremías, nos sentimos que Dios no es constante con lo que nos ha prometido y le culpamos por nuestras desgracias. Dios nunca falla a sus promesas, pues el declara que es agua viva; somos nosotros los que nos olvidamos de obedecerle y *"cavaron para si cisternas, cisternas rotas que no retienen agua (Jeremías 2:13)."* Nuestro pecado y la falta de arrepentimiento no nos permiten permanecer de pie ante él y como consecuencia destruimos a los que amamos en la vida; nuestros hijos, nuestra familia. Dios nos llama a la reflexión y nos invita a adoptar la postura correcta de un siervo obediente y perdonador y él convertirá todo lo vil y malo que hay en nuestros corazones en algo precioso y bendito; y nos fortalecerá y nos protegerá de toda fuerza satánica. Porque él esta con nosotros para librarnos y defendernos y para redimirnos de la mano de los fuertes, dice Jehová. Amen.

Oración

Padre celestial, en el nombre poderoso de Jesús, te pido que me limpies con tu sangre preciosa toda raíz de amargura que el sufrimiento y dolor ha causado durante el transcurso de mi vida. Líbrame de las consecuencias del pecado que cometí.

"He aquí, tú amas la verdad en lo íntimo, Y en lo secreto me has hecho comprender sabiduría. Purifícame con hisopo, y seré limpio; Lávame, y seré más blanco que la nieve. Hazme oír gozo y alegría, Y se recrearán los huesos que has abatido. Esconde tu rostro de mis pecados, Y borra todas mis maldades. Crea en mí, oh Dios, un corazón limpio, Y renueva un espíritu recto dentro de mí. No me eches de delante de ti, Y no quites de mí tu santo

Espíritu. Vuélveme el gozo de tu salvación, y espíritu noble me sustente."
Salmo 51:6-12

También declaro que tu poder esta en mi. Me pongo toda la armadura de Dios y con la autoridad que tu me das hago frente a las artimañas del diablo, pongo el hacha sobre toda raíz de todo árbol malo en mi vida y lo corto en el poderoso nombre de Jesús.

Tomo el casco de la salvación y la espada del espíritu que es la palabra de Dios y corto toda raíz mala generacional de mi árbol genealógico en el poderoso nombre de Jesús.

Que tu fuego santo consuma toda raíz de amargura para siempre. Ven ahora hermoso Espíritu Santo y lléname de tu unción. Todo esto te lo pido en el Santo nombre de tu Hijo Jesucristo. Amen.

CAPITULO 4

PORQUE DESTRUYO A LOS QUE AMO

Hay personas que aseguran amar a sus familias y a su hogar, pero con su comportamiento y actitud dicen todo lo contrario: "Te amo, pero te destruyo". Abecés no tenemos idea de lo que es el amor; podemos amar a alguien o algo de acuerdo con nuestra propia opinión, pero en realidad lo que estamos haciendo es crear un sentimiento de codependencia.

Como vimos en el capitulo 1, el sentimiento de codependencia crea necesidades insatisfechas e intenta satisfacerlas de una manera totalmente inadecuada, produciendo así trastornos mixtos de personalidad y falta de identidad propia en la persona; haciendo que su vida gire alrededor de otras personas, objetos o circunstancias.

La persona dañada con este sentimiento se autodestruye porque no puede amarse ni así misma, por lo tanto, es imposible que ame a los demás, aunque ella crea todo lo contrario. Si la persona no entiende lo que esta pasando en su interior, es muy probable que caiga en una tristeza profunda, olvidándose de sus necesidades y de la importancia que su existencia tiene para las personas que la aman y necesitan.

Caso #1   Porque te amo, te maltrato

Conocí a una mujer que vino a mi oficina llorando, pues su esposo, con el cual tenia siete hijos, abusaba de ella de una manera brutal. El la masacraba con tal violencia que su vida estaba llena de miedo e inseguridad. En una ocasión, me mostro su espalda, lo que vi fue totalmente aberrante e inexplicable, su espalda estaba totalmente moreteada e infectada debido a la cantidad de mordidas que su esposo le provoco con sus dientes. Como podemos ver, el esposo que decía que la amaba, la maltrataba.

El esposo se crio en un hogar destruido por la violencia. Ella se crio en un hogar donde se practicaba la brujería. Como podemos ver, los dos venían de hogares destruidos donde el abuso era constante y muy común en sus vidas. Lamentablemente ellos aplicaron el mismo abuso a la familia que su unión constituyo, y ninguno de los dos hacia nada para detener este abuso. Así vivieron, unidos y escondidos en la ignorancia. Si les preguntaba si se amaban, ellos me respondían que si.

Los hijos de este matrimonio aplicaron los mismos abusos y conductas que sus padres le proporcionaron. Varios de ellos cayeron en las drogas, otro de ellos abuso sexualmente de sus propias hermanas.

Después de que aceptaron al Señor Jesucristo como a su salvador, ellos decidieron romper con ese silencio destructivo y mortal que los agobiaba.

Gracias al poder de Jesucristo, pude trabajar con esta familia, primero trabajé en liberación y sanidad con la pareja y después con sus hijos. Poco a poco Dios fue transformando y restaurando sus vidas. El proceso de esta liberación y restauración no fue fácil, pues hubo muchas lagrimas debido a la cantidad de años de sufrimiento y dolor.

No eh conocido a una persona que haya tenido un proceso de sanidad, liberación y restauración de la noche a la mañana. Nada ocurre así porque si, ni se puede llegar a lo mas alto sin antes de pasar por el proceso necesario de transformación.

Lo que si puede cambiar de la noche a la mañana es la dirección de su vida, dejando que Jesucristo tome el rumbo de su existencia. Acérquese a Dios personalmente y pídale que libere y sane su vida de todos los maltratos físicos, morales y espirituales que su alma ha sufrido.

Caso #2

Otro caso fue el de una pareja con una relación tan dañada, que les costaba trabajo poder entenderse uno a otro. Cada uno venia arrastrando cadenas de maldiciones generacionales que ni ellos mismos eran conscientes de estas. Tenían una niña de diez años muy hermosa, que lamentablemente tuvieron que dejar en México para que ellos pudieran venir a Estados Unidos a forjar un futuro mejor para ellos y su pequeña hija. Un día se dieron cuenta que ese futuro estaba muy lejos de ser alcanzado cuando el esposo decidió sumergirse en el mundo de las drogas. Esta actitud no solo lo llevo a la autodestrucción, sino también a dañar constantemente a su esposa, que según el tanto amaba. Este amor enfermizo había hecho que ella perdiera su sonrisa, pues el sol ya no brillaba para ella y hacia que sus días fueran oscuros y amargos. Su rostro triste, lleno de decepción y maltrato hizo que su imagen física se deteriorara. Ella ya no se arreglaba como antes, su actitud defensiva reflejaba el abandono, la traición y la burla que su compañero le proporcionaba.

Las constantes peleas que había entre ellos los llevaba a golpearse mutuamente y a romper y quebrar todo lo que con tanto esfuerzo habían adquirido. A veces se reconciliaban, cuando esto pasaba se preguntaban ¿qué nos pasa? ¿porque nos destruimos si nos amamos? Se pedían perdón y se abrazaban, pero después de una semana volvían a lo mismo, se golpeaban hasta sangrarse uno al otro. No les importaba si estaban en casa, o si iban manejando en el carro. Si el sentía celos o coraje, la agarraba del pelo y ella se defendía arañándolo en la cara y también le rompía la camisa que el vestía.

Sus peleas eran tan extremistas que una vez iban golpeándose en el carro, que cuando acordaron, su carro estaba a punto de estrellarse contra un edificio destruyéndolo todo. Gracias a Dios, no hubo consecuencias fatales. Este suceso hizo que reaccionaran y buscaran ayuda.

Una vez llego el a su casa tan drogado que levantaba los colchones para ver si ella estaba con un amante, luego la golpeo y ella salió corriendo por los callejones desnuda, escondiéndose detrás de los basureros. Luego el salía a buscarla y ella volvía a la casa. Se decían "necesitamos ayuda" pero no sabían a quien recurrir. Fueron a varias iglesias y les decían que no podían ayudarlos, pues se asustaban con el solo hecho de escuchar su caso.

En una ocasión, el fue con un pastor, y oyendo este el caso le dijo: "!deje a esa mujer, esta loca! ¡Llévela al hospital psiquiátrico!" el salió de ese lugar muy decepcionado y preguntándose ¿y ahora, que voy a hacer?

Definitivamente hay amores que matan, ese era amor que ellos se tenían. Se decían que se amaban, pero en realidad se estaban destruyendo.

Un día tuve la oportunidad de conocerlo a el. Había yo abierto una librería cristiana al publico y vi que un hombre se me acerco a pedirme un libro. En ese momento le empecé a hablar del amor de Cristo. Cuando me di cuenta, sus ojos estaban llenos de lagrimas; luego empezó a llorar y me dijo: "ya no puedo mas, eh destruido a mi matrimonio, eh dañado a mi esposa de una manera muy vil" Lo único que yo le dije fue: "si usted me da la oportunidad, yo los puedo orientar." Y después de un tiempo de proceso de sanidad interior y liberación ellos quedaron totalmente libre, y hoy son unos grandes ciervos de Dios que gozan de una familia que hoy permanecen unida. Dándole la gloria a Dios el todo poderoso, y así como Dios lo hizo con ellos también lo puede hacer contigo.

"En el amor no hay temor, sino que el perfecto amor echa fuera el temor; porque el temor lleva en si castigo. De donde el que teme, no ha sido perfeccionado en el amor."
1 Juan 4:18

Relaciones Enfermizas

Veamos primero que son las relaciones enfermizas: son todas aquellas que nos hacen daño; nos ofenden, nos maltratan, nos gritan, nos desprecian, nos ignoran, nos hacen sentir que no tenemos valor, y aun seguimos ahí.

Las personas que viven en este tipo de relación sufren de baja autoestima. Van creando un circulo contaminante y vicioso donde "si no se sufre no pueden ser felices"; son personas celosas, infieles, controladoras, inseguras, manipuladoras y viven en peleas constantes, pero si se separan se extrañan mutuamente, no son felices y sienten que se mueren si la otra parte no está ahí.

Este tipo de amor patológico-obsesivo, produce intranquilidad y estancamiento intelectual, espiritual y social; y pueden llevarlos a la destrucción total si las personas involucradas no buscan ayuda para romper ese circulo vicioso. El primer paso que debe tomarse es reconocer el padecimiento de esta carga emocional y buscar de Cristo quien llevo toda maldición a la cruz del calvario y es el único capaz de romper con todo circulo vicioso que se ha creado alrededor nuestro, en su poderoso Nombre.

"Cristo nos redimió de la maldición de la ley, hecho por nosotros maldición (porque está escrito: Maldito todo el que es colgado en un madero),"
Gálatas 3:13

"Acontecerá en aquel tiempo que su carga será quitada de tu hombro, y su yugo de tu cerviz, y el yugo se pudrirá a causa de la unción"
Isaías 10:27

Miedo a amar al prójimo

¿Qué es amar al prójimo? Jesús lo resumió en unas cuantas palabras sencillas y profundas: *"Amaras al Señor con todo tu corazón, y con toda tu alma, y con todas tus fuerzas, y con toda tu mente. Este es el principal mandamiento. Y el segundo es semejante: Amaras a tu prójimo como a ti mismo. No hay otros mandamientos mayor que estos."* Marcos 12:30-31

Esto significa que el Señor nos exige que amemos a nuestro prójimo no con amor filial que expresa afecto humano, sino que él exige un amor ágape, que significa dedicación y entrega total, e indica que el amor al prójimo es consecuencia lógica y natural del amor de Dios.

¿Si no tenemos el amor de Dios, como tendremos amor para

amarnos a nosotros mismos? ¿Y si no nos amamos a nosotros mismos, como tendremos amor para amar a los demás?

Algunas personas encuentran dificultades para amar a su prójimo, por las experiencias negativas que han vivido en el pasado creando así un mecanismo de defensa, en la que asumen la idea de: "Mejor no amar para no sufrir". Este amor los paraliza y establecen relaciones que están predestinadas al fracaso debido a que ellas mismas, por su falta de confianza y autoestima, auto predicen su frustración y piensan que no son comprendidas. Las personas con miedo a amar, por lo general, han crecido en un hogar de desamor, abuso, rechazo y abandono.

El primer paso para superar el desamor es entregarle a Jesucristo ese dolor y pedirle que lo transforme en amor hacia usted primero. Reciba hoy ese amor que solo Cristo puede darnos, su futuro esta lleno de cosas buenas; ¡no se rinda, y atrévase a amar y a ver la luz verdadera, que alumbra y guía a todo ser humano a las fuentes de agua viva!

La preeminencia del amor

> *"Si yo hablase lenguas humanas y angelicales, y no tengo amor, vengo a ser como metal que resuena, o címbalo que retiñe. Y si tuviese profecía, y entendiese todos los ministerios y toda ciencia, y si tuviese toda la fe, de tal manera que trasladase los montes, y no tengo amor, nada soy. Y si repartiese todos mis bienes para dar de comer a los pobres, y si entregase mi cuerpo para ser quemado, y no tengo amor, de nada me sirve.*
> *El amor es sufrido, es benigno; el amor no tiene envidia, el amor no es jactancioso, no se envanece; no hace nada indebido, no busca lo suyo, no se irrita, no guarda rencor; no*

se goza de la injusticia, mas se goza de la verdad. Todo lo sufre, todo lo cree, todo lo espera, todo lo soporta. El amor nunca deja de ser; pero las profecías se acabarán, y cesarán las lenguas, y la ciencia acabara. Porque en parte conocemos, y en parte profetizamos; mas cuando venga lo perfecto, entonces lo que es en parte se acabara. Cuando yo era niño, hablaba como niño, pensaba como niño, juzgaba como niño; mas entonces veremos cara a cara. Ahora conozco en parte; pero entonces conoceré como fui conocido. Y ahora permanecen la fe, la esperanza y el amor, estos tres; pero el mayor de ellos es el amor."
1 Corintios 13:1-13

Identidad falsa: buscando ser las personas que no somos

Cuando las necesidades de un ser humano no son satisfechas durante la infancia, el niño interior se detiene en su desarrollo emocional, intelectual y espiritual. Este detenimiento en su desarrollo interno ha sido provocado por los golpes muy dolorosos que no son evidentes en lo exterior debido al "yo falso" que la persona crea, y con lo que hace frente a todas las circunstancias de su vida. Esta actitud negativa del "yo herido" o "yo falso" crean una identidad falsa.

Cuando la persona carece de identidad, se convierte en esclava de conductas insanas y también hace que su propia vida se vea afectada por individuos con estilos de conductas destructivas, que lo único que hacen es dañar a cualquiera que se les interponga en su camino.
A veces la falta de identidad en una persona es tan grande, que no se da cuenta que necesita ser libre.

Desamor en el seno familiar

Desafortunadamente, la sociedad en la que vivimos gira alrededor del desamor. La juventud no se valora dado a que en su hogar no reciben el amor y apoyo que estos jóvenes necesitan. Esta vida desordenada los hace cometer errores que mas adelante se lamentan, por ejemplo; jóvenes menores de edad, salen embarazadas debido al poco valor que se dan así mismas. Investigadores hallaron que las mujeres embarazadas que enfrentan embarazos no deseados corren el riesgo de transmitirles el sentimiento de rechazo a sus bebes. Debido a que el desarrollo sano de su futuro niño empieza desde el útero, estos niños pueden continuar sintiendo los estragos del rechazo durante su vida adulta. Estos nuevos jóvenes adultos, rechazan todo lo que les produce alegría o felicidad. Siempre están llamando la atención, compadeciéndose de si mismos y adoptan actitudes dramáticas; y si no tienen motivos para estar tristes, lo inventan.

Además, crean un anhelo tan grande de ser amados que les parece que sus vidas son inútiles y vacías, y piensan "si solo pudiera ser alguien de importancia, podría aceptarme y amarme a mi mismo y quizás otras personas me amarían y me aceptarían también" hacen hasta lo imposible para ser aceptados sin importarles si hacen daño a los demás o que los demás les hagan daño a ellos.

Conductas dañinas y repetitivas

Hay conductas que se repiten de generación en generación. Estas conductas se aprenden o se adquieren en el ambiente familiar donde la persona crece y se desarrolla. Por ejemplo, si un niño vive en un ambiente donde la comunicación afectiva es remplazada por el abuso verbal y físico, es muy probable que este niño en su adultez repita los mismos patrones, debido a que se queda atado a las viejas heridas que sufrió en el ambiente donde creció, por ejemplo:

- ➢ Si un niño es criticado – aprende a condenar
- ➢ Si un niño vive en un ambiente hostil – aprende a pelear
- ➢ Si un niño vive ridiculizado – aprende a ser tímido
- ➢ Si un niño vive avergonzado – aprende a sentirse culpable

A veces como padres, tenemos ideas equivocadas respecto a lo que nuestros hijos necesitan. Pensamos que lo único que necesitan son cosas básicas como la vivienda, ropa y alimento, ¡que equivocados estamos!

El desarrollo sano de un niño, no esta basado en estos tipos de pilares, sino que están basados en los pilares del amor, que son:

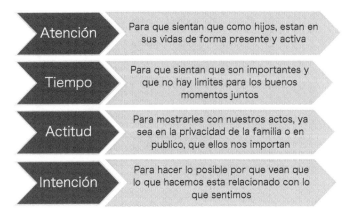

La carencia de estos pilares hace que los niños aprendan y repitan las malas conductas de sus padres. Después de todo, los niños son como una grabadora, sus mentes graban e imitan estas conductas dañinas y forman su carácter de acuerdo con lo que ellos ven y escuchan en el seno familiar.

Ustedes crían a los hijos...... *"Instruye al niño en su camino, Y aun cuando fuere viejo no se apartará de el." Proverbios 22:6.*

La televisión, las revistas y el internet: Padres sustitutos

La inseguridad y la falta de abrazos, cariño, amor y elogio, producen el desamor y descuido de los padres en sus hijos, crean alternaciones en la conducta de sus hijos donde el sentimiento de abandono se hace evidente.

Este sentimiento de abandono lleva al niño o adolescente a encontrar actividades destructivas como lo son los medios de comunicación. La influencia que ejercen sobre los niños y adolescentes es la televisión y el internet, fomenta en ellos un modelo de juventud egoísta, competitiva, individualista y preocupada por el éxito rápido y de vivir la vida muy alejada de los valores considerados tradicionales. Esta conducta, esta produciendo consecuencias preocupantes en cuanto al comportamiento de niños y adolescentes. Según recientes estudios alrededor de un 15% de los menores padecen algún tipo de trastorno de la conducta que afecta directamente al entorno familiar y que en demasiadas ocasiones, requiere atención y tratamiento psiquiátrico. A demás, cada vez hay mas jóvenes que presentan cuadros depresivos como resultado de estos trastornos que suelen manifestarse en conductas adictivas, agresivas, violentas y en ocasiones incluso delictivas.

También, estos programas de televisión incitan a las jovencitas a cometer desordenes alimenticios como lo son la bulimia y la anorexia. Estas jóvenes y en algunos casos mujeres adultas, se provocan vomito o dejan de comer porque desean tener el aspecto físico no real de las modelos que aparecen en la pantalla o en las paginas de las revistas. Lo peor de todo, que no importa lo que hagan, nunca logran el cambio deseado.

Ante estas realidades, debemos de ejercer nuestra responsabilidad como padres y darles el amor, la atención y dedicación que nuestros hijos necesitan. Como padres estamos obligados a ejercer el rol que nos corresponde y formar hijos de carácter. Así como el cuerpo humano necesita de esa columna para sostenerse, así nuestros hijos necesitan de esa columna para sostenerse, y esa columna vertebral somos nosotros lo padres. Si esa columna se encuentra enferma o desviada, así será la conducta de nuestros hijos; enferma y desviada.

Pero hay un camino hacia la esperanza
(El abuso es feo. Siempre es malo el maltrato)

Nunca es parte del plan de Dios que la vida saludable de la familia se deforme y destruya sueños. El abuso engendra dolor y desesperación, nunca produce esperanza.

Si usted a pasado o esta pasando algo como esto, conoce muy bien esta realidad, el maltrato deja cicatrices emocionales que pueden perdurar toda la vida. Los temores es la reacción mas frecuente a la violencia hogareña, las victimas también experimentan vergüenza, traición y un sentido de desesperación.

A veces simplemente es muy difícil saber a quien acudir y en quien confiar, por eso hemos escrito este tema para ofrecerles esperanza, aun a través de una crisis. La violencia y el abuso suelen ser la herencia que viaja de una generación a otra.

El ser testigos de la violencia daña a los niños, ya sean ellos o no las victimas de los golpes y las maldiciones; cuando el maltrato sucede en una familia, todos quedan lastimados. Cuando el abuso ocurre en la familia cristiana, es común que la mujer sea la victima y que ella busque ayuda en su iglesia o en los lideres.

Hay tantas preguntas:

- ➢ ¿Por qué me abandono Dios?
- ➢ ¿Qué hice para merecer este maltrato?
- ➢ ¿Tengo que seguir queriéndolo hasta que la muerte nos separe?
- ➢ ¿Qué es lo que Dios quiere de mi?

Aquí le ofrecemos algunas respuestas a estas preguntas, algunas ideas para animarle a seguir adelante en su vida y su fe con unas reflexiones que están escritas en las Sagradas Escrituras, creemos que el mensaje de la biblia es muy claro.

Dios habla en contra de la violencia. La paz y la seguridad son los fundamentos para la vida familiar, donde no hay paz y seguridad, no hay relaciones sanas.

"Por tanto, dirás a los hijos de Israel: yo soy JEHOVÁ; y yo os sacare de debajo de las tareas pesadas de Egipto, y os librare de su servidumbre, y os redimiré con brazo extendido, y con juicios grandes"
Éxodo 6:6

Una relación no es sana cuando:

- ➢ Lo minimizan y no le reconocen su valor y logro
- ➢ Lo amenazan
- ➢ Abofetean, empujan, patea o hieren
- ➢ Le obligan a estar lejos de su familia y amigos
- ➢ Existe posesividad o celos extremos
- ➢ Cuando omite una opinión; sus gustos, y es ignorada y su opinión, no cuenta para nada
- ➢ Le callan en publico, le llaman por sobrenombres que le avergüenzan y hieren

> Siempre le dicen que usted tiene la culpa por todos los problemas

Ha encontrado solo destrucción, pero todo esto puede cambiar a través del poder de Dios que tiene suficiente amor para amarle, sanarle, y liberarle hoy mismo si así lo desea.

"Jehová te bendiga, y te guarde"
Números 6:24

"Sostenme, y seré salvo, y me regocijare siempre en tus estatutos"
Salmos 119:117

Si se a sentido que todos lo maltratan y que todos lo culpan por todo, y siente que le ponen un yugo en el cuello bajándole la cabeza hasta el piso y te sostiene allí, es posible que usted tenga miedo y se eche la culpa del abuso que ha sufrido. Tal vez siente que tiene una relación abrumada y siente la presión de guardar silencio en cuanto a todo lo que le ha pasado.

Todas sus energías se consumen en mantener apariencias, fingiendo que todo esta bien en casa, se siente mal y no entiende porque la violencia puede suceder en las familias; violencia hacia los niños, a las mujeres e incluso hacia los hombres que también pueden ser golpeados por las mujeres.

El descubrir su propia voz no es una hazaña en medio del alboroto y el dolor; el escuchar sus palabras y a la credibilidad que requiere para silenciar a sus opresores, especialmente a aquellas voces que resuenan en su cabeza.

"El le dijo: Sal fuera, y ponte en el monte delante de Jehová. Y he aquí Jehová que pasaba, y un grande y poderoso viento que rompía los montes, y quebraba las peñas delante de Jehová;

pero Jehová no estaba en el viento. Y tras el viento un terremoto; pero Jehová no estaba en el terremoto. Y tras el terremoto un fuego; pero Jehová no estaba en el fuego. Y tras el fuego un silbo apacible y delicado."
1 Reyes 19:11-12

Hoy le invito a que abra los ojos a la realidad, ¿a pasado por cosas tempestuosas como si fueran un terremoto dejándole derribado, devastado y no a podido encontrar ayuda? Es tiempo de pedirle a Dios que le saque de esta terrible situación.

Las verdades que deben ser reveladas a su vida son:
1. El abuso no tiene limites geográficos
2. El abuso sucede en toda clase de sociedad
3. La violencia puede pasar en cualquier familia

Es posible que hoy usted sea victima del abuso y de la violencia.

Algunos dicen ¿Cómo puedo saber si necesito ayuda?
Busque ayuda en una iglesia donde prediquen la verdad de la palabra de Dios.

"En las alturas abriré ríos, y fuentes en medio de los valles; abriré en el desierto estanques de aguas, y manantiales de aguas en la tierra seca."
Isaías 41:18

Dios ha prometido llevarnos a manantiales de aguas.

Le invito a confiar en Dios porque El es quien puede otorgarle abundancia de paz y arrancar de su corazón ese dolor, por medio de sus aguas que están listas para limpiar tu corazón y llegar hasta la raíz de tu situación; como arroyos de aguas en tierra calurosa.

"Y será aquel varón como escondedero contra el viento, y como refugio contra el turbión; como arroyos de aguas en tierra de sequedad, como sombra de gran peñasco en tierra calurosa."
Isaías 32:2

Repita en voz alta y abriendo primeramente su corazón a Dios, pídale que le ayude: hágalo en forma de oración para pedir seguridad y protección divina;

Me cubro y pido que cubras a mi familia y a mis posesiones con la Sangre de Jesús. Que el fuego de Dios rodee y proteja mi vida de toda destrucción, que los ángeles del Señor acampen a mi alrededor y me protejan.

"El ángel de Jehová acampa alrededor de los que le temen, y los defiende"
Salmos 34:7

El nombre de Jesús es torre fuerte, corro a ella y estoy seguro,

"Torre fuerte es el nombre de Jehová; a el correrá el justo, y será levantado."
Proverbios 18:18

Señor, tu me haces habitar en seguridad,

"En paz me acostare, y así mismo dormiré; porque solo tu, Jehová, me haces vivir confiado."
Salmo 4:8

Habitare en seguridad, no temeré a nada,

"No serán más por despojo de las naciones, ni las fieras de la tierra las devorarán; sino que habitarán con seguridad, y no habrá quien las espante."

Ezequiel 34:28

"Guárdame como a la niña de tus ojos; escóndeme bajo la sombra de tus alas."
Salmo 17:8

"Ten misericordia de mi, oh Dios, ten misericordia de mi; Porque en ti ha confiado mi alma, y en la sombra de tus alas me amparare hasta que pasen los quebrantos."
Salmo 57:1

Tu serás nuestro refugio de la lluvia y la tempestad,

"y habrá un abrigo para sombra contra el calor del día, para refugio y escondedero contra el turbión y contra el aguacero."
Isaías 4:6

Señor, se mi refugio del viento y la tempestad,

"Y será aquel varón como escondedero contra el viento, y como refugio contra el turbión; como arroyos de aguas en tierra de sequedad, como sombra de gran peñasco en tierra calurosa."
Isaías 32:2

Defiéndenos y líbranos,

"Como las aves que vuelan, así amparará Jehová de los ejércitos a Jerusalén, amparando, librando, preservando y salvando."
Isaías 31:5

Ponme a salvo de quienes se levantan en contra de mi,

"Líbrame de mis enemigos, oh Dios mío; Ponme a salvo de los que se levantan contra mí."
Salmo 59:1

Que tu verdad sea nuestro escudo,

"Con sus plumas te cubrirá, Y debajo de sus alas estarás seguro; Escudo y adarga es su verdad."
Salmo 91:4

"¡Oh Jehová, ¡cuánto se han multiplicado mis adversarios! Muchos son los que se levantan contra mí. Muchos son los que dicen de mí: No hay para él salvación en Dios. Mas tú, Jehová, eres escudo alrededor de mí; Mi gloria, y el que levanta mi cabeza. Con mi voz clamé a Jehová, Y él me respondió desde su monte santo. Yo me acosté y dormí, Y desperté, porque Jehová me sustentaba. No temeré a diez millares de gente, Que pusieren sitio contra mí."
Salmos 3:1-6

"Porque tu as sido mi refugio, y torre fuerte delante del enemigo"
Salmos 61:3

"Caiga sobre ellos temblor y espanto; a la grandeza de tu brazo enmudezcan como una piedra; hasta que haya pasado tu pueblo, oh Jehová, hasta que haya pasado este pueblo que tu rescataste."
Éxodo 15:16

Oración

Gracias, poderoso Dios por ayudarme y a reconocer mi pecado y el error tan grande que nos lleva a destruirnos a nosotros mismos y a nuestra familia. Hoy nos damos cuenta de que hemos caminado con un vacío profundo de desamor y destrucción, que vivimos en nuestro propio hogar con nuestros padres, sometiendo a nuestras familias bajo ese desamor.

Pensé que amaba a mi familia, pero hoy entiendo porque seguía destruyendo a los que estaban cerca de mi, en lugar de amarlos.

Hoy te pido perdón Dios. Ayúdame, sáname y ayúdame a aborrecer lo malo y acércame a lo bueno, ayúdame a no darle lugar al diablo. Romanos 12:9 *"el amor sea sin fingimiento. Aborreced lo malo, seguid lo bueno."*

Nos damos cuenta lo que es verdadero amor. Juan 3:16 *"Porque de tal manera amo Dios al mundo, que ha dado a su hijo unigénito, para que todo aquel que en el crea, no se pierda, mas tenga vida eterna."*

Fuiste pobre para que yo disfrute de la riqueza de tu creación, te castigaron por todos mis errores para que fuese declarado inocente, tomaste todo de lo que soy heredero y me diste lo que te pertenecía a ti ¿qué mas podía alguien hacer por mi?

Señor Jesús, hoy me arrepiento de mis pecados, sáname, sálvame, líbérame, entre en mi corazón y sácame de este terrible pasado doloroso, destructivo de desamor y recibo de tu amor.

Jesús, conociste la muerte para que yo conociera la vida y la restauración eterna, te enfrentaste al mundo para que la imagen de Dios pudiera reflejarse en mi ser, como una relación de Sangre. La necesidad mas grande de toda mi vida la supliste en la cruz del calvario.

¿Qué mas podría hacer alguien mas por mi?

Si ha habido huecos en tu corazón y en tu familia, hoy el amor de Dios los llena, todo entra en un nuevo comienzo de transformación y restauración en tu familia. Comienza a disfrutar la victoria en Cristo Jesús, camina en paz y amor. *Jeremías 33:6 "He aquí que yo les traeré sanidad y medicina; y los curare, y les revelare abundancia de paz y de verdad"* Amen.

Citas Bíblicas sobre el amor de Dios que tocaran tu corazón

¿Sabes cuanto Dios te ama? Conocer la grandeza del amor de Dios puede tocar tu corazón y transformar tu vida; estos siete versículos bíblicos te ayudaran a entender con mas profundidad el gran amor que Dios tiene por ti:

1. **Dios te amo primero:**

    "En esto consiste el amor: no en que nosotros hayamos amado a Dios, sino en que él nos amo a nosotros, y envió a su Hijo en propiciación por nuestros pecados."
    1 Juan 4:10

    Dios tomo la iniciativa al enviar a su Hijo a morir en la cruz, no solo eso, sino que Dios estaba pensando en ti cuando envió a Jesús, el te conoce y te amo desde siempre.

2. **Dios es tu amigo:**

    "Nadie tiene mayo amor que este, que uno ponga su vida por sus amigos."
    Juan 15:13

3. **El amor de Dios es incondicional**

    "Mas Dios muestra su amor para con nosotros, en que, siendo aun pecadores, Cristo murió por nosotros."
    Romanos 5:8

    Dios te ama a pesar de conocer todas tus faltas, su amor no tiene limites. El esta listo para perdonarte y restaurarte, solo tienes que aceptar su petición de amistad para que lo conozcas personalmente.

4. **Mas grande que el amor de una madre**

   "¿Se olvidará la mujer de lo que dio a luz, para dejar de compadecerse del hijo de su vientre? Aunque olvide ella, yo nunca me olvidaré de ti."
   Isaías 49:15

   El amor de Dios es mayor que el de una madre.

5. **Eres hijo de Dios:**

   "Mirad cual amor nos ha dado el Padre, para que seamos llamados hijos de Dios; por esto el mundo no nos conoce, porque no le conoció a el."
   1 Juan 3:1

6. **El amor de Dios protege:**
   "!Cuan preciosa, oh Dios, es tu misericordia! Por eso los hijos de los hombres se amparan bajo la sombra de tus alas."
   Salmos 36:7

7. **Jesús lo dio todo:**
   "Porque ya conocéis la gracia de nuestro Señor Jesucristo, que por amor a vosotros se hizo pobre, siendo rico, para que vosotros con su pobreza fueseis enriquecidos."
   2 Corintios 8:9

CAPITULO 5

EL RECHAZO

Dios nos creó para recibir amor y dar amor, cada persona necesita ser amada; usted necesita el amor de su familia, el amor de otros, el amor de un padre natural y también necesita el amor de Dios. Si no tiene ese amor, usted acepta el rechazo o manifiesta temor u orgullo como las dos manifestaciones del rechazo.

El enemigo usara estas manifestaciones para abrir la puerta para que entren demonios a su vida, el enemigo siempre tiene un plan para destruir la vida de una persona a través del rechazo. El rechazo es lo que abre la puerta a todo tipo de opresión a la vida de una persona.

Como entra un espíritu de rechazo

La mayoría de la gente que ha sufrido rechazo desde su niñez, desde el vientre de su madre, a través de maldiciones prenatales, por haber sido niño no deseado o ilegítimos, por abandono, por su orden de nacimiento, por adopción o por abuso sexual.

Una persona puede experimentar rechazo antes de nacer o de algunas otras maneras; puede recibir un espíritu de rechazo por la manera o el tiempo de la concepción, por ejemplo: si la madre fue violada, sufrió abuso o estaba teniendo una relación fuera del matrimonio y se embarazo; los niños nacidos bajo estas circunstancias podrían mostrar un espíritu de rechazo, también los niños nacidos fuera del matrimonio o de los padres que no los quieren, que han generado cargas en el presupuesto económico y familiar, que son el último de la familia, el de en medio de la familia; a menudo batallan con el rechazo.

Las circunstancias alrededor de una mujer embarazada y su actitud hacia su hijo no nacido, influencian al niño en el vientre.

La actitud del padre quiere un varón y terminan teniendo una mujer, esa niña podría recibir un espíritu de rechazo y sentirse mal de que no está agradando a su padre y desea haber sido un niño en lugar de niña, lo mismo sucede con los niños cuyos padres desean que fueran niñas.

La manera en que los niños nacen también puede causar que reciban un espíritu de rechazo, si un niño nació demasiado rápido y fue forzado a salir por el canal de nacimiento (vías fórceps) por ejemplo: posiblemente no haya tiempo de hacer la transición a la vida fuera del vientre.

La exposición abrupta al ruido, las luces brillantes y el manejo físico después de la calidez y seguridad del vientre pueden ser traumáticos, un niño que nace después de una labor de parto largo y extenso en que la madre y él bebe han quedado exhausto; si como un niño que nace por cesaría puede desarrollar un espíritu de rechazo.

Un bebe que no tiene vínculo con su madre pronto después del nacimiento podría tener un sentimiento de haber sido rechazado.

Un hijo adoptado siempre es un hijo rechazado, los padres

rechazados producen hijos rechazados; existe el rechazo hereditario, los padres que han sufrido de rechazo hereditario o que han sido rechazados antes de llegar al matrimonio, no será capaz de compartir calidez personal con sus hijos, sin duda ellos aman sus hijos, pero como no proceden de una familia que es expresiva al amor, o de un vínculo emocional cercano son incapaces de expresar amor físicamente.

No es poco común escuchar a un padre decir: "no somos una familia demostrativa o no somos del tipo de los que se besan o se abrazan". Esto traducido probablemente significa nos avergüenza cualquier muestra de afecto así que, los niños crecen rechazados, inseguros y careciendo en valor propio a pesar de ser rodeados de remplazos materiales.

Causas de rechazo cuando comienza la vida a temprana edad

1. Nacer con genero opuesto al que los padres deseaban.
2. Nacer con una deformación o una discapacidad física.
3. Crítica constante de los padres, hermanos o figuras de autoridad.
4. Disciplina injusta, particularmente si otro miembro de la familia parece ser favorecido.
5. Que se le ponga sobre nombres o se le insulte enfatizando características personales y vergonzosas.
6. Un hermano o hermana enfermo o discapacitado recibe cuidado y atención medica prolongada.
7. Haber sufrido abuso sexual o incesto.
8. Que un padre se vuelva agresivo sexualmente con su esposa en presencia de sus hijos.
9. Un niño mal criado o consentido terminara siendo rechazado.

10. Dificultades de hablar como tartamudear, balbuceo, o una incapacidad de pronunciar ciertas consonantes o palabras.
11. Padres infieles que discuten, pelean, no se hablan o solamente hablan con sus hijos; los niños se sentirán culpables.
12. Alcoholismo en ambos padres.
13. No haber sido perdonado por los padres, no tener su confianza.
14. Sobornos o amenazas para el éxito académico.
15. Ser expulsados de la escuela o rechazados por un grupo de iguales.
16. Vergüenza por las creencias religiosas de los padres.
17. Un padre que le muestra más atención a las amigas de su hija que a su propia hija.
18. Destrucción de las cosas familiares por un incendio o algún desastre natural.
19. Que un miembro de la familia sea condenado por un crimen grave.
20. El estándar de la vida familiar causado por desempleo, despido, bancarrota, del que gana el pan diario.
21. Hijos que constantemente son dejados por horarios de trabajos de sus padres o por el desinterés de los padres en el bienestar de sus hijos.
22. Padres que no muestran interés activo en el progreso del trabajo de los hijos en la escuela, los deportes, actividades o pasatiempos.

¿Cuáles son las señales y los síntomas de un espíritu de rechazo?

La esquizofrenia comienza con un rechazo, abre la puerta a una personalidad dividida, haciendo que la persona tenga doble animo; estas son algunas señales y síntomas de que una persona quizás tenga un espíritu de rechazo:

- Un constante deseo de amor físico y confirmación de valides propias.
- Adicción
- Buscar atención
- Desaliento
- Abatimiento
- Desanimo
- Envidia
- Fantasías
- Temores
- Frustración
- Perdida de esperanza
- Impaciencia
- Inferioridad
- Afecto desmedido por los animales
- Soledad
- Lujuria
- Perversión
- Orgullo
- Venganza
- Auto-rechazo
- Sensibilidad
- Suicidio
- Falta de dignidad
- Vanidad
- Aislamiento

El dolor del rechazo

El dolor del rechazo es tan profundo y devastador, hay muchos hijos profundamente heridos, las relaciones conflictivas familiares no sanadas no solo hieren a la persona sino a todo el grupo familiar y más aún serán como atracción que permitirá la repetición de conductas conflictivas con la futura pareja y con los propios hijos, creando raíces de amargura que afectan aun a los que están alrededor.

> *"El hará volver el corazón de los padres hacia los hijos, y el corazón de los hijos hacia los padres, no sea que yo venga y hiera la tierra con maldición."*
> Malaquías 4:6

El rechazo y sus diversas manifestaciones

Rechazar significa separar de si a algo o alguien; y su resultado es el rechazo.

El rechazo es una de las experiencias más dolorosas que vivimos, sobre todo cuando se produce en la infancia y aún más cuando proviene de los propios padres.

El rechazo implica que no han sido satisfechas las necesidades básicas de amor y aceptación, indispensables para construir una mente sana y agregaría un cuerpo sano. Y en su lugar aparecen una serie de sentimientos y pensamientos negativos sobre ti mismo diciéndote; "No valgo nada", "No sirvo", "Nadie me quiere", y con las demás personas hay desconfianza, dudas y etc.

Cuando hay una personalidad de base bien fundamentada, los rechazos en edad posterior duelen, pero pueden ser bien elaborados, si no es así, todo rechazo real o fantaseado es sentido como destructivo. Identificándolos con las experiencias tempranas y negativas se han dañado tanto la capacidad de dar como de recibir.

Por otra parte, los padres en general se niegan a aceptar que rechazaron o rechazan a sus hijos ya que esto los llevaría a enfrentar lo que suele ser la realidad; que ellos fueron hijos rechazados también por sus propios padres.

Como se pueden sentir las personas cuando las rechazan

1. Dolidas
2. Ofendidas
3. Disgustadas
4. No aceptadas
5. Tristes
6. Heridas
7. Avergonzadas
8. Excluidas
9. Frustradas
10. Decepcionadas

Por lo tanto por el mismo dolor del rechazo, sintiendo todo esto muchos tienen deseos de quitarse la vida. Si crees que no necesitas amor de los demás estas equivocado. Cada uno de nosotros requiere amor y sin él desarrollamos dolencias físicas, psicológicas, familiares, o sociales.

El rechazo nos causa heridas dentro de nuestro corazón y se originan problemas en la personalidad tales como inestabilidad, depresión, angustia, y auto rechazo, entre otros, si crees que no eres nadie, que no eres reconocido, si te sientes inseguro ante otros, creen que no tienes valor propio y por eso otros te rechazan, estas sintiendo sentimientos de rechazo o bajo autoestima. Estos sentimientos son causa de una mala percepción de ti mismo, por qué te estas mirando con ojos de crítica del mundo o de los demás y no con los ojos de aceptación y amor de Dios.

Muchas veces no sabemos que la causa por la que nos sentimos que nadie nos quiere es porque hemos sufrido rechazo en el vientre materno, por eso siempre es conveniente saber nuestro origen.

- ¿Fuiste no deseado en el momento de tu concepción?

- ¿Fuiste concebido fuera del matrimonio y tu madre intento abortarte?

- ¿Fuiste concebido demasiado cerca del nacimiento del hijo anterior?

- ¿Tus padres eran demasiado jóvenes y no fuiste planeado ni deseado?

- ¿Fuiste el resultado de una relación de adulterio o de una violación?

Yo nunca diría que superar el rechazo es algo fácil; pero es posible para quien se lo proponga de corazón y mente, pidiéndole la ayuda al que nos creó, al todo poderoso.

La voluntad de Dios para sus hijos es que puedan superar el rechazo aplicando diariamente grande dosis del amor de Dios a nuestro corazón herido, permitiéndole renovar nuestra mente hasta que el rechazo sea vencido con la ayuda del Espíritu Santo.

Jesucristo nunca lo dejará ni lo abandonará, nunca lo pondrá a un lado. Él es incapaz de decirle que ya no lo quiere, si usted ya recibió al hijo de Dios como su salvador, nada que haga puede lograr que él lo rechace, Dios siempre es fiel a sus promesas. El Señor Jesús es tu pastor y tu sanador, Dios es Bueno y siempre procura tu bien *"Jehová es mi pastor; nada me faltara"* Salmo 23:1.

Dios es tu pastor y quiere sanar tu pasado, protegerte del león rugiente que te busca para llevarte y del arbusto espinoso del sol ardiente en el camino, por eso confía y abre tu corazón y entrégale el dolor del rechazo, clama con fe por que el Señor está atento a tu clamor. No permitas que el dolor gobierne tu corazón.

Permite a Dios trabajar en tu corazón, entrégale el dolor del rechazo y permite que el aceite del Espíritu Santo se derrame sobre tu vida. No dejes que la trampa del enemigo estorbe lo que Dios tiene planeado para ti. El Señor quiere ungirte, el Espíritu Santo quiere aplicar su aceite en tu corazón para sanar las heridas que a causado el rechazo.

Rechazado por Dios

Ser rechazado por Dios viene como resultado de que una persona que se rehusé a recibir el conocimiento de Dios,

"Mi pueblo fue destruido, porque le faltó conocimiento. Por cuanto desechaste el conocimiento, yo te echaré del sacerdocio; y porque olvidaste la ley de tu Dios, también yo me olvidaré de tus hijos."
Oseas 4:6

He escuchado a la gente decir que Dios no rechaza a nadie, déjeme decir esto primero: Dios es un Dios de amor, Dios jamás rechazara a una persona que se arrepiente y se acerque a Dios en fe, él dice en *Mateo 11:28 "Venid a mi todos los que estáis trabajados y cargados, y yo os hare descansar."*

Dios alienta a las personas, Dios no hace excepción de personas, no rechaza a la gente con base a su color, cultura o genio. Dios es amor *Juan 6:37 "Todo lo que el padre me da, vendrá a mí; y al que a mi viene, no le echo fuera."*

Dios jamás rechaza a alguien que venga a él en fe, amor y arrepentimiento, pero eso no significa que Dios no rechace a personas.

A lo largo de la biblia, vemos que Dios rechaza a ciertos individuos, Adán fue la primera persona en ser rechazada, fue rechazado del Jardín y rechazado por Dios, y Caín asesino a su hermano Abel.

Génesis 4:3-10:
"Y aconteció andando el tiempo, que Caín trajo del fruto de la tierra una ofrenda a Jehová. Y Abel trajo también de los primogénitos de sus ovejas, de lo más gordo de ellas. Y miró Jehová con agrado a Abel y a su ofrenda; pero no miró con agrado a Caín y a la ofrenda suya. Y se ensañó Caín en gran manera, y decayó su semblante. Entonces Jehová dijo a Caín: ¿Por qué te has ensañado, y por qué ha decaído tu semblante? Si bien hicieres, ¿no serás enaltecido? y si no hicieres bien, el pecado está a la puerta; con todo esto, a ti será su deseo, y tú te enseñorearás de él. Y dijo Caín a su hermano Abel: Salgamos al campo. Y aconteció que estando ellos en el campo, Caín se levantó contra su hermano Abel, y lo mató. Y Jehová dijo a Caín: ¿Dónde está Abel tu hermano? Y él respondió: No sé. ¿Soy yo acaso guarda de mi hermano? Y él le dijo: ¿Qué has hecho? La voz de la sangre de tu hermano clama a mí desde la tierra."

Ismael fue rechazado por Dios

Génesis 21:8-21:
Y creció el niño, y fue destetado; e hizo Abraham gran banquete el día que fue destetado Isaac. Y vio Sara que el hijo de Agar la egipcia, el cual ésta le había dado a luz a Abraham, se burlaba de su hijo Isaac. Por tanto, dijo a Abraham: Echa a esta sierva y a su hijo, porque el hijo de esta sierva no ha de heredar con Isaac mi

hijo. Este dicho pareció grave en gran manera a Abraham a causa de su hijo. Entonces dijo Dios a Abraham: No te parezca grave a causa del muchacho y de tu sierva; en todo lo que te dijere Sara, oye su voz, porque en Isaac te será llamada descendencia. Y también del hijo de la sierva haré una nación, porque es tu descendiente. Entonces Abraham se levantó muy de mañana, y tomó pan, y un odre de agua, y lo dio a Agar, poniéndolo sobre su hombro, y le entregó el muchacho, y la despidió. Y ella salió y anduvo errante por el desierto de Beerseba. Y le faltó el agua del odre, y echó al muchacho debajo de un arbusto, y se fue y se sentó enfrente, a distancia de un tiro de arco; porque decía: No veré cuando el muchacho muera. Y cuando ella se sentó enfrente, el muchacho alzó su voz y lloró. Y oyó Dios la voz del muchacho; y el ángel de Dios llamó a Agar desde el cielo, y le dijo: ¿Qué tienes, Agar? No temas; porque Dios ha oído la voz del muchacho en donde está. Levántate, alza al muchacho, y sostenlo con tu mano, porque yo haré de él una gran nación. Entonces Dios le abrió los ojos, y vio una fuente de agua; y fue y llenó el odre de agua, y dio de beber al muchacho. Y Dios estaba con el muchacho; y creció, y habitó en el desierto, y fue tirador de arco. Y habitó en el desierto de Parán; y su madre le tomó mujer de la tierra de Egipto."

Aunque Dios lo amaba y prometió también bendecir su generación, aun así sufrió rechazo por Dios, todo por la impaciencia de Abraham y Sara. Abraham y Sara no podían esperar a que la promesa de Dios se cumpliera en sus vidas; trataron de ayudar a Dios usando a la sierva de Sara Agar, como una sustituta.

"Saraí mujer de Abram no le daba hijos; y ella tenía una sierva egipcia, que se llamaba Agar. Dijo entonces Saraí a Abram: Ya ves que Jehová me ha hecho estéril; te ruego, pues, que te llegues a mi sierva; quizá tendré hijos de ella. Y atendió Abram al

ruego de Saraí. Y Saraí mujer de Abram tomó a Agar su sierva egipcia, al cabo de diez años que había habitado Abram en la tierra de Canaán, y la dio por mujer a Abram su marido. Y él se llegó a Agar, la cual concibió; y cuando vio que había concebido, miraba con desprecio a su señora."
Génesis 16:1-4

Saúl fue otro que fue rechazado por Dios, era de la tribu más pequeña de Israel, la tribu de Benjamín y de la familia más pequeña de esa tribu. Antes de que Dios lo rechazara ya tenía un espíritu de auto-rechazo de inferioridad e inseguridad.

"Y dijo Samuel: Aunque eras pequeño en tus propios ojos, ¿no has sido hecho jefe de las tribus de Israel, y Jehová te ha ungido por rey sobre Israel?"
1 Samuel 15:17

Convirtiéndose en el primer rey de Israel, provoco que estas fortalezas se manifestaran todavía aun más cuando fue ungido rey de Israel manifestando rebelión y desobediencia. Salió a la batalla una vez y decidió hacer las cosas a su manera y de inmediato a causa de su arrogancia, impaciencia y falta de sumisión al profeta de Dios, fue rechazado como rey de Israel.

"Y Samuel dijo: ¿Se complace Jehová tanto en los holocaustos y víctimas, como en que se obedezca a las palabras de Jehová? Ciertamente el obedecer es mejor que los sacrificios, y el prestar atención que la grosura de los carneros. Porque como pecado de adivinación es la rebelión, y como ídolos e idolatría la obstinación. Por cuanto tú desechaste la palabra de Jehová, él también te ha desechado para que no seas rey."
1 Samuel 15:22-23

Después de este rechazo se abre la puerta para que todo tipo de demonio oprimiera a Saúl, comenzó a manifestar paranoia, un espíritu asesino, hechicería y finalmente suicidio. Esta es una ilustración de cómo los demonios pueden destruir a una persona a través del rechazo. No fue Dios quien primero rechazo a Saúl.

Saúl rechazo a Dios a través de la desobediencia y determinación de ir en contra de lo que sabía que Dios había mandado a hacer, la vida de Saúl fue destruida por ese demonio de rechazo; lo envió al fracaso total, toda su vida se fue cuesta abajo.

Todo fue resultado del demonio de rechazo, está es una maldición de rechazo pero hay liberación y hay perdón; si una persona se arrepiente y dice: "Quiero el conocimiento de Dios" "Quiero buscar a Dios" "Quiero conocer su palabra" esa persona puede ser libre del rechazo. Pero déjeme decirle que si usted rechaza la liberación, si rechaza el conocimiento de la palabra, el conocimiento de lo profético, y usted dice: "no lo quiero" Dios lo rechaza a usted. Hay excepciones con algunos grupos de personas que no se les a presentado la liberación, el conocimiento, la palabra y lo profético.

Cuando usted es rechazado por Dios, eso abre puertas al espíritu de rechazo, cuando esa raíz de rechazo viene a su vida abre la puerta a huestes de otros demonios para venir a destruir su vida.

Dios dice: mi pueblo fue destruido porque le falto conocimiento.

El espíritu de destrucción es el resultado de ser rechazado por Dios, cuando esto sucede grupos enteros de personas y familias completas pueden ser rechazadas y terminan siendo destruidos y devastadas por satanás; por eso es tan importante arrepentirse y aceptar la verdad de Dios cuando el Espíritu de Dios está tratando con usted, no hay necesidad de arriesgarse si usted continua en pecado y rechaza a Dios, puede llegar a un punto donde Dios lo rechazara y usted sea entregado a un espíritu de destrucción.

Sé que muchos de ustedes probablemente no escuchan esto en las iglesias de hoy en día, pero la biblia muestra que Dios rechazo a Caín, a Saúl e incluso a los hijos de Israel porque desobedecieron sus mandamientos, los rechazos los sacos de la tierra y los envió a babilonia.

"pero no miró con agrado a Caín y a la ofrenda suya. Y se ensañó Caín en gran manera, y decayó su semblante."
Génesis 4:5

"Dijo Jehová a Samuel: ¿Hasta cuándo llorarás a Saúl, habiéndolo yo desechado para que no reine sobre Israel? Llena tu cuerno de aceite, y ven, te enviaré a Isaí de Belén, porque de sus hijos me he provisto de rey."
1 Samuel 16:1

"Con todo, será el número de los hijos de Israel como la arena del mar, que no se puede medir ni contar. Y en el lugar en donde les fue dicho: Vosotros no sois pueblo mío, les será dicho: Sois hijos del Dios viviente."
Oseas 1:10

Rechazó el sacerdocio de Eli porque Eli no quería corregir a sus hijos,

"Los hijos de Elí eran hombres impíos, y no tenían conocimiento de Jehová."
1 Samuel 2:12

"Y aconteció que cuando él hizo mención del arca de Dios, Elí cayó hacia atrás de la silla al lado de la puerta, y se desnucó y

murió; porque era hombre viejo y pesado. Y había juzgado a Israel cuarenta años."
1 Samuel 4:18

Fue rechazado y le quito el sacerdocio, Dios rechazo a Esaú y escogió a Jacob. Rechazo a Ismael y escogió a Isaac, Dios no comparte su gloria con nadie que está en desobediencia, no acepta ningún tipo de estilo de vida porque existe un peligro realmente de ser rechazado. Pero el rechazo de Dios o cualquier otro tipo de rechazo no es la voluntad de Dios para usted, Dios no rechaza a nadie que verdaderamente se arrepienta, la misma desobediencia del hombre lo hace caer en la maldición del rechazo.

Usted puede arrepentirse hoy y ser liberado de cualquier demonio o espíritu sin importar que sea lujuria, rechazo, odio, ira, amargura o resentimiento que podía estar operando en su vida. Dios lo ama y quiere salvarlo y liberarlo, clame a Dios y él le responderá.

El rechazo debe desaparecer por completo

Debemos poder identificar las causas del rechazo y poder venir en contra de los demonios de rechazo y los espíritus que vienen con el rechazo; heridas, furias, orgullo, temor, rebelión y mucho más.

Todas estas cosas pueden atormentar su vida, Jesús no quiere que usted sea atormentado, él quiere librarlo de toda opresión demoniaca de rechazo, usted no está solo; muchas personas necesitan liberación de estos demonios de rechazo para que podamos traer liberación a nuestra familia, amigos y todo el que esté a nuestro alrededor.

Jesús quiere liberarte del rechazo.

Declaración poderosa en oración

Declaro que tú me has santificado en tu palabra, tu palabra sobre mi es verdad.

> *"Santificarlos en tu verdad; tu palabra es verdad."*
> Juan 17:17

Señor, tu eres mi luz y mi salvación, tu eres la fortaleza de mi vida; no temeré nada ni a nadie. *Salmo 27:1 "Jehová es mi luz y mi salvación; ¿de quién temeré? Jehová es la fortaleza de mi vida; ¿de quién he de atemorizarme?"*

Yo creo y recibo lo que has dicho de mí, tu verdad me hace libre de un espíritu de rechazo, fuiste despreciado y desechado, conoces de cerca mi quebranto y mi dolor. Por sus llagas soy curado del rechazo.

> *"Despreciado y desechado entre los hombres, varón de dolores, experimentado en quebranto; y como que escondimos de él el rostro, fue menospreciado, y no lo estimamos. Ciertamente llevó él nuestras enfermedades, y sufrió nuestros dolores; y nosotros le tuvimos por azotado, por herido de Dios y abatido. Mas él herido fue por nuestras rebeliones, molido por nuestros pecados; el castigo de nuestra paz fue sobre él, y por su llaga fuimos nosotros curados."*
> Isaías 53:3-5

> *"Jehová está conmigo; no temeré lo que me pueda hacer el hombre."*
> Salmo 118:6

Yo fui escogido(a) por Dios desde antes de la fundación del mundo,

"Según nos escogió en el antes de la fundación del mundo, para que fuésemos santos y sin mancha delante de él."
Efesios 1:4

He sido adoptado tu hijo según el puro efecto de tu voluntad,

"En amor habiéndonos predestinado para ser adoptados hijos suyos por medio de Jesucristo, según el puro afecto de su voluntad."
Efesios 1:5

Soy aceptado en el amado,

"Para alabanza de la gloria de su gracia, con la cual nos hizo aceptos en el amado."
Efesios 1:6

Soy redimido por la sangre de Jesús,

"En quien tenemos redención por su sangre, el perdón de pecados según las riquezas de su gracia."
Efesios 1:7

Yo soy hechura del Señor, creado en Cristo Jesús para buenas obras.

"Porque somos hechura suya, creados en Cristo Jesús para buenas obras, las cuales Dios preparo de antemano para que anduviésemos en ellas."
Efesios 2:10

Me ha dado preciosas y grandiosas promesas, para que por ellas llegara a ser participante de la naturaleza divina.

"por medio de las cuales nos ha dado preciosas y grandísimas promesas, para que por ellas llegaseis a ser participantes de la naturaleza divina, habiendo huido de la corrupción que hay en el mundo a causa de la concupiscencia;"
2 Pedro 1:4

Soy renovado en el espíritu de mi mente,

"Y renovaos en el espíritu de vuestra mente."
Efesios 4:23

Soy sano(a),

"quien llevó él mismo nuestros pecados en su cuerpo sobre el madero, para que nosotros, estando muertos a los pecados, vivamos a la justicia; y por cuya herida fuisteis sanados."
1 Pedro 2:24

Oración

Señor, te entrego todo el dolor del rechazo que me a mantenido herido. Te entrego todos lo síntomas de todo espíritu de rechazo, arráncalos de mi corazón hoy. A los pies de la cruz rindo mi corazón para que tu me liberes y que cada síntoma de espíritu de rechazo sea arrancado de raíz. Hoy entrego mi corazón a tu voluntad, lléname de ese amor sobrenatural en tu poderoso nombre de Jesucristo. Amen.

CAPITULO 6

INMORALIDAD

¿Qué es la inmoralidad?

La inmoralidad sexual es una trampa de la cual deber huir porque es muy peligroso, es una de las trampas que mejor le funciona al diablo y por eso debemos tener cuidado de no caer en ella.

> *"Huid de la fornicación. Cualquier otro pecado que el hombre cometa, está fuera del cuerpo; mas el que fornica, contra su propio cuerpo peca."*
> *1 Corintios 6:18*

Piense en el dolor y los remordimientos de conciencia que produce la inmoralidad.

Muchas personas tienen una actitud desordenada y desprecian abiertamente las leyes de Dios sobre el sexo, en la biblia la inmoralidad sexual se refiere a los actos sexuales entre personas que no están casadas entre si de acuerdo con las normas de la biblia, así como lo son la fornicación y el adulterio, incluye también los actos sexuales con personas del mismo sexo o con animales. Estos actos pueden incluir relaciones sexuales tales como sexo oral, sexo anal, masturbación, tocar los genitales de otras personas con intenciones sexuales, conductas desordenadas, pornografía, bestialismo, relaciones sexuales cuando la mujer esta en su menstruación, todas estas practicas también son abominaciones deshonestas dentro del matrimonio.

A continuación, estaré explicando lo que nos dice el Señor acerca de todas estas practicas deshonestas. Pero primero veremos al matrimonio como lo es, una institución divina de Dios. El matrimonio fue una idea de Dios para alcanzar su diseño y debemos obedecerlo.

El Matrimonio

El matrimonio entre un hombre y una mujer es el único aceptado por Dios y toda unión carnal fuera del matrimonio, es pecado.

"Y creó Dios al hombre a su imagen, a imagen de Dios lo creó; varón y hembra los creó."
Génesis 1:27

El matrimonio como diseño y plan de Dios, es hoy en día pervertido por la pretensión de llamar matrimonio a las parejas homosexuales como alternativa al matrimonio heterosexual. Lo triste hoy en día es que algunos llamados "cristianos", han aceptado esa gran mentira de que una relación de compromiso entre dos personas del mismo sexo es correcta ante los ojos de Dios, desviando lo que la palabra de Dios nos enseña.

"No cometerás adulterio"
Éxodos 20:14

Dios mismo fija lo normal para el matrimonio,

"Entonces Jehová Dios hizo caer sueño profundo sobre Adán, y mientras éste dormía, tomó una de sus costillas, y cerró la carne en su lugar. Y de la costilla que Jehová Dios tomó del hombre, hizo una mujer, y la trajo al hombre. Dijo entonces Adán: Esto es ahora hueso de mis huesos y carne de mi carne; ésta será llamada Varona, porque del varón fue tomada. Por tanto, dejará el hombre a su padre y a su madre, y se unirá a su mujer, y serán una sola carne."
Génesis 2:21-24

Puesto que llegan a ser una sola carne, ambos cónyuges honran lo que Dios ha ordenado en el matrimonio.

"Honroso sea en todos el matrimonio, y el lecho sin mancilla; pero a los fornicarios y a los adúlteros los juzgará Dios."
Hebreos 13:4

El Adulterio

"Además, no tendrás acto carnal con la mujer de tu prójimo, contaminándote con ella."
Levítico 18:20

El adulterio y la fornicación se han convertido en algo habitual en la sociedad, tan habitual qué ha invadido en el territorio de los cristianos. El adulterio proviene de la palabra griega *moiquea*, que denota la acción de mantener relaciones sexuales fuera del matrimonio. La palabra de Dios nos enseña que un hombre y una mujer casados o solteros qué tiene relaciones sexuales con otra persona casada (infidelidad matrimonial) violan los principios bíblicos establecidos por Dios, destruyendo la fidelidad matrimonial de su prójimo. Incluso, si una mujer estaba solamente para casarse se le aplica el mismo de una mujer casada.

> *"Si hubiere una muchacha virgen desposada con alguno, y alguno la hallare en la ciudad, y se acostare con ella; entonces los sacaréis a ambos a la puerta de la ciudad, y los apedrearéis, y morirán; la joven porque no dio voces en la ciudad, y el hombre porque humilló a la mujer de su prójimo; así quitarás el mal de en medio de ti."*
> *Deuteronomio 22:23 – 24*

En el Nuevo Testamento, podemos ver que toda relación sexual fuera del matrimonio se conoce como *pornea*; Fornicación y pornografía, este apelativo también se le aplica a las personas que viven juntas y mantienen relaciones sexuales sin estar casadas. Hay muchos cristianos dentro de la Iglesia que no han aprendido a resolver ese problema a pesar de toda la enseñanza que se les da, lamentablemente las bendiciones de Dios no pueden llegar a su hogar en su totalidad debido a que viven en desobediencia por no comprometerse a casarse. Piensan que si no funciona se podrán separar y buscar a otras personas y luego así van dejando hijos sin padres.

¿Porque condena Dios el adulterio?

El sexo en el matrimonio es importante porque fue creado por Dios como un don al ser humano, si se lleva a cabo como Dios lo ha ordenado. El apóstol Pablo dice,

> *"¿O no sabéis que el que se une con una ramera, es un cuerpo con ella? Porque dice: Los dos serán una sola carne."*
> *1 Corintios 6:16*

La promesa divina en *Génesis 2:24 "Por tanto, dejará el hombre a su padre y a su madre, y se unirá a su mujer, y serán una sola carne"*, puede ser distorsionada por la unión física con una prostituta. El sexo en la Biblia no es algo sucio, aunque si no se tiene temor de Dios se puede pervertir.

> *"Pero yo os digo que cualquiera que mira a una mujer para codiciarla, ya adulteró con ella en su corazón."*
> Mateo 5:28

A Dios le importa la familia porque él la constituyó divinamente. La primera relación humana que Dios creó fue entre un hombre y una mujer en matrimonio, uso esta institución para expresar su relación de amor con su pueblo,

> *"Porque tu marido es tu Hacedor; Jehová de los ejércitos es su nombre; y tu Redentor, el Santo de Israel; Dios de toda la tierra será llamado. Porque como a mujer abandonada y triste de espíritu te llamó Jehová, y como a la esposa de la juventud que es repudiada, dijo el Dios tuyo. Por un breve momento te abandoné, pero te recogeré con grandes misericordias. Con un poco de ira escondí mi rostro de ti por un momento; pero con misericordia eterna tendré compasión de ti, dijo Jehová tu Redentor."*
> Isaías 54:5-8

Ninguna relación sexual fuera del matrimonio entre un hombre y una mujer recibe la aprobación de Dios en la Biblia, también los matrimonios polígamos no forman parte del plan de Dios para el ser humano.

El amor es importante,

> *"Bebé el agua de tu misma cisterna, y los raudales de tu propio pozo. ¿Se derramarán tus fuentes por las calles, y tus corrientes de aguas por las plazas? sean para ti solo, y no para los extraños contigo. Sea bendito tu manantial, y alégrate con la mujer de tu juventud, como cierva amada y graciosa gacela. Sus caricias te*

satisfagan en todo tiempo, Y en su amor recréate siempre. ¿Y por qué, hijo mío, andarás ciego con la mujer ajena, Y abrazarás el seno de la extraña? Porque los caminos del hombre están ante los ojos de Jehová, Y él considera todas sus veredas. Prenderán al impío sus propias iniquidades, Y retenido será con las cuerdas de su pecado. El morirá por falta de corrección, Y errará por lo inmenso de su locura."
Proverbios 5:15-23

Hay beneficios alegrarte con la mujer de tu juventud y el matrimonio es descrito como beber de su propio pozo. El amor intenso y el disfrutar sexual, jamás deben de ser compartidos con otras personas. El amor es tratado de manera apasionada pero no pasajera. El marido fiel que ama a su mujer de su juventud nunca la abandonará sino que se recreará siempre en su amor.

Hay cuatro tipos de adulterio

1. Adulterio de los ojos:

"Hice pacto con mis ojos; ¿Cómo, pues, había yo de mirar a una virgen?"
Job 31:1

El deseo es una de las principales raíces de los pecados de la carne, Job sabía bien que el solo hecho de mirar a una mujer con deseos impuros ya era pecado. En la Biblia amplificada nueva versión: he hecho un pacto (un acuerdo) con mis ojos, como podía mirar con lascivia o con codicia a una muchacha. Los hombres son tentados por los ojos, debes tener convicción de pecado como lo tubo Job. Pídele a Dios que te ayude a mirar a una mujer de manera correcta.

2. Adulterio del corazón

"Oísteis que fue dicho: No cometerás adulterio. Pero yo os digo que cualquiera que mira a una mujer para codiciarla, ya adulteró con ella en su corazón."
Mateo 5:27-28

Se trata cuando ves con una mirada calculada para provocar el deseo sexual, esto constituye una forma de adulterio aun cuando sea únicamente en su corazón.

3. Adulterio de la mente

"Mas el que comete adulterio es falto de entendimiento; Corrompe su alma el que tal hace. Heridas y vergüenza hallará, Y su afrenta nunca será borrada."
Proverbios 6: 32 – 33

El adulterio esta directamente relacionado a la falta de entendimiento. En el alma se encuentra el uso de la razón, de las decisiones de la voluntad, la voluntad humana en conjunto con la mente y las emociones, la mente propone, la emoción alienta y la voluntad opera. Si hay fantasía sexual en su mente, entrégueselas a Dios inmediatamente, si ay pensamientos de sexo ilícito, codicias y los entretiene, poco a poco ira contaminando el corazón.

4. Adulterio del cuerpo

"El ojo del adúltero está aguardando la noche, Diciendo: No me verá nadie; Y esconde su rostro."
Job 24:15

> *"¿O no sabéis que el que se une con una ramera, es un cuerpo con ella? Porque dice: Los dos serán una sola carne."*
> 1 Corintios 6:16

Este tipo de pecado es cuando se consume en un acto físico de lo que entro por los ojos. La actitud que se vive en adulterio y fornicación es cuando la persona dice "nadie me ve", ignorando la orden dada por Dios acerca de los placeres sexuales ilícitos. Lo que muchos no saben es qué en este acto con personas se crean ligaduras físicas, emocionales y espirituales, esto sucede en el momento donde dos cuerpos se unen íntimamente. Se hacen uno solo, o sea, se vuelven una sola persona en la carne, las relaciones fuera del matrimonio son una perversión.

Hay consecuencias del adulterio, aquellos que creen que van a poder seguir sin tener consecuencias están equivocados, con Dios no se juega. Estas consecuencias son:

1. **Muerte espiritual –**

> *"Mas el que comete adulterio es falto de entendimiento; Corrompe su alma el que tal hace."*
> Proverbios 6:32

El Señor alerta a la pareja, en el momento en que uno de ellos comience a cometer este gran pecado, el alma de ellos se destruye, se separa de Dios y abre puertas a demonios en la casa.

No pueden dejar de pecar, se vuelven ávaros y desvergonzados, deseando cuanta mujer vean.

> *"Tienen los ojos llenos de adulterio, no se sacian de pecar, seducen a las almas inconstantes, tienen el corazón habituado a*

la codicia, y son hijos de maldición."
2 Pedro 2:14

El adulterio en una persona es una acción egoísta a la que no le importa su esposa o esposo, ni sus hijos. Lo que le importa es tener un momento de placer sexual. Por este pecado, su familia se vera afectada en gran tribulación con enfermedades, miseria económica, depresión, homicidio, suicidio, abandono, odio, venganza, etc.

"He aquí, yo la arrojo en cama, y en gran tribulación a los que con ella adulteran, si no se arrepienten de las obras de ella."
Apocalipsis 2:22

Un espíritu de celos afecta a la persona que esta cometiendo el adulterio

"Si viniere sobre él espíritu de celos, y tuviere celos de su mujer, habiéndose ella amancillado; o viniere sobre él espíritu de celos, y tuviere celos de su mujer, no habiéndose ella amancillado;"
Números 5:14

El adulterio lleva a la pareja a sufrir una falta de amor terrible, y los que sufren son los hijos, los hijos son los mas afectados cuando el adulterio los lleva a un divorcio.

"Pero yo os digo que el que repudia a su mujer, a no ser por causa de fornicación, hace que ella adultere; y el que se casa con la repudiada, comete adulterio."
Mateo 5:32

Conclusión – debemos reflexionar sobre todo lo que Dios nos habla en su palabra sobre la importancia del matrimonio. No se olvide de quienes merecen respeto después de Dios, que son su cónyuge y sus hijos.

¿Que es la inmundicia?

Hablemos sobre lo que es la inmundicia y como afecta,

"!Ay de vosotros, escribas y fariseos, hipócritas! porque sois semejantes a sepulcros blanqueados, que por fuera, a la verdad, se muestran hermosos, mas por dentro están llenos de huesos de muertos y de toda inmundicia."
Mateo 23:27

La inmundicia es una mancha moral de las personas que son dadas a la lascivia y al desenfreno sexual, estas dos van unidas al adulterio, fornicación, masturbación, el homosexualismo, incesto, bestialismo y entre otros el adulterio. Si no se le pone un freno lo llevará a la siguiente etapa que es la inmundicia.

Lascivia

"Los cuales, después que perdieron toda sensibilidad, se entregaron a la lascivia para cometer con avidez toda clase de impureza."
Efesios 4:19

Las personas que están llenas de lascivia no pueden ver la gravedad de sus pecados y se vuelven sucias en todo aspecto, van gradualmente perdiendo el control y el dominio sobre sus propios pensamientos, su cuerpo y la vida de Dios. Por lo general son personas que están llenas de traumas causados por las opresiones sexuales sufridas en el pasado como él incesto y abuso sexual que fueron cometidos por personas cercanas o personas cercanas a la familia. También la lascivia puede ser causada atra vez de la televisión, la radio y videos pornográficos.

¿Cómo se puede ser libre del adulterio, la inmundicia y la lascivia?

Primero hay que identificar la influencia del espíritu demoniaco. Sí ya llegó a hacer un problema como un deseo compulsivo o algo que controla o domina sus impulsos y sus pensamientos, Para romper toda esta maldición y desatar la libertad de Cristo Jesús, crucificar la carne y vivir en el espíritu, el ayuno y la oración pueden ayudar a romper toda contaminación que te oprime de este espíritu demoniaco.

Huir de las tentaciones sexuales es lo mejor que podemos hacer, ya que con las tentaciones sexuales no se juega,

"Aconteció que entró él un día en casa para hacer su oficio, y no había nadie de los de casa allí. Y ella lo asió por su ropa, diciendo: Duerme conmigo. Entonces él dejó su ropa en las manos de ella, y huyó y salió."
Génesis 39: 11-12

Si hay cosas donde usted sabe que lo influencian y lo llevan a pecar, tome medidas y apártese de amistades que practican ciertos pecados.

Testimonio

Había una mujer casada que cuando su esposo se iba al trabajo ella pasaba hasta cinco horas frente a su computadora viendo pornografía y cada vez que terminaba de verlas se ponía a llorar, entraba en una ansiedad tremenda y se sentía avergonzada y sucia. Ella se arrodilló una mañana y le gritaba a Dios llorando que la ayudara. Hoy ella está totalmente agradecida porque Dios la liberó, al llegar ella a nuestra congregación y tomar las clases de Sanidad Interior y Liberación, fue libre y hasta el día de hoy ha permanecido libre por el poder de Jesucristo.

La homosexualidad

La homosexualidad (del Griego *homo*: igual y de latín: *sexus:* sex) es una orientación sexual qué se define como la intención o atracción sexual hacia un individuo del mismo sexo. Para poder entender correctamente todo lo relacionado con la homosexualidad es necesario e importante saber lo que dice Dios en su palabra acerca de la homosexualidad, Dios la define como pecado,

"No te echarás con varón como con mujer; es abominación."
Levítico 18:22

"Si alguno se ayuntare con varón como con mujer, abominación hicieron; ambos han de ser muertos; sobre ellos será su sangre."
Levítico 20:13

"Por esto Dios los entregó a pasiones vergonzosas; pues aun sus mujeres cambiaron el uso natural por el que es contra naturaleza, y de igual modo también los hombres, dejando el uso natural de la mujer, se encendieron en su lascivia unos con otros, cometiendo hechos vergonzosos hombres con hombres, y recibiendo en sí mismos la retribución debida a su extravío."
Romanos 1:26 – 27

"Conociendo esto, que la ley no fue dada para el justo, sino para los transgresores y desobedientes, para los impíos y pecadores, para los irreverentes y profanos, para los parricidas y matricidas, para los homicidas,"
1 Timoteo 1:9

Creo que la Iglesia de Cristo debemos orar para que Dios los salve y no juzgarlos ni criticarlos porque sabemos lo que dice la palabra de Dios, Él aborrece el pecado pero ama al pecador por lo tanto, hay que usar la misericordia para ayudarlos y librarlos con el poder de Dios y restaurarlos sin maltratar a nuestro prójimo.

"Si en verdad cumplís la ley real, conforme a la Escritura: Amarás a tu prójimo como a ti mismo, bien hacéis; pero si hacéis acepción de personas, cometéis pecado, y quedáis convictos por la ley como transgresores. Porque cualquiera que guardare toda la ley, pero ofendiere en un punto, se hace culpable de todos. Porque el que dijo: No cometerás adulterio, también ha dicho: No matarás. Ahora bien, si no cometes adulterio, pero matas, ya te has hecho transgresor de la ley. Así hablad, y así haced, como los que habéis de ser juzgados por la ley de la libertad. Porque juicio sin misericordia se hará con aquel que no hiciere misericordia; y la misericordia triunfa sobre el juicio."
Santiago 2:8-13

La ley del amor de Dios es poderosa y va más allá que toda ley humana,

"Maestro, ¿cuál es el gran mandamiento en la ley? Jesús le dijo: Amarás al Señor tu Dios con todo tu corazón, y con toda tu alma, y con toda tu mente. Este es el primero y grande mandamiento. Y el segundo es semejante: Amarás a tu prójimo como a ti mismo. De estos dos mandamientos depende toda la ley y los profetas."
Mateo 22:36-40

Por que Dios ama la justicia,

"Sobre los malos hará llover calamidades; Fuego, azufre y viento

abrasador será la porción del cáliz de ellos. Porque Jehová es justo, y ama la justicia; El hombre recto mirará su rostro."
Salmo 11: 6 – 7

Pero sobre los malvados hará juicio y calamidad,

"Porque cuando los gentiles que no tienen ley, hacen por naturaleza lo que es de la ley, éstos, aunque no tengan ley, son ley para sí mismos,"
Romanos 2:14

No debemos discriminar al pecador, nuestra obligación como cristianos es advertirle al pecador que debe huir de la ira venidera,

"Vi volar por en medio del cielo a otro ángel, que tenía el evangelio eterno para predicarlo a los moradores de la tierra, a toda nación, tribu, lengua y pueblo, diciendo a gran voz: Temed a Dios, y dadle gloria, porque la hora de su juicio ha llegado; y adorad a aquel que hizo el cielo y la tierra, el mar y las fuentes de las aguas. Otro ángel le siguió, diciendo: Ha caído, ha caído Babilonia, la gran ciudad, porque ha hecho beber a todas las naciones del vino del furor de su fornicación. Y el tercer ángel los siguió, diciendo a gran voz: Si alguno adora a la bestia y a su imagen, y recibe la marca en su frente o en su mano, él también beberá del vino de la ira de Dios, que ha sido vaciado puro en el cáliz de su ira; y será atormentado con fuego y azufre delante de los santos ángeles y del Cordero; y el humo de su tormento sube por los siglos de los siglos. Y no tienen reposo de día ni de noche los que adoran a la bestia y a su imagen, ni nadie que reciba la marca de su nombre."
Apocalipsis 14:6-11

"Y creó Dios al hombre a su imagen, a imagen de Dios lo creó; varón y hembra los creó."
Génesis 1:27

Dios no creo a ningún ser humano homosexual, la homosexualidad se puede desarrollar ya sea por maldición generacional, por elección directa, o indirecta.

"Y pasando Jehová por delante de él, proclamó: !!Jehová! !!Jehová! fuerte, misericordioso y piadoso; tardo para la ira, y grande en misericordia y verdad; que guarda misericordia a millares, que perdona la iniquidad, la rebelión y el pecado, y que de ningún modo tendrá por inocente al malvado; que visita la iniquidad de los padres sobre los hijos y sobre los hijos de los hijos, hasta la tercera y cuarta generación."
Éxodo 34:6-7

Una maldición generacional puede ser ancestral o hereditaria, es un daño que un individuo afecta en otro individuo como resultado de las consecuencias qué tiene al vivir en rebeldía contra Dios y en contra de su amor y su gracia abundante. Hay consecuencias que se manifestarán en todos los aspectos de la vida llevándolos de sufrimiento y frustración. No sólo eso sino que cuyo efecto se transmitirá a sus descendientes a través del tiempo, es la forma mediante al cual se manifiesta la desviación de los antepasados hasta la tercera y cuarta generación. En el caso de la homosexualidad, es una maldición qué se le conoce como un espíritu demoniaco de la homosexualidad qué puede ser transmitida de generación en generación a través de la práctica del sexo anal de un hombre y una mujer aún dentro del matrimonio. Una vez que esta práctica se lleva a cabo, se convierte en una conducta repetitiva qué le abre las puertas a demonios de homosexualidad y que son transmitidas a sus futuras generaciones.

Otro espíritu de homosexualidad qué puede ser introducido a la siguiente generación cuando los padres están esperando o deseando una bebé hembra y nace un varón o viceversa, si los padres están esperando un bebé varón y nace una hembra, muchos padres a este bebé o a la bebé desde el momento en que se dieron cuenta que el sexo que esperaban no era el que deseaban, como resultado el bebé recibe él mensaje del rechazo de su padre en lo profundo de su alma. El rechazo de los padres hacia el género de su hija o hijo es tierra fértil para que un espíritu demoniaco entre en la vida del bebé y desarrolle un espíritu de homosexualidad. La elección directa e indirecta de la homosexualidad se lleva acabo por personas que no tienen ningún transfundo personal ni generacional de homosexualidad y que solo por curiosidad quieren tener una experiencia sexual con uno de su mismo sexo, revelándose contra Dios, sus padres y su familia.

El divorcio y separación de familia

Todo esto qué le voy a mencionar afectan a los niños y jóvenes que viven separados de su mamá o papá o de ambos, provocando graves problemas de tristeza y soledad, se encuentran con un vacío en su interior creando una confusión muy dentro de su ser.

La falta de autoestima

Todo niño de su padre y la niña de su madre, todo niño añora recibir la aceptación y el apoyo y el ánimo de su padre y de su madre. La homosexualidad también puede ser el resultado de fuertes sentimientos de inseguridad, la desconfianza es producida por el rechazo de los padres.

Desconfianza y miedo

La desconfianza y el miedo también son otra de las cosas que afectan a muchos en su homosexualidad.

Traumas sexuales en la infancia

Un sin numero de varones que fueron violados o maltratados sexualmente en su infancia, desarrollan una confusión con respecto a su identidad masculina, lo mismo le sucede a una niña mujercita que también fue violada en su niñez.

El aborto

El aborto es otro de los problemas de inmoralidad que surgen dentro del matrimonio y fuera del matrimonio, y ha puesto una sombra de muerte a quienes lo han practicado sembrando asesinato a las personas por toda su vida, si no se arrepienten, un espíritu de suicidio los perseguirá constantemente y necesitan arrepentirse.

El enojo excesivo

Como resultado de un continuo rechazo que también los lleva a la confusión en su sexualidad, cometiendo graves errores y llevándolos a un silencio que los ahogan en su soledad y tristeza. El plan de satanás es distorsionar su sexualidad, esclavizarlos y finalmente matarlos.

"Si alguno se ayuntare con varón como con mujer, abominación hicieron; ambos han de ser muertos; sobre ellos será su sangre."
Levítico 20:13

"¿No sabéis que los injustos no heredarán el reino de Dios? No erréis; ni los fornicarios, ni los idólatras, ni los adúlteros, ni los

afeminados, ni los que se echan con varones, ni los ladrones, ni los avaros, ni los borrachos, ni los maldicientes, ni los estafadores, heredarán el reino de Dios."
1 Corintios 6:9-10

La homosexualidad a diferencia de otros pecados tiene un juicio severo por Dios mismo, este juicio es simple. Dios lo abandona a sus pasiones vergonzosas.

"Por lo cual también Dios los entregó a la inmundicia, en las concupiscencias de sus corazones, de modo que deshonraron entre sí sus propios cuerpos, ya que cambiaron la verdad de Dios por la mentira, honrando y dando culto a las criaturas antes que al Creador, el cual es bendito por los siglos. Amén. Por esto Dios los entregó a pasiones vergonzosas; pues aun sus mujeres cambiaron el uso natural por el que es contra naturaleza, y de igual modo también los hombres, dejando el uso natural de la mujer, se encendieron en su lascivia unos con otros, cometiendo hechos vergonzosos hombres con hombres, y recibiendo en sí mismos la retribución debida a su extravío. Y como ellos no aprobaron tener en cuenta a Dios, Dios los entregó a una mente reprobada, para hacer cosas que no convienen;"
Romanos 1:24-28

Como se puede ser libre de la homosexualidad

De acuerdo con las escrituras, no significa que no podamos amar a un homosexual, podemos orar por el o ella. La homosexualidad es un pecado, y como cualquier otro pecado, necesita ser tratado de la única forma posible y de las siguientes maneras,

1. Ser llevado a la cruz y arrepentirse de este pecado.

2. Renunciar a toda maldición generacional de homosexualidad en la línea sanguínea y echar fuera todo espíritu detrás de esta maldición.
3. Renunciar a todo espíritu de homosexualismo producido por el rechazo, abuso, lascivia, perversión sexual, enojo contra uno mismo y hacia los demás, y al egoísmo.
4. Rendirse a Dios y pedirle que llene el vacío de nuestra alma con su presencia.
5. Alejarse de personas que lo llevan a caer en tentación.
6. Buscar ayuda en una iglesia donde te den consejería, liberación y sanidad interior en su alma.

El bestialismo también es un espíritu que esta muy escondido donde casi nadie habla de el, pero hay personas que practican relaciones sexuales con un animal, estos tienen su alma y su mente totalmente tomada por espíritus inmundos de perversión, en algunos casos, esto ocurre debido a que en su generación pasada a través de sus padres, abuelos, o etc., se ha practicado el bestialismo.

"Cualquiera que cohabitare con bestia, morirá"
Éxodo 22:19

"Cualquiera que tuviere cópula con bestia, ha de ser muerto, y mataréis a la bestia. Y si una mujer se llegare a algún animal para ayuntarse con él, a la mujer y al animal matarás; morirán indefectiblemente; su sangre será sobre ellos."
Levíticos 20:15-16

"Jehová Dios formó, pues, de la tierra toda bestia del campo, y toda ave de los cielos, y las trajo a Adán para que viese cómo las había de llamar; y todo lo que Adán llamó a los animales vivientes, ese es su nombre. Y puso Adán nombre a toda bestia y

ave de los cielos y a todo ganado del campo; mas para Adán no se halló ayuda idónea para él."
Génesis 2:19-20

Desnudad tu alma delante de Dios, quítate todo disfraz demoniaco.

Testimonio

Mi nombre es Julián Morales, quiero compartirles un poco de mi testimonio y como comenzó. Nací en México y a la edad de 7 años mis padres emigraron a los Estados Unidos. Cuando yo era niño, era un niño muy cariñoso, lleno de vida, no era vergonzoso, era un niño lleno de alegría y siempre estaba sonriendo. Todo comenzó cuando yo era preadolescente, un primo de mi mama nos llamo diciendo que estaba en la frontera y mi familia decidió hospedarlo en nuestro hogar, todo era normal, mi tío era una persona muy "divertida" siempre era el centro de atención, nunca me imagine que el iba a ser la persona que robaría mi inocencia; yo nunca lo mire de esa manera. Todo paso cuando entre juegos el empezó a tocarme de una forma extraña, yo me sentía raro cada vez que me ponía en sus manos, pero el siempre me decía "no te preocupes, es solo un juego" y entre juego y juego termino abusando de mi.

Recuerdo que tenia 12 años y desde entonces mi vida cambio totalmente, pase de ser a un niño alegre y cariñoso a un niño reprimido, inseguro, con muchos complejos y con mucha baja autoestima.

A consecuencia de este abuso mi mentalidad cambio totalmente, me confundí. Siempre trataba de esconder lo que sentía, cuidaba mi manera de expresarme, siempre pensaba que me juzgaban, mi manera de hablar, de caminar, todo esto me encerró y me llevo a no contarle a nadie y encubrir todo lo que pasaba en mi vida. Mi vida dio un giro de 180 grados. Comencé a juntarme con personas que tenían los mismos complejos que yo y esto me llevo al mundo de la homosexualidad, empecé a frecuentar discotecas, fiestas, y lugares donde todo esto se movía, me sumergí cada vez mas en ese mundo de experimentar lo "normal", cosas que nunca pensé que algún día iba a experimentar. Mire muchas aberraciones y esto me llevo a ser una persona muy promiscua, desenfrenadamente me sumergí con pasiones bajas y perversas, a consecuencia de esto yo contraje el VIH sida, en el momento que yo supe que estaba enfermo fue un momento impactante, recuerdo estar sentado en la silla y una persona me dijo "eres 100% positivo" mi vida cambio totalmente, sabia que iba a morir y cuando salí de ahí envés de arrepentirme dije "pues si ya estoy enfermo, ni modo" no me importo estar enfermo y seguí en la misma situación.

La ultima vez que recuerdo haber estado en ese ambiente fue cuando estaba en una fiesta, recuerdo discutir con una persona y después despertar a bordo de la calle, recuerdo que los carros pasaban a grandes velocidades, mi cabeza daba muchas vueltas, no podía ver y todo era borroso, no me podía levantar y me di cuenta que había tocado fondo, yo recuerdo que levante mis manos al cielo y grite "Padre, perdona mis pecados, yo se que te eh fallado, entra a mi corazón, lávame" en ese momento sentí como todo mi cuerpo empezó a sudar y a temblar. En ese momento recibí una llamada, era mi hermano. Era el primero de Enero del año 2011, mi hermano estaba asistiendo una iglesia y habían recibido el año nuevo. Yo recuerdo que le dije "Olvídate de mi, me voy a morir, tengo VIH sida, despídeme de mi mama, dile que la quiero mucho" y en ese momento me comunico con la pastora y por primera vez escuche su voz, me dijo "¿estas bien?" y le respondí entre lagrimas "no", sin decirles donde encontrarme, Dios los dirijo en el lugar donde yo estaba tirado, fueron y me recogieron, ahí pude entender que Dios había escuchado mi oración. Después de esto empecé a asistir a la iglesia, recuerdo que empecé a tomar unas clases llamadas "Sanando el alma herida" cada clase que tomaba algo sentía que salía de mi, recuerdo haberlas tomado mas de una vez y siempre que las tomaba sentía que Dios removía algo de mi. Recuerdo que yo estaba tomando medicamento, yo ya no quería tomarlo por que cada vez que lo tomaba no me podía levantar de la cama; me daban fuertes dolores de estomago que me tenia que hacer una bolita y esperar a que se me quitara. Agarré la valentía y con lo que ya había aprendido en las clases, sabia que tenia un Dios poderoso y decidí dejar el medicamento. Me recuerdo que me fui a revisar un chequeo de rutina, y recuerdo que la doctora vino y me dijo "todo esta bien, te felicito" y yo respondí "si, yo se que todo esta bien por que ya no me tomo el medicamento" recuerdo que volteo a mirar los papeles y dijo "como, que paso aquí?" recuerdo que me dijo "ve a revisarte otra vez", me fui a revisar la segunda vez y me dijo "no se que paso, pero estas limpio" Yo quería gritar de gusto, sabia que Dios me había sanado, mi vida cambio por completo. Ahora soy un joven y una persona llena de esperanza y seguiré en la iglesia donde seguiré aprendiendo y esperando a donde Dios me llevará.

Oración

Querido Padre, Dios lleno de amor y compasión, Tú me amas tanto que mi entendimiento jamás podría alcanzar y entender la magnitud de tu amor.

Tu amor esta sobre mí y en mí, aun cuando todavía soy mentiroso, adúltero, ladrón, idolatra y homosexual. Sé que tu no quieres que ninguno de nosotros perezca, sino que todos procedamos al arrepentimiento; para que tú, a través de tu hijo Jesucristo, quien pagó en la Cruz, la multa que la ley exigía por nuestra rebeldía, perdones todos mis pecados y restaures, oh

Dios mi salvación y hagas cesar tu ira de sobre mí.

Ayúdame a renunciar a cada uno de mis pecados sexuales que hay en mí, y que todo lo que es aberración a ti y muerte para mi, lo conviertas en misericordia, verdad y justicia.
Restaura mi alma, mente y cuerpo de tanto adulterio, lascivia, inmundicia, bestialismo y homosexualidad. Límpiame de toda ansiedad, tristeza, depresión, enojo, traumas, egoísmo, baja autoestima, miedo y rechazo.

Me cubro con tu sangre y con el poder que tú me das, pongo bajo la planta de mis pies, todos estos demonios que me atormentan día y noche, y en el Nombre Poderoso de Jesús los mando a lugares áridos y con la autoridad que me diste para atar y desatar, ordeno a los ángeles de Jehová que desciendan con cadenas y aten en el nombre de Jesús todo espíritu gobernador que tiene atada mi mente, mi alma y mi corazón con pensamientos y actitudes perversas, y en el nombre de Jesús desato toda bendición que tú tienes para mí y mi familia.

Cúbreme siempre con tu sangre preciosa de ahora en adelante, y no dejes que mis pies vuelvan a dar al resbaladero; porque tu sangre es oro refinado en fuego, y en tu sangre esta mi riqueza, y cubre con vestiduras blancas la vergüenza de mi desnudez; y unge mis ojos con colirio para que yo pueda ver.

"Por tanto, yo te aconsejo que de mí compres oro refinado en fuego, para que seas rico, y vestiduras blancas para vestirte, y que no se descubra la vergüenza de tu desnudez; y unge tus ojos con colirio, para que veas."
Apocalipsis 3:18

Todo esto te lo pido en el hermoso y todopoderoso nombre de Jesús. Amen.

CAPITULO 7

PANICO

Un ataque de pánico es un episodio repentino de miedo intenso qué provoca reacciones físicas y graves cuándo no existe ningún peligro real o causa repentina. Los ataques de pánico pueden provocar mucho miedo, puede sentirse que estás perdiendo el control, qué estás teniendo un ataque cardiaco o incluso que vas a morir. Muchas personas tienen solo uno o dos ataques de pánico en toda su vida, el problema quizás desaparece cuando se resuelve una situación estresante, mas sin embargo, si tienes ataques de pánico inesperados y recurrentes de sufrir otro ataque es probable una flexión llamada trastorno de pánico. Los ataques de pánico pueden provocar mucho miedo y afectar de manera insignificativa tu calidad de vida, mas sin embargo si pides que se te ayude en el lugar correcto eso puede ser muy eficaz.

Síntomas del Panico

Los ataques de pánico suelen comenzar de forma súbita sin advertencia, en cualquier momento cuando estás conduciendo o si estas en un centro comercial, cuando estás profundamente dormido, o en medio de una reunión de negocio en su trabajo, esto le puede suceder en cualquier lugar que usted esté. Puedes tener ataques de pánico ocasional o con frecuencia.

Los ataques de pánico tienen muchas variantes, pero los síntomas suelen alcanzar su punto máximo en cuestión de minutos, después el ataque de pánico desaparece y puede usted llegar a sentirse fatigado y exhausto.

- Sensación de peligro
- Miedo a perder el control o llegar a morir
- Palpitaciones en el corazón
- Sudor
- Temblores o sacudidas
- Falta de aliento u opresión en su garganta
- Escalofríos
- Sofocos
- Náuseas
- Calambres abdominales
- Dolor en el pecho
- Dolor de cabeza
- Mareos o sensación de desvanecimiento (desmayos)
- Sensación de hormigueo

Uno de los peores aspectos de los ataques de pánico es el miedo intenso a que se repitan, ese miedo puede ser tan fuerte qué puede hacerte evitar situaciones en las que podrían ocurrir.

Este enemigo no discrimina sexo, raza, color ni estatus social, y produce sufrimiento intenso, destrucción mental y física, degradación moral y aniquilación espiritual. El trastorno de pánico es un trastorno de ansiedad en el que la persona afectada sufre repetidos ataques súbitos de terror en ausencia de estímulos externos que pueden desencadenarlos. Los episodios frecuentes de terror acompañados de un fuerte estado de ansiedad se denominan ataques de pánico o, en algunos casos, ataques de ansiedad o crisis de ansiedad.

La agorafobia es un trastorno de ansiedad que consiste en el miedo a los lugares donde no se puede recibir ayuda, por temor a sufrir una crisis de pánico. Un ataque de pánico o crisis de ansiedad consiste en un cuadro clínico caracterizado por el aumento de la frecuencia y presión sanguínea, la respiración agitada, sudor, sensación de ahogo, mareo, temblores y despersonalización.

La agorafobia es miedo al miedo; los agorafobicos, temen las situaciones que puedan generarles sensaciones de ansiedad, miedo a la propia activación fisiológica y a los pensamientos sobre las consecuencias de experimentarlas, como la idea de morir. De acuerdo con la etimología de la palabra, la agorafobia esta especialmente relacionada con el temor intenso a los espacios abiertos o públicos, en los que pueden presentarse aglomeraciones. La palabra procede de los términos griegos *"agora"*: plaza, y *"phobos,"* fobia, miedo. La agorafobia esta estrechamente relacionada con el trastorno de pánico, y no es raro que ambos trastornos sean conmovidos (la presencia de uno o mas trastornos o enfermedades además de la enfermedad o trastorno primario). Entre los miedos que experimenta el agoafobico están el miedo a vivir una crisis, a desmayarse, a sufrir un infarto, a perder el control, a hacer el ridículo, etc. El trastorno se genera por alguna experiencia negativa por parte de la persona, quien al evitar las situaciones parecidas, esta desarrollando un mecanismo de aprendizaje que hace permanecer el problema. Entre los factores de riesgo se pueden incluir episodios relacionados con intensos niveles de pánico o experimentar eventos estresantes, incluido el abuso sexual o físico durante la infancia. La agorafobia suele incluir o desarrollar en la persona afectada otras fobias mas especificas.

La fobia palabra derivada de *Fobos*, en griego antiguo, pánico, es un trastorno de salud emocional o psicológico que se caracteriza por un miedo intenso y desproporcionado ante objetos o situaciones concretas como por ejemplo, a los insectos (entomofobia) o quedarse solo/a (anuptafobia), fobia a los lugares cerrados (claustrofobia), a las alturas (acrofoia), al agua (hidrofobia), a estar rodeado de gente (enoclofobia), a las enfermedades (hipocondría), al dia o a la noche (nictofobia), al tiempo/clima (cronofobia) e incluso al sexo (erotofobia).

El agorafobico tiende a evitar situaciones potencialmente ansiogenas, como lo pueden ser salir de casa, usar trasportes públicos, ir de compras, comer en restaurantes, entrar al cine, hacer deporte, viajar, estar en lugares públicos o áreas amplias, etc. Estas situaciones pueden representar un grave problema en la vida del agorofobico, pudiendo llevar a la persona afectada a casi no salir de su casa con el fin de tratar de evitar la gran cantidad de ansiedad causada por el pánico, timidez o vergüenza y cobardía. Este trastorno tiene un mayor porcentaje de pacientes mujeres que de hombres.

Trastorno de pánico, ansiedad y ataques de pánico

Aunque los ataques de pánico se presentan habitualmente en todos los tipos de trastornos de ansiedad, existe una diferencia entre la ansiedad y el pánico que radica en la duración e intensidad de los síntomas. Los ataques de pánico son episodios de miedo intenso que duran poco tiempo; la ansiedad sobreviene de manera mas gradual, menos intensa y extiende su duración en el tiempo.

En el Trastorno de Ansiedad Generalizada (TAG) el síntoma

fundamental de ansiedad es persistente en el tiempo (dura mas de 6 meses) y generalizado sobre una amplia gama de acontecimientos o actividades vitales. La ansiedad no esta restringida a una situación en particular, como en las fobias, ni se presenta exclusivamente en forma de crisis, como en el caso de las crisis de pánico. El estado de ansiedad es casi permanente, oscila durante el transcurso del dia y afecta a la calidad del sueño.

Por su parte, el trastorno de pánico es un trastorno de ansiedad que desemboca en crisis concretas o repentinos sentimientos de terror sin motivo aparente.

Síntomas del trastorno de pánico:

El trastorno de pánico con o sin agorafobia, se valora según los criterios diagnósticos del DSM-IV (cuarta edición del Manual diagnostico y estadístico de los trastornos mentales de la Asociación Psiquiátrica Estadounidense) de la forma siguiente:

a) Observancia de los ataques de ansiedad y pánico:
- Ataques de pánico periódicos e inesperados.
- Al menos uno de los ataques ha sido seguido durante un mes o mas de al menos, uno de los siguientes aspectos:
  - Persistente preocupación por tener nuevos ataques.
  - Preocupación por las implicaciones del ataque o por sus consecuencias (por ejemplo: perder el control, sufrir un ataque cardiaco, "volverse loco", etc.)
  - Cambio significativo en el comportamiento en relación con los ataques.

b) La presencia o ausencia de agorafobia.
c) Los ataques de pánico no se atribuyen a efectos fisiológicos directos producidos por una sustancia (por ejemplo: consumo de drogas o medicamentos) o a un cuadro medico concreto (por ejemplo: hipertiroidismo).
d) Los ataques de pánico no se encuadran mejor dentro de otros trastornos como la fobia social (exposición a situaciones sociales temidas), fobias especificas (exposición a una determinada situación fóbica), trastornos obsesivo-compulsivos (por ejemplo: con la exposición a la suciedad de alguien obsesionado con la limpieza o la salud), trastornos de estrés postraumático (por ejemplo: en respuesta a estímulos asociados con un grave estrés) o trastornos de ansiedad por separación (por ejemplo: en respuesta a encontrarse fuera del hogar).

Síntomas del ataque de pánico

Según en NIMH (Instituto Nacional de Salud Mental), las personas con trastorno de pánico tienen sentimientos de terror que aparecen de repente y repetidamente sin previo aviso. Durante el ataque de pánico, es probable que se sienta opresión en el corazón y que al afectado se sienta sudoroso, débil o mareado. En las manos se pueden sentir hormigueos y quizás frio. Se puede tener nauseas, dolor en el pecho o sensaciones de asfixia, sensación de irrealidad o miedo a la inminente pérdida de control. Temblor en las piernas.

La persona que sufre episodios de pánico se siente súbitamente aterrorizados sin razón alguna; durante el ataque de pánico se producen síntomas físicos intensos, como taquicardia, dificultad para respirar, hiperventilación pulmonar, temblores o mareos. Los ataques de pánico pueden ocurrir en cualquier momento o lugar sin previo aviso. A menudo el individuo siente durante la crisis que esta en peligro de muerte inminente y tiene una necesidad imperativa de escapar de un lugar o de una situación temida.

Otros síntomas que también pueden ser producidos por el temor:

Emocionales:
- Depresión o desanimo
- Culpabilidad
- Soledad
- Tensión

Físicos:

- Enfermedades
- Insomnio
- Muerte
- Pérdida de apetito
- Destrucción
- Falta de fuerza física

Espirituales:

- Opresión
- Apostasía

Duración y frecuencia

La aparición del trastorno puede desencadenar ataque de pánico con frecuencias muy variables. Los episodios de terror pueden ser diarios, semanales, etc. Cuando se producen los episodios individuales de pánico suelen durar varios minutos. Generalmente estos episodios individuales presentan parecida duración para un mismo individuo en cada repetición.

La reaparición del trastorno viene condicionada con frecuencia por periodos estacionales o situaciones vitales recurrentes (exámenes, viajes, periodos laborales, etc.).

Modelo de la ansiedad

Hay muchas teorías sobre las causas de la ansiedad y tres de ellas son:

1. **El modelo cognitivo:** Los pensamientos negativos causan ansiedad. La "Cognición" es simplemente una palabra que denota un pensamiento. El temor no es consecuencia de los hechos a los que se tiene miedo, sino de los mensajes negativos interiores emitidos por uno mismo. Si se cambia la manera de pensar, se puede cambiar la manera de sentir.

2. **El modelo exposición:** La evasión es la causa de toda ansiedad; es decir, se siente ansiedad porque se evita lo que se teme. Según esta teoría, en el momento en que se deja de huir y uno se enfrenta al monstruo temido, se derrotan los miedos.

3. **El modelo de la emoción oculta:** La amabilidad es la causa de todas las ansiedades. Las personas propensas a la ansiedad son casi siempre personas amables que temen los conflictos y evitan sentimientos negativos como la ira. Cuando estos sujetos se sienten molestos, esconden sus problemas para no molestar a nadie. Esto puede suceder de manera rápida y automática, de forma que no es consciente siquiera de lo que se esta haciendo. Luego surgen sentimientos negativos en forma encubierta; como ansiedad, preocupaciones, temores o sensaciones de pánico. Cuando afloran estos

sentimientos ocultos y se resuelve el problema, a menudo la ansiedad desaparece.

La Magnitud del Trastorno De Pánico

El trastorno de pánico tiene síntomas asociados al terror muy intensos y desagradables que pueden llevar al afectado a la convicción de estar sufriendo un ataque al corazón o un proceso de enloquecimiento. Pero no presenta peligros inminentes al afectado mas que los cambios de vida que se pueden imponer sobre el individuo, a veces importantes. Aunque los comportamientos de una crisis fuerte aparezcan como imprevisibles y descontrolados, el afectado se encuentra durante los episodios en estado de máxima alerta, por lo que generalmente no se expone a peligros físicos directos.

No obstante, el trastorno de pánico puede ir acompañado de depresión, consumo de drogas o alcoholismo y llevar a patrones de conducta evitativa, de lugares o situaciones donde se han producido anteriores ataques de pánico. Por ejemplo, si se ha producido un ataque de pánico en un ascensor, es posible que se desarrolle un miedo incontrolable a los ascensores; si el afectado empieza a evitarlos, el cambio de comportamiento puede afectar a la elección del empleo o vivienda y marcar enormes limitaciones en la vida.

Si el individuo se encierra en casa, o solamente se atreve a afrontar las situaciones temidas, si va acompañado por su pareja o alguna otra persona de confianza, se limita la vida, de tal manera que el trastorno se denomina agorafobia.

Origenes y Comienzo del Trastorno de Pánico
¿Cuál es el origen del trastorno según la ciencia medica?

Los neurólogos enseñan que la parte mas baja del cerebro llamada talamo, es el centro de las emociones donde se originan los pensamientos de temor, activando los impulsos nerviosos que fabrican pánico y preocupaciones imaginarias. Las causas exactas del trastorno de pánico se desconocen. Los científicos piensan que no se contemplan fenómenos determinantes en su aparición y que los factores genéticos y los mecanismos de herencia pueden jugar un papel esencial en su desarrollo así como las vulnerabilidades psíquicas del individuo.

Algunos autores sostienen la influencia de largos periodos de estrés en su aparición psicológica y emocional; por ejemplo tras la muerte de un familiar o ser querido, después de tener un niño, cambios laborales, vitales o familiares, etc.

¿Cuál es el origen del trastorno del pánico según Dios?

La definición Bíblica de temor es contraria a lo que el mundo piensa: una emoción negativa provocada por el hombre así mismo.

Las escrituras son claras al declarar que el miedo es un espíritu malo, de espanto y terror que nos paraliza para actuar, y nos hace huir ante cualquier circunstancias o desafíos que la vida nos presenta y la forma de tratarlo es usando armas espirituales.

Junto con este espíritu viene la intimidación, causando que actuemos con cobardía y vergüenza. Su meta final es esclavizarnos y castigarnos físicamente, emocionalmente y espiritualmente, impidiendo así el éxito a una vida libre en Cristo Jesús.

Como se origina el temor en el hombre

> *"Pero la serpiente era astuta, mas que todos los animales del campo que Jehová Dios había hecho; la cual dijo a la mujer: ¿Conque Dios os ha dicho: No comáis de todo árbol del huerto? Y la mujer respondió a la serpiente: Del fruto de los arboles del huerto podemos comer; pero del fruto del árbol que esta en medio del huerto dijo Dios: No comeréis de el, ni le tocareis, para que no muráis. Entonces la serpiente dijo a la mujer: No moriréis; sino que sabe Dios que el día que comáis de el, serán abiertos vuestros ojos, y seréis como Dios, sabiendo el bien y el mal. Y vio la mujer que el árbol era bueno para comer, y que era agradable a los ojos, y árbol codiciable para alcanzar la sabiduría; y tomo de su fruto, y comió; y dio también a su marido, el cual comió así como ella. Entonces fueron abiertos los ojos de ambos, y conocieron que estaban desnudos; entonces cosieron hojas de higuera, y se hicieron delantales. Y oyeron la voz de Jehová Dios que se paseaba en el huerto, al aire del día; y el hombre y su mujer se escondieron de la presencia de Jehová Dios entre los arboles del huerto. Mas Jehová Dios llamo al hombre, y le dijo: ¿Dónde estas tu? Y el respondió: Oí tu voz en el huerto, y tuve miedo, porque estaba desnudo; y me escondí."*
> *Génesis 3:1-10*

Recuerde, el miedo se convierte en pecado cuando en lugar de usarlo para respetar a Dios y alejarse del pecado, usamos nuestro miedo para temer nuestras circunstancias. Tememos al futuro, tememos perder nuestra salud, trabajo o casa, tenemos miedo de que nuestros hijos se revelen contra nosotros algún día. Lamentablemente, el miedo pecaminoso da tiempo a miles de situaciones psicosomáticas que tal vez nunca sucederán.

> *"Por que el temor que me espantaba me ha venido, y me a acontecido lo que yo temía."*
> *Job 3:25*

Job, aunque temeroso de Dios, recto e íntegro, temía perder a su familia y todos sus vienes; por eso ofrecía todos los días sacrificio al Señor. Esta actitud de Job hizo que se abrieran puertas para que el enemigo entrara y destruyera no solo su familia, sino todos los vienes que poseía. En actualidad, hay un sin número de personas a las que les a sucedido lo mismo; lo que temían eso les sobrevino.

Consecuencias del temor en la vida de un creyente

1. El temor hace que los creyentes se sientan privados de su Identidad en Cristo.

    Hay cristianos que no se sienten hijos de Dios y mucho meneos se sienten que pertenecen a la casa de Dios donde se congregan. El temor ataca sus mentes y los atrapa con pensamientos tales como: "No sirvo para nada, yo no nací para esto, mi educación es muy escasa, soy financieramente pobre, soy discapacitado, los hermanos me desprecian" etc., etc. Por lo tanto no claman ¡Abba Padre!

    Muchos escuchan la voz de satanas que le dice: ¡Mira lo que hiciste, le fallaste a tu Padre!, entonces creen que Dios ya no los aceptara mas, que Dios los quiere matar, que Dios los va a destruir o que Dios no los va a escuchar. Estos pensamientos hacen que la persona no pueda acercarse a su Padre Celestial con confianza; se sienten intimidados y avergonzados con el solo hecho "del que diran los hermanos de la Iglesia" o sus padres espirituales, haciendo que el temor les impida tener una relación cercana con ellos, y luego toman una drástica decisión y se van de la iglesia.

2. El temor esclaviza a la persona

   Cuando una persona no recibe el espíritu de adopción, el espíritu de esclavitud se apodera de la persona. El temor inhabilita a las personas, las paraliza y no les deja avanzar. Esclaviza sus emociones, su voluntad y sus mentes y no los deja desarrollarse en la familia, en la vida espiritual, en el ministerio, en los negocios, etc. Todavía se sienten enlazadas al pasado, de sus heridas, de los patrones que vienen arrastrando de sus ancestros y por mas que quieran cambiar, el temor no las deja.

   > *"Pues no habéis recibido el espíritu de esclavitud para estar otra vez en temor, sino que habéis recibido el espíritu de adopción, por el cual clamamos: ¡¡Abba, Padre!"*
   > *Romanos 8:15*

3. El temor hace que los dones se esconden

   El temor conduce a las personas a esconder el don, el talento, y la gracia que Dios les ha dado, porque tienen temor de usarlo y multiplicarlo.

   Hay un sin número de personas que se han ido a la tumba sin explotar sus dones a causa del temor; y también hay otras personas llenas de grandes dones y talentos que están en este momento congregándose en una iglesia y tampoco lo explotan. Muchos no lo explotan porque se sienten intimidadas por lo que otras personas dirán. Tienen miedo a perder su reputación y al fracaso, pues están preocupados por los errores que el proceso pueda causar cuando el don se va desarrollando. Los dones no florecen completamente desde el principio, necesitan desarrollarse con el uso. Timoteo sufrió este temor, pero Pablo impuso manos sobre él y el Espíritu Santo derramo su don en Timoteo.

> *"Por lo cual te aconsejo que avives el fuego del don de Dios que está en ti por la imposición de mis manos. Porque no nos ha dado Dios espíritu de cobardía, sino de poder, de amor y de dominio propio."*
> *2 Timoteo 1:6-7*

4. El temor nos lleva a ataques físicos y mentales

Hay un sin números de personas que viven en angustia porque temen a enfrentarse a enfermedades como el sida, el cáncer, etc., y gastan miles de dólares en los médicos tratando de que no se les encuentre ninguna enfermedad. Con esta actitud se corre el riesgo de abrirle las puertas a espíritus de enfermedad causando así enfermedades en sus cuerpos. Los médicos han descubierto que el temor puede causar, ulceras estomacales, insomnio, ataques de nervios, depresión y pueden también contribuir a la hipertensión.

En lo que se refiere a la mente, podemos decir que es el campo de batalla de cualquier persona donde el diablo envía todos los pensamientos de temor. A veces los pensamientos no pueden ser controlados o no nos damos cuenta de estos pensamientos al menos que sintamos cambios físicos, causado por un pensamiento negativo que afecta nuestras emociones y nuestra voluntad.

> *"En el amor no hay temor, sino que el perfecto amor echa fuera el temor; porque el temor lleva en si castigo.*

De donde el que teme, no ha sido perfeccionado en el amor."
1 Juan 4:18

5. El temor nos conduce a mentir

   Algunas personas eligen mentir en situaciones determinadas. Ya sea porque se encuentran bajo presión o tienen miedo a ser rechazadas, criticadas o mal entendidas y optan por mentir.

   El miedo y la mentira siempre van agarrados de la mano. Abraham tuvo miedo que lo mataran entonces opto por mentir diciendo que Sara, su esposa, era su hermana.

   El temor tiene el instinto de sobrevivencia.

   "Y los hombres de aquel lugar le preguntaron acerca de su mujer; y el respondió: Es mi hermana; porque tuvo miedo de decir: Es mi mujer; pensando que tal vez los hombres del lugar lo matarían por causa de Rebeca, pues ella era de hermoso aspecto."
   Génesis 26:7

6. El temor hace que las personas se debiliten

   El temor va quitando la fuerza física, emocional y espiritual, para debilitar a la persona hasta que llegan al punto de desfallecer. Son fuerzas negativas que el temor impone para que las personas se desmotiven y no pueda seguir adelante con su vida. Producen deseos de morir y no continuar viviendo.

> *"Desfalleciendo los hombres por el temor y la expectación de las cosas que sobrevendrán en la tierra; porque las potencias de los cielos serán conmovidas."*
> *Lucas 21:26*

7. El temor detiene la visión de una persona

   El enemigo envió profetas y mensajeros falsos para que Nehemías y el pueblo no continuaran edificando el muro de Jerusalén. Cada vez que querían edificar algo para Dios, el espíritu de pánico los atacaba. El miedo siempre detiene la visión que el Señor ha puesto en nosotros.

   > *"Porque todos ellos nos amedrentaban, diciendo: Se debilitarán las manos de ellos en la obra, y no será terminada. Ahora, pues, oh Dios, fortalece tu mis manos."*
   > *Nehemías 6:9*

8. El espíritu de temor hace que las personas vean cosas que no son reales

   Los discípulos creyeron en una leyenda que existía en Israel, acerca de una fantasma que se aparecía en la cuarta vigilia de la noche; y la persona que viera a ese fantasma debía morir. Por eso los discípulos se turbaron cuando vieron a Jesús caminando en las aguas, pues pensaron que era dicho fantasma. La persona con temor suele imaginarse cosas malas todo el tiempo. Se imagina que esta muerta, que esta internada en la cama de un hospital, que se quedan solos, que los ahorcan, etc., etc. Todo esto son artimañas del diablo para trastornar su mente y su vida.

¿Cómo vencer a este demonio del pánico?

Aunque podríamos ser personas temerosas, no somos el temor. Ser algo menos de lo que Dios nos hizo no representa lo que realmente somos. El temor puede haber sido nuestro compañero por tanto tiempo que ya no podemos recordar que es la vida sin él. Pero hay ayuda y liberación para nosotros. Como se mencionó anteriormente, si el temor fuera solo una emoción no tendíamos más remedio que vivir con él. Pero, como el temor es un espíritu, podemos ser librados de él y de su poder sobre nosotros.

Este demonio está destruyendo espiritualmente y físicamente a millones de personas alrededor de todo el mundo. Debemos de entender que no existe ninguna píldora ni tratamiento médico que pueda ayudarnos a vencer este monstruo, solo con la ayuda del Espiritu Santo lo podemos hacer. Satanas se ha estado deleitando por mucho tiempo en cada una de las personas que sufren de estos terribles ataques de pánico, fobia, miedo y temor; pero es momento de ponerle un ¡alto! Asi como entro el temor dentro de cada persona, asi es como tiene que salir. Con la ayuda de Dios descubriremos la solución a la raíz de este problema.

1. Dejar que el amor de Dios transforme nuestras vidas.
   Si usted es una persona ya creyente y enfrenta este problema, es necesario que vuelva a su primer amor. Es necesario que entregue su vida por complete al Señor para que pueda experimentar el amor inmensurable de Nuestro Padre.

   En Romanos 8:15, leemos lo siguiente: *"Pues no habéis recibido el espíritu de esclavitud para estar otra vez en el temor, sino que habéis recibido el espíritu de adopción, por el cual clamamos: ¡Abba, Padre!"*. Esto nos muestra que el Señor desea que confiemos en el de la misma manera en que un niño confía en su padre. El amor que vence al temor, es el amor "Ágape", que es algo así como el carácter íntimo de saber que es parte integrante del Reino de Dios. No estamos hablando aquí de ese amor "Phileo" que es el romántico, familiar y de pareja que la gran mayoría tiene en cuenta, es a este clase de amor a la que debemos permitirle que venza cualquier clase de temor. Así es como nos lo enseña el apóstol Juan en su primera carta. Con total simpleza y claridad:

> *"En el amor no hay temor, sino que el perfecto amor echa fuera el temor; porque el temor lleva en si castigo. De donde el que teme, no ha sido perfeccionado en el amor."*
> 1 Juan 4:18

Para los que no conocen de Dios y sufren de este terrible sentimiento de temor, Dios lo invita ahora que se acerque con confianza a Él y le entregue todas sus cargas con esta simple oración:

> "Señor Jesús, creo verdaderamente que Tu eres el Hijo de Dios. Reconozco que soy un pecador y que por mi pecado estoy separado de Dios. Me arrepiento de todo pecado que he cometido contra ti en pensamiento, palabra y obra: y confieso con mi boca que tú eres El Señor, y creo con todo mi corazón que Dios te levanto de los muertos.
>
> Te recibo como a mi Único Salvador Personal, aceptando el sacrificio que hiciste en la Cruz del Calvario llevándote así mis rebeliones.

Renuncio a todo pacto que hice con el enemigo en el pasado y conmigo mismo.

Gracias por salvarme de la ira venidera y ayúdame a vivir una vida agradable a ti."
Amen

2. Confesar nuestros pecados de temor y volver a poner la fe en Nuestro Señor Jesucristo

Si no confesamos que arrastramos con este pecado, la liberación no será posible. Juan dice: *"Este es el mensaje que hemos oído de él, y os anunciamos: Dios es luz, y no hay ningunas tinieblas en él. Si decimos que tenemos comunión con él, y andamos en tinieblas, mentimos, y no practicamos la verdad."* 1 Juan 1:5-6
No podemos vivir dos vidas; o vivimos en la luz o vivimos en las tinieblas. Para que la liberación ocurra, es necesario que nuestras vidas sean transparentes a la luz y la verdad de la palabra de nuestro Señor Jesucristo. Pues lo único que puede hacernos libres es su verdad:

Oración

Padre Celestial, en el nombre de Jesús, rompo con este silencio mortal que hay en mi corazón y confieso que he pecado contra ti, dejando que la ignorancia o la falta de fe en ti hiciera que este espíritu inmundo de satanás se apoderara de mi vida por tanto tiempo, causando estragos de tormento e inseguridad en mi alma.

Señor Jesús, he entendido que el espíritu de pánico no proviene de ti, y desde ahora en adelante te prometo que pondré toda mi confianza en ti, y con el espíritu de amor, poder y dominio propio que tú me das, rehusó a seguir dándole acceso a cualquier espíritu satánico de temor que quiera atentar contra mí.

Y con la autoridad que el poder de la Sangre de Cristo me da, pongo bajo mis pies toda artimaña que satanás quiera traer a mi vida. Le pongo un ¡alto! a todas sus acusaciones que me quiera hacer sobre mi pasado. Con el poder de Cristo Jesús, corto lazos gobernadores que me atan a todos los demonios de pánico, fobia, miedo, terror y ansiedad.

Te pido Señor, que me ayudes a vivir en la herencia por la cual Jesucristo, tu Hijo, pago con su muerte en la cruz del Calvario. Y aunque los enemigos sean muchos, no temeré, porque tu pelearas la batalla por mí.

Sigue renovando mi mente y establece tu justicia divina y perfecta en mi vida, hasta que la liberación de este espíritu inmundo de pánico sea totalmente completada, y pueda así regocijarme en la victoria que nuestro Señor Jesucristo ya nos ha otorgado cuando resucito de entre los muertos, y permite que tu pueblo en todo lugar conozca la verdad liberadora de tu amor. Amen.

"No temas por que yo estoy contigo; no desmayes, porque yo soy tu Dios que te esfuerzo; siempre te ayudare, siempre te sustentares con la diestra de mi justicia."
Isaias 41:10

"Alzare mis ojos a lo montes; ¿De donde vendra mi socorro? Mi socorro viene de Jehova, que hizo los cielos y la tierra."
Salmo 121:1-2

CAPITULO 8

DOLOR SECRETO

Muchas veces se guardan en el alma secretos que son muy dolorosos y que se siente que no pueden ser compartidos con nadie. La mala cultura que muchos padres inculcan a sus hijos desde la infancia los obligan a callar y a sufrir por años, ese dolor tan profundo como lo es el abuso sexual. El abuso sexual esta cada vez mas en su apogeo, sin importar si la persona es rica, pobre o de que raza o religión sea.

¿Que es el abuso sexual?

El abuso sexual es definido como cualquier actividad o comportamiento sexual que realiza una persona sobre otra, sin su consentimiento o conocimiento y para su propia satisfacción sexual. Va desde el engaño, fuerza o intimidación física o psicológica hasta el abuso de confianza. Es un acto que pretende dominar, humillar, y poseer a la victima, ya sean niños, adolescentes, adultos e incluso dentro del matrimonio. El agresor que por lo general es un individuo frustrado sexualmente, actúa con violencia explicita de poder y control hacia la victima, que se siente impotente, desprotegida y humillada. También podemos decir que el abusador establece una conducta confusa en la victima, irrumpiendo no solo en su sexualidad, si no también en su vida afectiva, haciendo que el abuso no sea solo sexual, sino que también se convierta en un abuso de confianza.

Los efectos del abuso sexual son múltiples, con consecuencias muy dolorosas y devastadoras, y se expresan en las áreas mas importantes de la persona. Es vivido como un suceso traumático, es decir como algo que impresiona tanto que no se puede expresar, y por ello se "intenta olvidar". Lamentablemente este suceso traumático no se olvida, sino que se reprime, y tiende a expresarse y a salir a la luz ya sea desde un impulso descontrolado en la conducta hasta la repetición de los mismos patrones que el abusador aplico a la victima e incluso viéndose inmersa sin saber como en situaciones en las que nuevamente es violentada; o siendo ella misma, quien de manera activa o violenta abusa de otros. Al mismo tiempo, también aparece una necesidad de evitar de defenderse de la sexualidad consigo misma, y de las relaciones sexuales en general. Es una sexualidad herida, muy mal integrada, y vivida como una amenaza, como algo que no se puede controlar y que lógicamente afecta en las relaciones y compromisos con el otro, con la pareja, etc.

Cabe aclarar que el abuso sexual no es solo penetración o agresión física. Abarca desde el contacto físico (manoseos, masturbación, sexo oral, etc.) hasta la ausencia de contacto (exhibicionismo, erotización con relatos de historias sexuales, videos, películas pornográficas, etc.) y el abuso puede darse por un tiempo prolongado o como hechos aislados y puntuales.

Puede suceder en el ceno familiar, en una institución cualquiera, en el lugar de trabajo, en la escuela, en la iglesia, vecinos, médicos, amigos, etc.; no hay un ámbito especifico en donde el abuso sexual puede ocurrir.

Mientras mayor sea la implicación afectiva o la autoridad simbólica y moral entre el agresor y la victima y la duración temporal de dichos abusos, mayores serán las consecuencias.

¿Quien en el abusador?

En su mayoría, los abusadores son varones (entre un 80% y un 95% de los casos) heterosexuales. Mayormente estas personas que se valen de la cercanía, confianza, autoridad, etc. inducen normalmente con engaño a realizar o que le realicen actividades o conductas dirigidas a su propia satisfacción sexual. Utiliza la confusión, la seducción y el engaño. Otras veces se vale de su poder y fuerza sobre la victima para dominarla y agredirla.

La mayoría de los abusadores planean cuidadosamente sus ataques y esperan pacientemente a sus victimas vulnerables. Digamos que el abusador sabe muy bien elegir a su victima valiéndose de la vulnerabilidad y de la confianza previa que la victima ha depositado con anterioridad en su agresor.

El abusador de los niños puede generalmente provenir de hogares desintegrados y violentos, que comienzan con maltratos físicos y terminan con el abuso sexual. Pero también el agresor puede ser una persona aparentemente normal y que con frecuencia asume el rol de figura protectora, cariñosa, muy valorada, y rodeada de niños. Pueden también tener profundos desajustes emocionales, problemas de drogadicción, alcohol o haber sufrido a su vez abuso en su infancia. Hay algo perverso en ellos que los lleva a buscar el sexo en menores y no en su grupo de iguales.

Estas personas pueden ser:

Los abusadores sexuales

> El padre, padrastro, hermano: Me dejo sin figura familiar, sin proteccion, sin identidad e impotente. El enemigo esta en casa. ¿Que hacer y a donde ir?

> Ese tio que me hacia sentir bien y especial, yo era la favorita o favorito entre el resto de sus sobrinos, y se valió de la necesidad que yo tenia de cariño, inocencia y baja autoestima.

> Ese consejero espiritual: Pastor, sacerdote, psicólogo, jefe o jefa de secta; que valiendose de su autoridad moral me aconseja que "esto es bueno para mi crecimiento o madurez personal". Mi identidad personal y la escala de valores quedaron destruida.

> Son esos cuidadores de internados u orfanatos que me dejan indefenso, con sentimientos de soledad y con un silencio pactado.

> Son esos niños que me obligan y amenazan produciendo en mi panico, desamparo y confucion.

> Es el jefe de trabajo que produce en mi miedo, terror, desprecio o desanimo y me amenaza con despedirme del trabajo si no accedo a sus deseos morbosos.

> Soy un adolescente y soy abusado por mis amigos y personas en las que mas confio; tengo cambios repentinos en mi comportamiento y en el rendimiento escolar, ataques de ira, tristeza excesiva sin motivo aparente, rechazo a estar con la familia, y tengo heridas alrededor de la boca, vagina o el ano.

¿Quienes son las victimas?

En mi experiencia como ministro de liberación, he experimentado en varias ocasiones las manifestaciones de espíritus de abuso sexual en algunas personas; pero a la vez, existen varias indicaciones de molestias o abusos sexuales que son muy claras y no se necesita de ningún discernimiento sobrenatural para poder identificarlos.

Los cambios repentinos en los patrones normales de conducta y la expresión de dolor y vergüenza en el rostro de algunas personas, es suficiente para darnos cuenta quienes han sido o son victimas de abuso sexual.

Las victimas son frecuentemente personas con falta de cariño, con baja autoestima, sentimiento de inferioridad y que provienen de familias poco estructuradas. Es difícil que hablen; normalmente suelen callar e intentan olvidar. Si es un familiar cercano, callan por que temen romper la estructura familiar. Si el abusador el valorado socialmente, temen que en su familia nadie les creería.

Los niños y adolescentes con mayor riesgo de ser objetos de abusos son aquellos que presentan una capacidad reducida para resistirse o para categorizar o identificar correctamente lo que están sufriendo; como lo es el caso de los niños que todavía no hablan y los que tienen retraso del desarrollo y discapacidades físicas y psíquicas. Aquellos que forman parte de familias desorganizadas o reconstituidas; especialmente los que padecen falta de afecto que, inicialmente, pueden sentirse halagados con las intenciones del abusador. También son objetos de abuso aquellos niños que se encuentran en la edad de la pubertad con claras muestras de desarrollo sexual, y también aquellos que son victimas del maltrato.

En conclusión, ¡son muchas las mujeres y hombres que han pasado por un abuso sexual, y en los niños ni se diga! Son escalofriantes las cifras como van en aumento. Las estadísticas mundiales reportan que mayormente las mujeres son el blanco del abusador.

El abuso sexual infantil o pedofilia

Es toda conducta en la que un menor es utilizado como objeto sexual por parte de otra persona con la que mantiene una relación de desigualdad, ya sea en cuanto a la edad, la madurez o el poder.

Se trata de un problema universal que está presente, de una u otra manera, en todas las culturas y sociedades y que constituye un complejo fenómeno, resultante de una combinación de factores individuales, familiares y sociales. Crea una interferencia en el desarrollo evolutivo del niño, y puede dejar secuelas que no siempre menguan con el paso del tiempo.

Mundialmente se calcula que 150 millones de niñas y 73 millones de niños han experimentado relaciones sexuales forzadas u otras formas de violencia sexual con contacto físico.

Los abusos de menores de edad se da en todos los ambientes sociales, culturales o razas; aunque la mayor parte ocurre en el interior de los hogares y se presentan habitualmente en forma de manoseos por parte del padre, hermano, padrastro, tío, vecinos, etc., y si a esto le agregamos las personas que proceden del círculo de amistades y distintos tipos de conocidos, estaríamos diciendo que el 65% y 85% de los agresores sexuales de los niños se encuentran en dichos círculos.

El abuso sexual en la adolescencia y estupor

Sufrir violencia sexual durante la adolescencia es también una de las experiencias más traumáticas, dolorosas e invalidantes que pueden vivir los jóvenes. Muchas personas creen que cuando los jóvenes llegan a la adolescencia el riesgo de violencia sexual es menor para ellos porque ya son capaces de defenderse. Pero eso no es cierto, las estadísticas dicen que precisamente la adolescencia es la edad de mayor riesgo. Según la asociación contra el abuso sexual reporta que el 78% de las jóvenes que han sufrido una violación no se lo cuentan a sus padres y solo el 6% acude a la policía debido a la cultura que sus padres les inculcan; otros por amenaza, temor o vergüenza.

Aunque también los varones adolescentes sufren violencia sexual, el riesgo es mucho mayor para las mujeres.

Como habíamos descrito anteriormente, el abuso sexual es cualquier acto de naturaleza sexual al que se le obliga a una persona, en este caso a un adolescente. Cuando a un adolescente se le obliga a mantener relaciones sexuales sin que él o ella lo desee, cuando su cuerpo es tocado o se le obliga tocar a alguien, o cuando alguien que se desnuda o se acaricia sexualmente en frente de un adolescente, todo eso es abuso sexual. Igualmente es abuso sexual a un adolescente cuando el agresor acosa al menor verbalmente, con llamadas telefónicas obscenas y cuando se le obliga a un adolescente a mantener relaciones sexuales sin protección.

Es muy importante que los adolescentes sepan sin ninguna duda, que violencia sexual no es solo la penetración no deseada, sino que cualquier acto de naturaleza sexual en el que se les obligue a participar en contra de sus deseos, tanto físico, psicológico o verbal.

Tampoco es imprescindible para que se cometa abuso sexual, que el adolescente esté junto a su agresor. Son muy frecuentes los casos de abuso sexual que ocurren a través del internet como lo son las paginas de chat y pornografía cibernética.

El estupro, sin embargo, es considerado en adolescentes entre mayores de 12 años y menores de 18 años, y es cometido cuando la persona mayor de 18 años emplea métodos de seducción o engaño para alcanzar el consentimiento de la víctima a tener relaciones sexuales con él o ella.

Violencia sexual en contra de la mujer

La violencia contra las mujeres, especialmente la ejercida por su pareja y la violencia sexual, constituye un gran problema de salud pública y una violación a los derechos humanos de la mujer.

Las estadísticas mundiales dicen que la mujer es el blanco del abusador o agresor. Mas del 25% de las mujeres mayores de 17 años, admiten haber sido abusadas sexualmente. La violación es sin ninguna duda, la forma más evidente de dominación ejercida, de manera violenta por los hombres sobre las mujeres. En ellas se pueden ver el dominio que el varón tiene sobre ella, lo que se conoce como machismo. El machismo implica menosprecio hacia la mujer, considerándola como mero objeto destinado a satisfacer los apetitos sexuales y la convicción de que la mujer debe estar sometida al hombre como un ser inferior, un ser con el que se puede cometer todo tipo de excesos.

Abuso sexual contra el varón

Algunos investigadores consideran que la violencia contra el hombre es un problema social serio, porque aunque se habría prestado mayor atención a la violencia que se ejerce contra las mujeres, seria posible argumentar que la violencia contra los hombres en varios contextos es un problema sustancial digno de atención; sin embargo, éste seria un tabú social y un fenómeno distinto a la violencia en contra de las mujeres y debe analizarse como tal, debido a que la naturaleza, causas y consecuencias son distintas a la de la mujer, así como los espacios en que se manifiesta.

Históricamente la violación masculina ha sido un tema tabú debido al estigma que involucraría el ser violado por otro hombre o una mujer.

Se estima que los varones son 1.5 veces menos propensos a reportar este tipo de abusos perpetrados por otro hombre a la policía en comparación con las mujeres. Se calcula que la falta de reporte a las autoridades sobre el abuso es debido a que el varón pone en juego su masculinidad o por temor de ser asociado a la homosexualidad. Dentro de la población gay, las bajas denuncias de agresiones sexuales se relacionarían a la baja confianza en el sistema judicial o por el estereotipo de que dichos sujetos disfrutan ser violados entre otras razones.

Es particularmente difícil para los niños y los hombres revelar que fueron sexualmente atacados. La cultura que algunos padres inculcan hace que las personas guarden silencio y retengan las emociones junto con las circunstancias y las emociones que nos rodean. Nuestra sociedad, por otra parte, también nos condiciona a creer que los hombres deben estar "siempre en control" de sus emociones, de otras personas y de su entorno. Se les enseña a definirse a si mismos como hombres por el grado al que puedan alcanzar con éxito este control. Como consecuencia, la mayoría de los hombres no creen que son víctimas, especialmente en el terreno sexual.

Hay hombres que han sido abusados sexualmente cuando eran niños y se les hace difícil hablar del tema debido a que también muchas personas responden con incredulidad.

A veces se llevan a la tumba este terrible silencio y sufrimiento que mantuvieron en secreto ya que las reacciones de otras personas aumentan la sensación de ser nuevamente victimizados. Otros sobrevivientes continúan viéndose a si mismos como victimas indefensas y luchan continuamente por sobrevivir día tras día. Carecen de la capacidad y voluntad de abusar de otros, y a menudo están sujetos a sufrir nuevos abusos. En otros ha causado confusión de género. No saben si prefieren a una mujer o a uno de su mismo sexo. Muchos de ellos se casan, pero siguen confundidos; niegan la realidad o le restan importancia para mantener su orgullo y su autoimagen. No se dan cuenta que sus almas quieren gritar lo que ellos callan, y se enferman física y psicológicamente.

Por otro lado también hay hombres que fueron abusados sexualmente en la niñez y responden al abuso en una variedad de formas. Algunos les bruma tanto los desbastadores efectos del abuso que sufrieron en su propia vida que deciden firmemente ayudar al que el mundo sea más seguro. También se aseguran de que la relación entre el y sus hijos sea responsable y libre de abusos, y se dedican al servicio de la humanidad combatiendo la injusticia social.

Consecuencias del abuso sexual

A continuación nombraremos algunas de las consecuencias que el abuso sexual causa en la victima. Cabe destacar que no en todos los casos se presentan los mismos síntomas y consecuencias. No todos los niños o personas que han sido víctimas se convierten en futuros abusadores, promiscuos u homosexuales. El ataque sexual es siempre la elección del abusador sin importar si este fue atacado en su niñez o no.

Aunque el abuso sexual crea confusión y preocupación acerca de la sexualidad, no determina la preferencia sexual del sobreviviente. Por ejemplo, la gente asume que cuando un hombre ataca o viola sexualmente a otro hombre, el ofensor es homosexual y la victima también lo es. Esta asunción errada protege y exonera al ofensor heterosexual y crea consecuencias negativas para el sobreviviente quien sin importar que sea heterosexual u homosexual, sufrirá el estigma social de ser considerado homosexual, además de la sensación de culpa por el ataque.

Consecuencias que el abuso sexual puede producir en los niños y adolescentes.

Veamos como el abuso sexual causa síntomas a largo plazo en niños y adolescentes. Estos síntomas han sido categorizados en problemas de salud física, psicológica y mental.

Las consecuencias de salud física del abuso sexual infantil y adolescentes pueden ser:

- ❖ Problemas de salud reproductiva, como la esterilidad
- ❖ Disfunción sexual
- ❖ Enfermedades de transmisión sexual, como la infección por el VIH y el SIDA
- ❖ Embarazos no deseados
- ❖ Prostitución y promiscuidad
- ❖

Las consecuencias psicológicas del abuso infantil y adolescentes pueden ser:

- ❖ Inocencia interrumpida
- ❖ Abuso del alcohol y otras drogas
- ❖ Disminución de la capacidad cognitiva / productiva
- ❖ Comportamientos delictivos, violentos, y de otros tipos que implican riesgos
- ❖ Depresión y ansiedad
- ❖ Retraso del desarrollo
- ❖ Trastornos de la alimentación y el sueño
- ❖ Sentimientos de vergüenza y culpa

Consecuencias agudas y a largo plazo del abuso infantil y adolescentes pueden ser:

- ❖ Hiperactividad
- ❖ Incapacidad para relacionarse

- ❖ Desempeño escolar deficiente
- ❖ Falta de autoestima
- ❖ Trastornos postraumáticos por estrés
- ❖ Trastornos psicosomáticos
- ❖ Comportamiento suicida y daño auto infligido
- ❖ Confusión de género al que pertenece (homosexualidad)

Consecuencias que el abuso sexual puede producir en la mujer

El abuso sexual produce en las victimas sobrevivientes graves problemas físicos, psicológicos y reproductivos a corto y largo plazo.

Consecuencias en la salud física:

- ❖ La cefalea o dolor de cabeza
- ❖ Lumbalgia o dolor de espalda baja (lumbares)
- ❖ Dolores abdominales
- ❖ Dolores de musculo esquelético generalizado
- ❖ Trastornos gastrointestinales
- ❖ Limitación de la movilidad
- ❖ En algunos casos, se producen traumatismos y pueden llegar a ser mortales

Consecuencias sexuales:

- ❖ Embarazos no deseados
- ❖ Abortos provocados
- ❖ Problemas genealógicos
- ❖ Infecciones de transmisión sexual como el VIH o SIDA
- ❖ Frigidez

Consecuencias psicológicas:

- ❖ Depresión
- ❖ Trastorno de estrés postraumático
- ❖ Confusión entre el amor y desamor
- ❖ Insomnio
- ❖ Trastornos alimenticios
- ❖ Sufrimiento emocional
- ❖ Culpabilidad
- ❖ Venganza
- ❖ Suicidio
- ❖ Adicciones como el tabaco, alcohol y drogas
- ❖ Baja autoestima
- ❖ Prácticas sexuales de riesgo
- ❖ Masturbación
- ❖ Homosexualidad
- ❖ Promiscuidad y prostitución
- ❖ Sentimiento de que ninguna persona normal o decente se sienten atraídas hacia ellas
- ❖ Falta de respeto hacia ellas mismas
- ❖ Desprecio hacia el varón

Indicios de abuso sexual en los mas jóvenes

Los indicios no son señales inequívocados, sino indicadores de que algo va mal a nivel general, y más concretamente en la sexualidad. Es importante tenerlos en cuenta; pues cuanto antes se detecte el problema, antes se podrán buscar las ayudas necesarias. Así mismo, con frecuencia, la victima de abusos se queja con una mezcla de rabia y dolor.

¿Cómo en mi familia nadie se dio cuenta de que algo serio me pasaba? ¿Porque no investigaron por qué no comía, era rebelde, me hacía pipi, etc.? Pues bien, estos son los indicios más frecuentes:

En niños:

- ❖ Sin causa aparente, aparecen cambios repentinos en el apetito
- ❖ Dificultades para caminar o sentarse: Sangrados, secreciones intensas, infecciones frecuentes
- ❖ Dificultades de atención, concentración y memoria
- ❖ Estado de hipervigilancia y alerta
- ❖ Fuerte nerviosismo cuando aparece una persona concreta, aunque sea de la familia
- ❖ Tristeza, depresión, ansiedad elevada
- ❖ Dificultades y miedos al ir a dormir. Pesadillas intensas
- ❖ Se orina en la cama o cuando tiene miedo
- ❖ Retraimiento social. Desconfianza
- ❖ En el área de la sexualidad es donde más indicios suele haber:
    1. Erotización elevada, masturbación compulsiva
    2. Conocimiento de la sexualidad inapropiado para su edad
    3. Palabras de significado sexual compartidas con otros niños
    4. Actitud seductora y exhibicionista
    5. Rechazo del propio cuerpo

También como posible señal de alerta, hay que poner mucha atención a los progenitores o cuidadores que son muy celosos y controlan excesivamente a la familia, que limitan el contacto del niño con otros niños, y que tienen una vida de poca relación con el exterior, misteriosa u obscura.

En adolescentes y jóvenes adultos:

Conviene prestar atención al adolescente o joven que presenta una valoración o admiración excesiva hacia un adulto concreto, con el que suele verse a solas o una relación desigual. Más aún si este adulto es excesivamente halagador y esplendido con el joven o con la familia, pues puede estar ejerciendo una seducción generalizada; para así actuar valiéndose de la ceguera que su seducción produjo a la familia del joven.

También con frecuencia el escaparse de casa, los problemas de drogas y los embarazos, suelen ocultar un abuso sexual. No encuentran su lugar y se encuentran ultrajadas en su dignidad o se identifican según a como han sido tratados en el seno familiar; "si me tratan como una prostituta u homosexual me comporto como tal porque así me siento."

Recuerde que los indicios son indicadores de que algo anda mal. Por tanto, si se trata de una persona adolescente o joven adulto, que estos jóvenes se hagan preguntas de ¿Que esta pasando con mi sexualidad? Si es un adulto que se pregunta lo mismo ¿Que está pasando con la relación de mi pareja? Si se trata de un niño o niña, serán los padres o personas en su entorno quienes se tendrán que hacer dicha pregunta y buscar la respuesta por muy dura que sea; pues ante la realidad no se pueden cerrar los ojos. Tenga en cuenta que el entorno (familiares, amigos, profesores, etc.) desarrollan un papel fundamental en la vida del niño o cualquier otra persona, pues con frecuencia la victima ni siquiera siendo adulta, es consciente de estar sufriendo un abuso sexual.

Conclusión del abuso

Como dijimos anteriormente, el ataque sexual es una experiencia traumática y devastadora para las víctimas o los sobrevivientes, indiferentemente de su sexo o edad. Se requiere de un gran valor para hacer frente de lo que ocurrió e iniciar el camino hacia la sanación. Para los hombres sobrevivientes existen muchas presiones sociales y patrones de acondicionamiento masculino que dificultan el reconocimiento de haber sido abusados, hablar de ello y buscar ayuda adecuada para superar el trauma.

Cuando una persona sobreviviente, ya sea niño o adulto, mujer u hombre nos revela que sufre o sufrió abuso sexual, es esencial que le creamos, le tomemos enserio y nos abstengamos de juzgarlos o culpabilizarlos. No es que estén mintiendo, ya que usualmente no se gana nada con inventar una historia de abuso tan devastadora como lo es el abuso sexual.

El Señor Jesús promete que él nunca dejará sin justicia el rechazo, el sufrimiento y la violencia que los injustos cometen en contra de otra persona.

> *"Jehová es el que hace justicia y derecho a todos los que padecen violencia"*
> *Salmo 103:6*

> *"Claman los justos, y Jehová oye, y los libra de todas sus angustias"*
> *Salmo 34:17*

> *"Porque Jehová ama la rectitud, y no desampara a sus santos. Para siempre serán guardados; más la descendencia de los impíos será destruida."*
> *Salmo 37:28*

> *"Ciertamente volverán los redimidos de Jehová; volverán a Sion cantando, y gozo perpetuo habrá sobre sus cabezas; tendrán gozo y alegría, y el dolor y el gemido huirán. Yo, yo soy vuestro consolador. ¿Quien eres tú para que tengas temor del hombre, que es mortal, y del hijo del hombre, que es como heno?"*
> *Isaías 51:11-12*

Abusos sexuales sufridos dentro del seno familiar

El abuso sexual en contra de niños, adolescentes.

"He aquí, herencia de Jehová son los hijos; cosa de estima el fruto del vientre"
Salmo 127:3

Los niños son don de Dios y muestra de su favor, no un simple producto de la sexualidad y la fertilidad. Ellos son la herencia proveniente del Señor y la prosperidad de las promesas de Dios, que ofrecen un lugar seguro en la vida y un reposo en el reino del Señor. Sin hijos la herencia (que son las promesas de nuestro Señor) se perdería.

Los niños han sido dados por Dios para que los amemos, no para que los maltratemos. Aquel que ama a un niño, no le dará únicamente lo que necesita para su bienestar material, sino que proveerá también para su seguridad y necesidad espiritual. Aún la familia más pobre que exista puede proveer amor, cuidado y protección.

"Y cualquiera que haga tropezar a uno de estos pequeñitos que creen en mi, mejor le fuera si se le atase una piedra de molino al cuello, y se arrojase en el mar".
Marcos 9:42

En este versículo, Jesús no habla solamente de tentaciones escondidas en la vida de gente común como usted y yo, sino que también estas palabras que Jesús pronuncio en este texto son extremadamente relevantes hoy en día. Las noticias hablan a menudo acerca de pedófilos y productores de pornografía infantil que destruyen la vida de incontables niños y adolescentes.

El abuso sexual en contra de niños y adolescentes es una de las mayores perversidades que se están practicando hoy en día. El aborrecimiento de satanás a Dios se efectúa con aquellos a los que Dios ama.

¡Jesús es bueno, y vaya que lo es! Él es misericordioso y perdona hasta el más vil pecado. Pero Jesucristo hablo también de un lugar llamado infierno y cualquiera que no se arrepienta de este pecado en contra de los niños tendrá que vérselas con él.

El incesto

"Habló Jehová a Moisés, diciendo:
Habla a los hijos de Israel, y diles: Yo soy Jehová vuestro Dios.
No haréis como hacen en la tierra de Egipto, en la cual morasteis; ni haréis como hacen en la tierra de Canaán, a la cual yo os conduzco, ni andaréis en sus estatutos.
Mis ordenanzas pondréis por obra, y mis estatutos guardaréis, andando en ellos. Yo Jehová vuestro Dios.
Por tanto, guardaréis mis estatutos y mis ordenanzas, los cuales haciendo el hombre, vivirá en ellos. Yo Jehová.
Ningún varón se llegue a parienta próxima alguna, para descubrir su desnudez. Yo Jehová.
La desnudez de tu padre, o la desnudez de tu madre, no descubrirás; tu madre es, no descubrirás su desnudez.
La desnudez de la mujer de tu padre no descubrirás; es la desnudez de tu padre.
La desnudez de tu hermana, hija de tu padre o hija de tu madre, nacida en casa o nacida fuera, su desnudez no descubrirás.
La desnudez de la hija de tu hijo, o de la hija de tu hija, su desnudez no descubrirás, por que es la desnudez tuya.
La desnudez de la hija de la mujer de tu padre, engendrada de tu padre, tu hermana es; su desnudez no descubrirás.
La desnudez de la hermana de tu padre no descubrirás; es

parienta de tu padre.
La desnudez de la hermana de tu madre no descubrirás, porque parienta de tu madre es.
La desnudez del hermano de tu padre no descubrirás; no llegarás a su mujer; es mujer del hermano de tu padre.
La desnudez de tu nuera no descubrirás; mujer es de tu hijo, no descubrirás su desnudez.
La desnudez de la mujer de tu hermano no descubrirás; es la desnudez de tu hermano.
La desnudez de la mujer y de su hija no descubrirás; no tomarás la hija de su hijo, ni la hija de su hija, para descubrir su desnudez; son parientas, es maldad.
No tomarás mujer juntamente con su hermana, para hacerla su rival, descubriendo su desnudez delante de ella en su vida.
Y no llegarás a la mujer para descubrir su desnudez mientras esté en su impureza menstrual."
Levítico 18:1-19

Aquí, Dios le da al ser humano instrucciones concernientes a las relaciones interpersonales y a una moralidad que refleja la santidad de Dios. Por este medio, Dios prepara al ser humano para vivir una vida totalmente diferente a la que vive el mundo, cuyo estilo de vida es deplorablemente inmoral.

Dios provee a la humanidad de leyes contra incesto. Estas leyes se aplican aun cuando el pariente muere. Por ejemplo, si el esposo muere, el hermano de este no puede casarse con la mujer del difunto o viceversa.

El incesto (del latín *incestus*) es cualquier contacto sexual entre individuos quienes son parientes íntimos o personas quienes se perciben como parientes cercanos, incluyendo padrastros, madrastras, o parejas del padre o de la madre quienes no son casados y viven juntos. La mayoría de las veces la persona que inicia el contacto es el padre, el padrastro o alguien del género masculino. Los perpetradores de incesto también incluyen hermanos(as), primos(as), tíos(as), abuelos(as), o la madre. Esta actividad tal vez ocurre una vez o muchas veces a través del transcurso de los años. Dicha actividad es ilegal.

¿Cuáles son algunas de las características de las familias en las cuales ocurre el incesto?

Las familias en las cuales el incesto ocurre usualmente no son diferentes de cualquier otra familia. Hay presencia de secretos, aislamiento, y tensión psicológica. Los niños en estas familias se sienten culpables acerca del abuso que sufren sin entender que estas son acciones que el adulto abusador ha elegido.

Los abusadores son de cualquier raza, grupo religioso, nivel económico, profesión, y edad. Ellos probablemente disfrutan de buena reputación en sus comunidades y parecen ser normales. En realidad los abusadores son inmaduros, aislados y tienen aflicciones emocionales. Tienen ideas falsas o distorsionadas acerca de la sexualidad y a menudo tienen la creencia de que no hay nada malo en su conducta lujuriosa.

Algunos abusadores, particularmente los de género masculino, piensan que ellos tienen derecho a controlar a la familia e imponer fuerza si es necesario. Otros abusadores son indefensos y necesitados, y presionan a sus víctimas a saciar sus necesidades y a sentir lástima de ellos. Una madre que no es la abusadora en la familia usualmente hace sentir a sus niños que ella no puede influenciar lo que suceda dentro de la familia. Ella posiblemente este recargada de trabajo, enferma la mayoría del tiempo, deprimida, dependa económicamente del abusador y haya sido intencionalmente aislada de cualquier contacto social fuera de la familia. Ella probablemente sea víctima del abuso sexual sin que esto sea reconocido.

¿Como afecta el incesto la vida de sus víctimas?

Las experiencias incestuosas probablemente induzcan a los niños o adolescentes a formarse una opinión negativa sobre si mismos, dando como resultado casos serios de depresión, impotencia y culpabilidad. Como consecuencia puede que se autodestruyan, incluyendo el involucrarse en relaciones en las cuales serán victimizadas.

Las víctimas del incesto tal vez aprendan que su parte en las relaciones personales es de dar a otros sin esperar a recibir nada a cambio, mucho menos el ser reciprocado. Su sexualidad es usada de una manera que posiblemente los haga sentir temor de ser acariciados o tocados.

Muchas víctimas tienen sentimientos negativos acerca de sus cuerpos, el rendimiento escolar de las víctimas es pobre porque no pueden concentrarse, o se ven frecuentemente en problemas dado a su vínculo en peleas y otras conductas antisociales. Durante la adolescencia ellos tal vez se aíslen social y emocionalmente.

Las víctimas del incesto usualmente toman la sexualidad de un extremo a otro; se alejan de la actividad sexual, porque ésta les hace sentirse ansiosos o angustiados o se vuelven extremadamente activos sexualmente, porque ésta es la única manera en que pueden sentirse en poder y que están recibiendo afecto. Los sobrevivientes del incesto del género masculino se comportan de una manera extrema para mostrar su masculinidad en orden de sentir que están en control de sus vidas.

Las víctimas del incesto tal vez sientan que ellos carecen de capacidad para juzgar a otras personas. Es muy posible que estas víctimas tengan muy poca o ninguna experiencia en cómo se establecen relaciones serias con otras personas.

Los signos de incesto en niños mayores o adolescentes pueden incluir:

- ❖ Depresión
- ❖ Aislamiento
- ❖ Mala auto imagen
- ❖ Temor de regresar a casa
- ❖ Repetidas quejas físicas tales como infecciones, mareos, vómitos y dolores de cabeza severos
- ❖ Comportamiento destructivo o mutilación como cortarse, quemarse y el intentar de suicidarse
- ❖ Faltar a la escuela
- ❖ Cambio en el rendimiento escolar
- ❖ Comportamiento seductivo o promiscuo y/o prostitución
- ❖ Vida social limitada
- ❖ Desordenes de comida

Cuando el "protector" y el "abusador" son la misma persona, el niño o adolescente aprende que no está seguro de confiar en nadie. La incapacidad de confiar en otras personas es un problema serio para los sobrevivientes del incesto. Los niños o adolescentes abusados usualmente creen que su abuso es el resultado de algo que ellos hicieron o que ellos merecen ser abusados por alguna razón. Ellos también posiblemente crean que todas las familias son como la de ellos, que los niños o adolescentes son comúnmente abusados por miembros mayores de la familia, forzados a mantener el abuso en secreto.

Frecuentemente es difícil para los niños o adolescentes abusados obtener ayuda. El proclamar los "secretos" familiares pone a la familia bajo presiones que vienen de afuera e incrementan los sentimientos del niño o adolescente de no sentirse a salvo. Los niños o adolescentes probablemente no crean que se haga algo una vez que el abuso sea revelado, o que tal vez muchas cosas sobrevendrán a la familia. Ellos tal vez tengan la esperanza de que el abuso simplemente termine.

¿Cómo toleran este abuso sexual los niños o adolescentes sobrevivientes?

El incesto causa mucha tensión mental y física en los niños o adolescentes que son victimizados. Ellos se ven forzados a desarrollar métodos insólitos para mantener un mínimo o pequeño sentido de seguridad y control durante las situaciones de abuso incluyendo:

- ❖ Separación entre ellos mismos y las experiencias durante el abuso a través de poner su mente en blanco o en cualquier otro lugar durante el abuso.
- ❖ El provocar que ciertas partes de su cuerpo se entumezcan o pierdan el sentido del tacto hacia el dolor o creando otras clases de dolor para distraerse del dolor del abuso (mordiéndose los labios o conteniendo la respiración).
- ❖ Usando alcohol o drogas para entumecerse y no sentir el dolor emocional o físico durante o después del abuso.
- ❖ Pretendiendo que están dormidos durante el abuso y hacer que sus cuerpos se pongan flácidos.
- ❖ Algunos niños o adolescentes tal vez responden sexualmente al abuso como una manera de obtener alivio a la tensión que les causa el abuso. Más adelante esto probablemente cause en ellos sentimientos de confusión y culpabilidad en sus vidas.

¿Cómo pueden los sobrevivientes del abuso sexual en general, encontrar ayuda en su camino a la recuperación?

Muchos sobrevivientes del incesto superan el abuso que han sufrido y viven vidas muy provechosas, pero el proceso para sanar las heridas tal vez sea largo y dificultoso. Posiblemente sea necesario recibir consejería profesional.

Los sobrevivientes del incesto pueden aprender a tomar buenas decisiones acerca de sus relaciones personales y sociales. Ellos pueden aprender a sentirse mejor acerca de su cuerpo desarrollando un sentido de pertenencia y control sobre sí mismos. Ellos pueden aprender a distinguir entre una caricia de afecto o alguien que los toque simplemente para usarlos. Ellos pueden aprender a ser firmes y establecer sus límites personales en sus relaciones.

Conclusión del incesto

Esta esclavitud del abuso sexual es universal. Esto afecta a todos los hombres, mujeres y niños de todo el mundo. Dios no creó al mundo de esta forma y un día pondrá todas las cosas en orden nuevamente. En ese día,

"Enjuagará Dios toda lágrima de los ojos de ellos; y ya no habrá muerte, ni habrá más llanto, ni clamor, ni dolor; porque las primeras cosas pasaron"
Apocalipsis 21:4

El abuso infantil y jóvenes adultos es uno de los delitos en todo el mundo más subestimados. Algunos niños y adolescentes se sienten imposibilitados de narrar su historia, de contarla en voz alta y clara, no solo a su familia, sino también a cualquier persona en la que él o ella ponen su confianza. Otras de las causas por la que un niño y adolescente se les dificulta contar su historia, es porque temen a no ser escuchados y creídos con la misma fiabilidad con que se cree y se escucha a las victimas adultas.

Testimonio

Dios le bendiga, mi nombre es Margarita; quiero compartir mi testimonio, se que en alguna parte del mundo le habrá de ser de gran bendición y que se van a edificar con mi testimonio.

Nací en el país de México, crecí con mi mama y mis hermanos. Me casé a una temprana edad tuve 3 hijos; 2 hombres y 1 mujer. Mi esposo nos trajo a vivir a E.U. (Estados Unidos) cuando mis hijos eran pequeños. Estando ya aquí en E.U. mi esposo se enfermo de cáncer y falleció, yo solo tenia 34 años y me quede sola con mis 3 hijos.

Empezó un temor en mi de no saber guiar a mis hijos y así fue; empecé a tener problemas con mi hijo el mas chico, se empezó a meter en las drogas en negocios ilícitos y por causa de andar en esos negocios me lo querían matar. Empezó un pánico en mi vida que sentía que me estaba volviendo loca, pero no entendía de donde venia este pánico.

Buscaba ayuda desesperada, sentí ese pánico ya siendo Cristiana, pero un día conocí a la Pastora Alba Rivas en un evento y sentí que Dios me dijo "esa es la persona que te puede ayudar en tu problema," cuando se termino el evento yo corrí desesperada asía ella y le dije "Dios me hizo sentir que usted es la persona que puede ayudar a mi problema," ella muy amable me dijo "Claro que si," me dio una cita para que fuera a su oficina. El día que fui a la cita ella me hablo de las clases de sanidad que estaban por comenzar, así fue como empezó mi sanidad. En la primera clase descubrí desde donde comenzó el pánico y fue creciendo, yo pensé que había empezado cuando falleció mi esposo; pero no fue así. En estas clases descubrí que mi pánico venia desde el vientre de mi madre porque ella fue violada y quedo embarazada de mi; yo soy fruto de una violación. Cuando yo nací mi mama tubo problemas con mis hermanos mas grandes, no me aceptaba mi mamá ya había tomado la decisión de regalarme a una familia. Pero Dios no permitió que eso sucediera; porque Dios tenia un propósito con mi vida. El pánico se apodero de mi desde el momento que fui formada, por causa de la violación que mi mama sufrió. Es cuando me di cuenta que el pánico lo tenia desde la gestación y no cuando murió mi esposo, por eran muchos ataques de pánico que yo sufría. Pero Dios tenia un regalo para mi que era mi sanidad y mi liberación del pánico. Fue algo sobre natural que paso en mi vida.

Estoy tan agradecida con Dios por darme la oportunidad de conocer a la Pastora Alba Rivas que Dios uso para mi liberación, que hasta el día de hoy es mi Pastora.

Ahora gracias a Dios soy libre de todo pánico, gracias a mi Señor Jesucristo y a mí Pastora por dejarse usar por Dios.

Hoy gozo de mi libertad y siempre estaré agradecida con mi amado Dios.

Si tu estas pasando por algo parecido, hay respuesta en Dios, busca ayuda primeramente en Dios, busca una persona que tenga el don de liberación y consejería para que te pueda ayudar en tu liberación. Claro que es necesario buscar una iglesia que se predique la verdad y crean en la liberación para que Dios restaure completamente tu vida.

Dios bendiga tu vida.

Los niños y niñas de este maltrato necesitan reconstruir sus vidas. Esto se logrará cuando la familia y la sociedad en la que viven, reconozcan el maltrato y vean a estos niños como víctimas. No solo como víctimas, porque ellos son mucho más que eso, sino porque los niños son personas muy importantes ante los ojos de Dios y porque también se merecen honra y respeto por su valentía que han demostrado no solo al hablar del problema, sino también por soportar y sobrevivir al ataque.

Oración

Dios,

Después de muchos años que he llevado este dolor que ha sido un secreto doloroso, hoy rompo el silencio y con mi boca hoy me atrevo a confesarlo, para que tu me sanes en lo mas profundo de mi corazón este dolor que me esta matando.

Este abuso lo sufrí en la infancia, recuerdo ese dolor, esa tristeza, el estado nervioso, la vergüenza, el asco, la desesperación, el miedo, la ansiedad, el odio y la confusión mental y de identidad. Todas estas emociones negativas hoy Señor te entrego a ti y recibió la sanidad que tu Jesús ofreces atravez de la cruz del calvario, yo se que hoy tu me ofreces la paz, el amor, tu aceptación y tu confianza.

Señor, ayúdame a construir mi vida emocional de nuevo, ayúdame a superar los complejos y traumas que se han desatado a raíz del abuso; ahora se que yo soy tu hija(o) ayúdame a confiar en ti porque abecés me pregunto ¿Donde estabas Dios cuando me paso este abuso? Cuando te gritaba, cuando me estaban abusando. Pensé que tu no existías, pero hoy te entrego este dolor secreto que me estaba matando.

Perdóname Señor Padre por culparte de mis desgracias,

perdóname por dudar de tu existencia, de tu cuidado y de tu amor, pero por el dolor que he llevado dentro de mi, me hacia ver las cosas de esa manera. Hoy me rindo a ti, me humillo a ti, Amen.

Perdono a esa persona que abuso de mi en el nombre de Jesús.

Por favor sana y restaura mi sexualidad en el nombre de Jesús. Desactivo y rompo con las escenas de terror, miedo y dolor en mi sexualidad, desato mi sexualidad del dolor y del abuso. ¡¡¡ME DECLARO LIBRE!!!

Tanto como emocionalmente como sexualmente en el nombre de Jesús Gálatas 5:1 dice, *"estad pues firmes en la libertad con que Cristo nos hizo libres, y no estéis otra vez sujetos al yugo de la esclavitud."*

CAPITULO 9

PATRONES
QUE PASAN DE UNA GENERACION A OTRA

Nuestra personalidad adquiere forma en el seno familiar, crecemos moldeados a expresiones, modalidades, maneras, manera de expresarnos, así aprendemos desde niños en nuestros propios hogares.

Personalidad

Es el conjunto de rasgo característico de una persona, parte de nuestra personalidad es el carácter y el temperamento. El carácter es como un filtrador de los rasgos que forma nuestra personalidad y nuestro temperamento, es la manera como reaccionemos ante las circunstancias o tal hecho en el seno familiar, es como el centro de entrenamiento donde se forma la identidad de quienes somos, se nos capacita, nos equipamos y desarrollamos habilidades para enfrentar la vida.

En la familia es donde se produce y se reproducen los patrones de conducta, un ejemplo de patrones que se repiten de una generación a otra es el divorcio:

- Abuelos divorciados – papas divorciados – hijos divorciados – nietos divorciados
- Abuelos infieles – papas infieles – hijos infieles – nietos infieles
- Si el abuelo era alcohólico, por su puesto que el papa será alcohólico – por lo tanto, nietos y bisnietos alcohólicos, etc.

La conducta o malos hábitos también se repiten como decir mentiras, pedir prestado, nunca tener casa propia, pensar que tienen que pagar la renta toda la vida, conducta inapropiada como; suicidio, homicidio, violencia, incesto, adulterio, etc.

Todo eso es heredado como una herencia transmitida de caracteres heredados de padres a hijos en general, de nuestros ancestros o descendientes en la herencia, intervienen aspectos biológicos, psicológicos y espirituales.

En la parte psicológica:

Esta se da por aprendizaje, aprendemos y recibimos de nuestros padres conductas, formas de pensar y de reaccionar, etc.

En la parte biológica:

Aquí incluyen las características, el temperamento, un tanto efectivo, etc.

En la parte espiritual:

También se aprende, pero, supera al mismo, ya que es un tema que abarca más lo psicológico.

Vemos en las escrituras que dice que el ser humano es una unidad en el alma y en el espíritu, por lo tanto, así como digo que hay aspectos en el ambiente psicológico en el ambiente fisiológico que heredan, también las hay en el nivel espiritual.

Ejemplos:

Abuelos, padres, hijos y nietos copean exactamente los mismos conceptos y errores. A estos se les pueden llamar pecados generacionales.

"Que guarda misericordia a millares, que perdonan la iniquidad, la rebelión y el pecado, y que de ningún modo tendrá por inocente al malvado; que visita la iniquidad de los padres sobre los hijos y sobre los hijos de los hijos hasta la tercera y cuarta generación."
Éxodo 34:7

Algunos pecados de nuestro ante pasados pueden dar lugar a que ciertos espíritus inmundos se asienten y hagan su morada en la familia, y dichas áreas del pecado son en forma generacional; es muy importante identificar a los espíritus generacionales y así descubrir los espíritus familiares que han estado trabajando en la familia por años para destruirlos.

Dios piensa y planea de una manera generacional manteniendo sus promesas para mil generaciones.

"Guíame, Jehová, en tu justicia, a causa de mis enemigos; Endereza delante de mi tu camino."
Salmo 5:8

El favor, pacto, y promesas divinas, pueden ser transferidas de padres a hijos. Tenemos el ejemplo de nuestro padre Abraham, el Dios todo poderoso hizo pacto con Abraham prometiéndole un hijo y una futura nación.

"Luego vino a él palabra de Jehová, diciendo: No te heredará

éste, sino un hijo tuyo será el que te heredará. Y lo llevó fuera, y le dijo: Mira ahora los cielos, y cuenta las estrellas, si las puedes contar. Y le dijo: Así será tu descendencia. Y creyó a Jehová, y le fue contado por justicia. Y le dijo: Yo soy Jehová, que te saqué de Ur de los caldeos, para darte a heredar esta tierra."
Génesis 15:4-7

En un centenar de años Abraham vio a su hijo Isaac nacer a través de Sara su esposa (ella de noventa años). La esposa de Isaac concibió gemelos (Job y Esaú) y más tarde Jacob engendro doce hijos, que a su vez llegaron a ser edificados como los padres de las doce tribus de Israel.

Cuando Jacob fue a Egipto siendo un anciano patriarca, había "setenta almas" que descendían de él.

"Todas las personas que le nacieron a Jacob fueron setenta. Y José estaba en Egipto."
Éxodo 1:5

Sin embargo, cuatrocientos años y seiscientos mil hombres de guerra, salieron de Egipto con sus esposas e hijos,

"Partiendo los hijos de Israel de Ramsés de Sucot, como seiscientos mil hombres de a pie, sin contar los niños."
Éxodo 12:37

Si los futuros hijos de Abraham seguían los pasos de sus padres y ancestros, obedeciendo los mandamientos del Señor, heredarían las bendiciones espirituales y naturales provenientes del Señor que había sido prometida a Abraham.

Sin embargo, cuando hombres malvados trasmiten sus malas inclinaciones, transmiten a la línea de sangre de sus futuros hijos. Así como la bendición pasa de una generación a otra, también las maldiciones se heredarán y se repiten de una a otra a través de generación a generación.

A continuación le daré un ejemplo de cómo se repiten los patrones de conducta o maldiciones heredadas a través de la familia que en la biblia vemos.

De Abraham a sus hijos

El nombre de Abraham significa: Padre de multitudes, esperó setenta y cinco años después que Dios le prometió que nacería un hijo, Isaac. *Génesis 12:4 "Y se fue Abraham, como Jehová le dijo; y Lot fue con él y era Abraham de edad de setenta y cinco años cuando salió de Harán."*

"Y era Abraham de cien años cuando nació Isaac su hijo"
Génesis 21:5

Abraham siendo mayor de edad fue padre de:
- Isaac: Su nombre significa risa
- Isaac tenia 60 años cuando fue padre de los gemelos.

"Después salió su hermano, trabada su mano al calcañar de Esaú; y fue llamado su nombre Jacob. Y era Isaac de edad de sesenta años cuando ella los dio a luz."
Génesis 25:26

- Isaac a los cuarenta años tomo por esposa a Rebeca

"Y era Isaac de cuarenta años cuando tomo por mujer a Rebeca, hija de Betuel arameo de Padan-aram, hermana de Laban arameo."
Génesis 25:20

Abraham y su esposa Sara, estando en Egipto, dijo que era su hermana para salvarse. Aquí vemos engaño y mentira:

> *"Ahora, pues, di que eres mi hermana, para que me vaya bien por causa tuya, y viva mi alma por causa de ti."*
> *Génesis 12:13*

Isaac negó a Rebeca quien era su esposa y también dijo que era su hermana, aquí vemos como se inicia la cadena de engaños y mentiras de los padres hacia los hijos,

> *"Y los hombres de aquel lugar le preguntaron acerca de su mujer; y el respondió: Es mi hermana; porque tuvo miedo de decir: Es mi mujer; pensando que tal vez los hombres del lugar lo matarían por causa de Rebeca, pues ella era de hermoso aspecto."*
> *Génesis 26:7*

- Jacob, por consejo de su madre, engaño a su hermano y a su padre Isaac,

> *"Entonces Rebeca habló a Jacob su hijo, diciendo: He aquí yo he oído a tu padre que hablaba con Esaú tu hermano, diciendo: Tráeme caza y hazme un guisado, para que coma, y te bendiga en presencia de Jehová antes que yo muera. Ahora, pues, hijo mío, obedece a mi voz en lo que te mando. Ve ahora al ganado, y tráeme de allí dos buenos cabritos de las cabras, y haré de ellos viandas para tu padre, como a él le gusta; y tú las llevarás a tu padre, y comerá, para que él te bendiga antes de su muerte. Y Jacob dijo a Rebeca su madre: He aquí, Esaú mi hermano es hombre velloso, y yo lampiño. Quizá me palpará mi padre, y me tendrá por burlador, y traeré sobre mí maldición y no bendición. Y*

su madre respondió: Hijo mío, sea sobre mí tu maldición; solamente obedece a mi voz y ve y tráemelos. Entonces él fue y los tomó, y los trajo a su madre; y su madre hizo guisados, como a su padre le gustaba. Y tomó Rebeca los vestidos de Esaú su hijo mayor, los preciosos, que ella tenía en casa, y vistió a Jacob su hijo menor; y cubrió sus manos y la parte de su cuello donde no tenía vello, con las pieles de los cabritos; y entregó los guisados y el pan que había preparado, en manos de Jacob su hijo."
Génesis 27:6-17

- Jacob engaño a su padre cocinándole el mejor guisado haciéndose pasar por Esaú, su hermano:

"Entonces éste fue a su padre y dijo: Padre mío. E Isaac respondió: Heme aquí; ¿quién eres, hijo mío? Y Jacob dijo a su padre: Yo soy Esaú tu primogénito; he hecho como me dijiste: levántate ahora, y siéntate, y come de mi caza, para que me bendigas."
Génesis 27:18-19

- Jacob recibió la bendición de su padre; para los judíos la bendición al primogénito era primordial y una prioridad.

"Y Jacob se acercó, y le besó; y olió Isaac el olor de sus vestidos, y le bendijo, diciendo: Mira, el olor de mi hijo, Como el olor del campo que Jehová ha bendecido; Dios, pues, te dé del rocío del cielo, Y de las grosuras de la tierra, Y abundancia de trigo y de mosto. Sírvante pueblos, Y naciones se inclinen a ti; Sé señor de tus hermanos, Y se inclinen ante ti los hijos de tu madre. Malditos los que te maldijeren, Y benditos los que te bendijeren."

Génesis 27:27-29

- Esaú es el primogénito y era rubio y velludo, vendió su primogenitura a Jacob por un plato de lentejas.

"Entonces Jacob dio a Esaú pan y del guisado de las lentejas; y él comió y bebió, y se levantó y se fue. Así menosprecio Esaú la primogenitura."
Génesis 25:34

- Isaac tenia favoritismo por su hijo Esaú.

*"Y ellos respondieron: Hemos visto que Jehová está contigo; y dijimos: Haya ahora juramento entre nosotros, entre tú y nosotros,
y haremos pacto contigo."*
Génesis 26:28

- Labán su suegro engaño a Jacob, él trabajó siete años a cambio de que le dieran por esposa a Raquel. En la noche de bodas, Labán le dio a su hija hermana de Raquel. Pero como Jacob se enamoró de Raquel desde que le conoció, trabajo otros siete años a cambio.

"Venida la mañana, he aquí que era Lea; y Jacob dijo a Labán: ¿Qué es esto que me has hecho? ¿No te he servido por Raquel? ¿Por qué, pues, me has engañado? Y Labán respondió: No se hace así en nuestro lugar, que se dé la menor antes de la mayor. Cumple la semana de ésta, y se te dará también la otra, por el servicio que hagas conmigo otros siete años."
Génesis 29:25-27

De Sara a su nuera

- Sara: Su nombre significa: doncella, princesa de multitudes
- Sara era estéril
- Rebeca era estéril

> *"Y oro Isaac a Jehová por su mujer, que era estéril; y lo acepto Jehová, y concibió Rebeca su mujer."*
> *Génesis 25:21*

- Sara le ordeno a su criada Agar, que tuviera relaciones sexuales con Abraham
- Raquel también le ofreció a su sirvienta Bilha para que tuviera un hijo

> *"Y concibió Bilha, y dio a luz a un hijo a Jacob." Génesis 30:5*

Al igual que Sara, mucho después Dios le dio dos hijos; le bendijo con descendencia.

Tanto Sara, Rebeca y Raquel repitieron la misma actitud o el mismo error de querer ayudar a Dios todopoderoso a cumplir sus promesas.

Rebeca tuvo a los gemelos; uno de ellos Jacob, tuvo 12 hijos, Judá tuvo relaciones sexuales con Tamar y tuvieron gemelos, aquí vemos reflejada a una herencia biológica.

> *"Y aconteció que, al tiempo de dar a luz, he aquí había gemelos en su seno."*
> *Génesis 38:27*

Como lo hemos dicho ya, los patrones se repiten de una generación a otra, así como las maldiciones se heredan también las bendiciones se heredan.

El propósito de Dios es de bendecir al hombre, mientras que el tentador que se enfrenta con Dios, arrastra al hombre con su pecado y lo arrastra también con su maldición.

Maldiciones

Una maldición es un deseo maligno contra cualquier otra persona, es pedir y desearle mal a alguien, oh que venga un daño o heridas. También significa desear maldad a las personas diciendo: "ojalá te valla mal en tu salud lo hallaras". Una maldición es un deseo que se expresa para mal. Si se dirige contra Dios, como lo hace mucha gente, continuamente está maldiciendo a Dios por lo que les sucede, eso es blasfemar.

"Y acontecía que habiendo pasado en turno los días del convite, Job enviaba y los santificaba, y se levantaba de mañana y ofrecía holocaustos conforme al número de todos ellos. Porque decía Job: Quizá habrán pecado mis hijos, y habrán blasfemado contra Dios en sus corazones. De esta manera hacía todos los días. Un día vinieron a presentarse delante de Jehová los hijos de Dios, entre los cuales vino también Satanás. Y dijo Jehová a Satanás: ¿De dónde vienes? Respondiendo Satanás a Jehová, dijo: De rodear la tierra y de andar por ella. Y Jehová dijo a Satanás: ¿No has considerado a mi siervo Job, que no hay otro como él en la tierra, varón perfecto y recto, temeroso de Dios y apartado del mal?"
Job 1:5-9

Puede ser un deseo expresivo delante de Dios contra otra persona, en el antiguo testamento se habla que una maldición tenía un poder innato para desarrollar su propio efecto.

Las maldiciones entre los paganos se suponía que tenía el poder de auto realización.

"Pero el Ángel de Jehová se puso en una senda de viñas que tenía pared a un lado y pared al otro."
Números 22:24

Una maldición siempre dejara un daño profundo que rebasa al hombre. Con un poder malvado del pecado. Para maldecir a alguien es preciso tener un derecho legal sobre esa persona, el derecho que nosotros le damos a los padres como autoridad sobre nuestros hijos, así es como también se le abren puertas o derechos legales a Satanás sobre sus generaciones.

Las maldiciones siempre traen sus causas

La maldición nunca vendrá sin causa, habrá que descubrir de donde vienen las maldiciones, siempre habrá una razón o una raíz, un origen para que la maldición se genere.

Debe haber una razón fundamental en el pecado, hoy en día los hijos están pagando las consecuencias de lo que hicieron sus padres, cada uno es responsable de sus propios pecados, pero como hijos sufrirán las consecuencias del pecado de sus padres.

La palabra de Dios enseña claramente:

"No te inclinaras a ellas, ni las honraras; porque yo soy Jehová tu Dios, fuerte celoso, que visito la maldad de los padres sobre los

hijos hasta la tercera y cuarta generación de los que me aborrecen."
Éxodo 20:5

"Jehová, tardo para la ira y grande en misericordia, que perdona la iniquidad y la rebelión, aunque de ningún modo tendrá por inocente al culpable; que visita la maldad de los padres sobre los hijos hasta los terceros y hasta los cuartos."
Números 14:18

"En aquel tiempo hizo Josué un juramento, diciendo: Maldito delante de Jehová el hombre que se levantare y reedificare esta ciudad de Jericó. Sobre su primogénito eche los cimientos de ella, y sobre su hijo menor asiente sus puertas."
Josué 6:26

"En su tiempo Hiel de Bet-el reedificó a Jericó. A precio de la vida de Abiram su primogénito echó el cimiento, y a precio de la vida de Segub su hijo menor puso sus puertas, conforme a la palabra que Jehová había hablado por Josué hijo de Nun."
1 Reyes 16:34

Todo lo que hace hoy, sus hijos lo pagaran el día de mañana, hay gente que camina en completa ignorancia creyendo que lo que hacen allí se queda; pero eso es un engaño vil de satanás, detrás de todo esto hay un plan macabro de satanás para destruir la descendencia.

"Y Jehová dijo a Moisés: Escribe esto para memoria en un libro, y di a Josué que raeré del todo la memoria de Amalec de debajo del cielo. Y Moisés edificó un altar, y llamó su nombre Jehová-nisi; y dijo: Por cuanto la mano de Amalec se levantó contra el trono de Jehová, Jehová tendrá guerra con Amalec de generación en generación."

Éxodo 17:14-16

*"Que haces misericordia a millares, y castigas la maldad de los padres en sus hijos después de ellos; Dios grande, poderoso, Jehová de los
ejércitos es su nombre;"*
Jeremías 32:18

"En aquellos días no dirán más; Los padres comieron las uvas agrias y los dientes de los hijos tienen la dentera."
Jeremías 31:29

Eso no es todo, existen los pactos o practicas del ocultismo que los padres practican hoy y que lo han practicado en el pasado que lo heredan los hijos, llevándolos a estar bajo maldiciones.

Practicas de ocultismo de sus antepasados; hay padres que hacen promesas o pactos hechos al momento del nacimiento; como objetos, prendas, estampas, etc. Hay prácticas que habré puertas de entradas a espíritus; y todos sentidos y personalidades se contaminan.

Ejemplo:
Existen objetos dados por brujos, curanderos, sectas y etc.
1. Cuadros religiosos
2. Veladoras
3. Tijeras abiertas
4. Bebidas para realizar limpiezas
5. Objetos de la nueva era (cristales)
6. Pirámides con un ojo

Los espíritus van tomando ventajas en el cuerpo y en el alma de la persona, estos demonios se unen entre sí para formar una cadena de opresión. Hasta que poco a poco va quitando el aliento, hasta dejarlos completamente estancados y encadenados.

Veremos cómo trabajan estos espíritus trayendo maldición

Está el espíritu de adivinación,

> *"Aconteció que mientras íbamos a la oración, nos salió al encuentro una muchacha que tenía espíritu de adivinación, la cual daba ganancia a sus amos, adivinando..."*
> Hechos 16:16

Adivinación- Agoreo

> *"Asimismo destruiré de tu mano las hechicerías, y no se hallarán en ti agoreros."*
> Miqueas 5:12

> *"Ciertamente tú has dejado tu pueblo, la casa de Jacob, porque están llenos de costumbres traídas del oriente, y de agoreros, como los filisteos; y pactan con hijos de extranjeros."*
> Isaías 2:6

Brujo – Bruja – Hechicero

> *"A la hechicera no dejaras que viva."*
> Éxodo 22:18

Rebelión

> *"Porque como pecado de adivinación es la rebelión, y como ídolos e idolatría la palabra de Jehová, él también te ha desechado para que no seas rey."*

1 Samuel 15:23

Hipnosis – Encantador

*"Ni encantador ni adivino, ni mago,
ni quien consulte a los muertos."*
Deuteronomio 18:11

"Y el espíritu de Egipto se desvanecerá en medio de él, y destruiré su consejo; y preguntaran a sus imágenes, a sus hechiceros, a sus evocadores y a sus adivinos."
Isaías 19:3

Agua Encantada – Agua Adivina

"Mi pueblo a su ídolo de madera pregunta, y el leño le responde; porque espíritus de fornicaciones lo hizo errar, y dejaron a su Dios para fornicar."
Oseas 4:12

Zodiaco – Horóscopos

"Te has fatigado en tus muchos consejos. Comparezcan ahora y te defiendan los contempladores de los cielos, los que observan las estrellas, los que cuentan los meses, para pronosticar lo que vendrá sobre ti."
Isaías 47:13

La Magia

"Entonces llamo también Faraón sabios y hechiceros, e hicieron también lo mismo los hechiceros de Egipto con sus encantamientos;"

Éxodo 7:11

"Y los hechiceros hicieron lo mismo con sus encantamientos, e hicieron venir ranas sobre la tierra de Egipto."
Éxodo 8:7

"Si el dueño estaba presente no la pagara. Si era alquilada, reciba el dueño el alquiler."
Éxodo 22:15

Todo esto tiene su origen, como un árbol que tiene sus raíces, y esas raíces provienen de la carne:

"Y manifiestas son las obras de la carne, que son: adulterio, fornicación, inmundicia, lascivia, idolatría, hechicerías, enemistades, pleitos, celos, iras, contiendas, disensiones, herejías, envidias, homicidios, borracheras, orgías, y cosas semejantes a estas; acerca de las cuales os amonesto, como ya os lo he dicho antes, que los que practican tales cosas no heredarán el reino de Dios."
Gálatas 5:19-21

Y dar frutos,

"Así que, por sus frutos los conoceréis."
Mateo 7:20

"De cierto os digo que todo lo que atéis en la tierra, será atado en el cielo; y todo lo que desatéis en la tierra, será desatado en el cielo."
Mateo 18:18

De acuerdo con esta cita bíblica, estos espíritus deben atarse. (Atar: espíritus de adivinación – Desatar: El Espíritu Santo)

Y sus dones,

"A otro, fe por el mismo Espíritu; y a otro, dones de sanidades por el mismo Espíritu. A otro, el hacer milagros; a otro, profecía; a otro, discernimiento de espíritus; a otro, diversos géneros de lenguas; y a otro, interpretación de lenguas. Pero todas estas cosas las hace uno y el mismo Espíritu, repartiendo a cada uno en particular como él quiere. Porque así como el cuerpo es uno, y tiene muchos miembros, pero todos los miembros del cuerpo, siendo muchos, son un solo cuerpo, así también Cristo."
1 Corintios 12:9-12

El diccionario define la palabra adivinación como predecir lo futuro o descubrir lo oculto, sortilegio y conjeturas. La palabra de Dios va más allá de esa definición, diciendo que la gente que adivina está controlando o poseída por espíritus que los habilitan para recibir información sobre natural en cierto momento.

En particular, los profetas de Dios reciben su revelación divina por medio del Espíritu Santo. En el mundo espiritual hay espíritus demoniacos que dan su información a los que leen la fortuna como son los brujos, hechiceros, adivinos y etc.

Lucas nos habla de un caso de una muchacha que era adivina,

"Aconteció que mientras íbamos a la oración, nos salió al encuentro una muchacha que tenía espíritu de adivinación, la cual daba gran ganancia a sus amos, adivinando. Esta, siguiendo a Pablo y a nosotros, daba voces, diciendo: Estos hombres son siervos del Dios Altísimo, quienes os anuncian el camino de salvación. Y esto lo hacía por muchos días; mas desagradando a Pablo, éste se volvió y dijo al espíritu: Te mando en el nombre de Jesucristo, que salgas de ella. Y salió en aquella misma hora."
Hechos 16:16-18

El Espíritu Santo le revelo a Pablo lo que estaba pasando y respondió al espíritu de adivinación en el nombre de Jesucristo, el no hablo a la muchacha, pero si le hablo al espíritu que estaba actuando por medio de ella, y lo hecho fuera.

Este es un ejemplo que el poder de Dios es más grande que el poder demoniaco.

"Hijitos, vosotros sois de Dios, y los habéis vencido; porque mayor es el que está en vosotros, que el que está en el mundo."
1 Juan 4:4

Al demonio no le queda otra cosa que hacer, porque un hijo de Dios se atrevió y le ordeno que se fuera en el nombre de Jesucristo.

Hay personas que corren desesperadamente buscando ayuda en los brujos, hechiceros, y adivinos. Pero los hijos de Dios creemos en el poder de Dios para echar fuera todo espíritu del diablo.

Dios quiere usarnos, Dios quiere obrar por medio de sus hijos en contra del diablo, la guerra que hoy se vive en el mundo espiritual, hoy en día esa batalla es de Dios en contra del diablo; el bien combate con el mal.

Nosotros debemos escoger para cual lado nos hacemos; con el diablo o con Dios. No se puede servir a dos señores.

¿Cuál lado prefiere usted?

"No os unáis en yugo desigual con los incrédulos; porque ¿qué compañerismo tiene la justicia con la injusticia? ¿Y qué comunión la luz con las tinieblas? ¿Y qué concordia Cristo con Belial? ¿O qué parte el creyente con el incrédulo? ¿Y qué

acuerdo hay entre el templo de Dios y los ídolos? Porque vosotros sois el templo del Dios viviente, como Dios dijo: Habitaré y andaré entre ellos, Y seré su Dios, Y ellos serán mi pueblo. Por lo cual, Salid de en medio de ellos, y apartaos, dice el Señor, Y no toquéis lo inmundo; Y yo os recibiré, Y seré para vosotros por Padre, Y vosotros me seréis hijos e hijas, dice el Señor Todopoderoso."
2 Corintios 6:14-18

El problema de hoy en día es que hay muchos creyentes que no saben dónde poner la línea divisora entre las cosas de Dios y el territorio de satanás. Es necesario poner límites; cuando el pueblo de Dios se mete en esa área, piensa que no le va a causar daño, pero que en realidad son demoniacas, les producen toda clase de estragos en su vida espiritual. Cuidado con querer estar con un pie dentro y el otro afuera, cuando se refiere a la adivinación o cualquier cosa que ofende a Dios; tenemos que alejarnos lo más pronto posible, para poder llevar la vida que le agrada a Dios.

Vemos como el espíritu de adivinación a menudo hace uso de objetos como lo son; la arena, huesos, yerbas para tés, cartas de tarot, lectura de la palma de la mano, horóscopos, la tabla Ouija, estructura espiritista, bola de cristal, juegos computarizados de ocultismo, amuletos, magia para conquistar salud, objetos de ocultismo, análisis de manuscritos, drogas, y etc.

La gente busca desesperadamente para ser ayudados y caen en un agujero que les cuesta trabajo salir de allí.

¿Qué dice Dios de todo esto?

"Y vosotros no prestéis oído a vuestros profetas, ni a vuestros adivinos, ni a vuestros soñadores, ni a vuestros agoreros, ni a vuestros encantadores, que os hablan diciendo: No serviréis al rey de Babilonia. Porque ellos os profetizan mentira, para haceros alejar de vuestra tierra, y para que yo os arroje y perezcáis."
Jeremías 27:9-10

"Dejaron todos los mandamientos de Jehová su Dios, y se hicieron imágenes fundidas de dos becerros, y también imágenes de Asera, y adoraron a todo el ejército de los cielos, y sirvieron a Baal; e hicieron pasar a sus hijos y a sus hijas por fuego; y se dieron a adivinaciones y agüeros, y se entregaron a hacer lo malo ante los ojos de Jehová, provocándole a ira."
2 Reyes 17:16-17

¿Por qué aborrece Dios la adivinación?

Dios aborrece la adivinación porque ésta conduce a mucha gente a buscar inteligencia satánica para llenar su vida, en vez de buscar a Dios y su palabra. No podemos mezclar la dirección del Espíritu Santo con la de satanás sin que nos cause problema. Millones de personas están haciendo esto; consultando sus horóscopos en lugar de consultar en la palabra de Dios para que él sea el que nos guie diariamente. Satanás tiene sus trampas confundiendo y engañando y desviando a todo aquel que se deje. Cuando uno habla con estas personas ellos dicen "solo es un juego".

Hay maldiciones que abren puertas al ocultismo

Cuando está relacionado con lo oculto, es cuando una persona es adivina o hechicero, espiritista, y realiza o lleva a cabo un "trabajo", esto es una maldición.

Las maldiciones no se rompen con un conjuro por que traerá mas maldición, sino con el poder de Jesucristo a través de la oración y reconociendo que estamos bajo esa maldición. El propósito es identificar las maldiciones o patrones repetitivos, incluyendo enfermedades que corren en líneas genealógicas. Hay que romper y ordenarles en el nombre de Jesucristo, que esos espíritus familiares sean desarraigados, desactivados y echarlos fuera de tu generación a través del poder de Jesucristo, podemos detener esas maldiciones en el ámbito espiritual y emocional. Se rompe el efecto echando fuera esos demonios de maldición, esto tiene como resultado el cambiar la forma de actuar, de pensar y de hablar.

"Pero ningún hombre puede domar la lengua, que es un mal que no puede ser refrenado, llena de veneno mortal. Con ella bendecimos al Dios y Padre, y con ella maldecimos a los hombres, que están hechos a la semejanza de Dios. De una misma boca proceden bendición y maldición. Hermanos míos, esto no debe ser así."
Santiago 3:8-10

¿Qué hacer?

Primeramente, creer que Dios tiene el poder para romper todo derecho legal que abecés le hemos dado a los espíritus malos, a través de lo hablado; debemos aprender a cerrarle las puertas que hemos abierto con nuestra propia boca, pero Dios te da la respuesta a través de la palabra de Dios.

"No te des prisa con tu boca, ni tu corazón se apresure a proferir palabra delante de Dios; porque Dios está en el cielo, y tu sobre la tierra; por tanto, sean pocas tus palabras."
Eclesiastés 5:2

Tiene que pensar tres veces antes de hablar para que no te arrepientas cuando ya sea demasiado tarde con las palabras que salen de tu boca, pueden bendecir o maldecir en el día del juicio.

Porque por sus palabras seréis condenado (maldecido).

"Mas yo os digo que toda palabra ociosa que hablen los hombres, de ella darán cuentas en el día del juicio. Porque por tus palabras serás justificado, y por tus palabras serás condenado."
Mateo 12:36-37

Recuerda que Dios todo lo escucha y nada se le pasa por alto, las malas lenguas separaran amistades, familias, matrimonios y ministerios o iglesias.

No podemos mezclar el aceite con el agua, no podemos maldecir al mismo tiempo que bendecimos.

"El impío es enredado en la prevaricación de sus labios; Mas el justo saldrá de la tribulación. El hombre será saciado de bien del fruto de su boca; Y le será pagado según la obra de sus manos."
Proverbios 12:13-14

Por una simple palabra puedes cambiar el rumbo de una persona a otra y llevarte a la desgracia. Hay personas que por una mala palabra se han matado o han actuado con violencia.

"Manantial de vida es la boca del justo; Pero violencia cubrirá la boca de los impíos."
Proverbios 10:11

Dios nos dice que, sobre toda cosa guardada, guarda tu corazón, y yo digo, ¿Estas guardando tu corazón y tu boca al mismo tiempo?

> *"Sobre toda cosa guardada, guarda tu corazón; porque de él mana la vida"*
> *Proverbios 4:23*

Hay tres maneras que debemos entender como procede:

1. Este viene como un pensamiento a tu mente, sino tomas autoridad para echarlo fuera.

2. Bajará al corazón llegando a tus sentimientos.

3. A que los hables con tu boca.

Vea lo importante que es guardarnos de lo que hablamos, para guardar el alma.

Me eh encontrado con tantas personas ya cristianas que guardan tanto rencor, resentimientos por las palabras que han maldecido continuamente llenándose de angustia.

Habrá bendición cuando abras la boca para hablar con sabiduría, en Proverbios 10:11 dice *"Manantial de vida es la boca del justo; Pero violencia cubrirá la boca de los impíos."*

A veces somos atribulados con lo que hablamos porque nos atamos con los dichos de nuestra boca, en Proverbios 21:23 nos dice *"El que guarda su boca y su lengua, Su alma guarda de angustias."* Tenemos que darnos cuenta de que la autoridad y poder lo tenemos en nuestra boca para bendecir como para maldecir.

Maldición Ocultista:

Esta relacionado con lo oculto, es cuando una adivina, o hechicero o espiritista, realiza o lleva acabo un "trabajo", esto es una maldición y no se puede romper con un conjuro (con otra maldición) sino con el poder de Cristo a través de la oración. Lo puedes hacer con un hijo o con uno mismo, padres, familiares sobre un ministerio de la iglesia o con una ciudad o con tu nación.

Es muy importante cambiar nuestra forma de pensar, el resultado será cambiar nuestra forma de hablar y de actuar y tal vez usted se estará preguntando ¿Cómo lo hago?, es importante leer la palabra de Dios y buscar la guía del Espíritu Santo.

Maldiciones sexuales:

Hay muchas clases de maldiciones, toda forma de sexo ilícito y antinatural tales como: homosexualismo, lesbianismo, adulterio, fornicación, incesto o todo aquello que sea ilícito e ilegal ante los ojos de Dios:

"Habló Jehová a Moisés, diciendo: Habla a los hijos de Israel, y diles: Yo soy Jehová vuestro Dios. No haréis como hacen en la tierra de Egipto, en la cual morasteis; ni haréis como hacen en la tierra de Canaán, a la cual yo os conduzco, ni andaréis en sus estatutos. Mis ordenanzas pondréis por obra, y mis estatutos guardaréis, andando en ellos. Yo Jehová vuestro Dios. Por tanto, guardaréis mis estatutos y mis ordenanzas, los cuales haciendo el hombre, vivirá en ellos. Yo Jehová. Ningún varón se llegue a parienta próxima alguna, para descubrir su desnudez. Yo Jehová. La desnudez de tu padre, o la desnudez de tu madre, no descubrirás; tu madre es, no descubrirás su desnudez. La desnudez de la mujer de tu padre no descubrirás; es la desnudez de tu padre. La desnudez de tu hermana, hija de tu padre o hija

de tu madre, nacida en casa o nacida fuera, su desnudez no descubrirás. La desnudez de la hija de tu hijo, o de la hija de tu hija, su desnudez no descubrirás, porque es la desnudez tuya. La desnudez de la hija de la mujer de tu padre, engendrada de tu padre, tu hermana es; su desnudez no descubrirás. La desnudez de la hermana de tu padre no descubrirás; es parienta de tu padre. La desnudez de la hermana de tu madre no descubrirás, porque parienta de tu madre es. La desnudez del hermano de tu padre no descubrirás; no llegarás a su mujer; es mujer del hermano de tu padre. La desnudez de tu nuera no descubrirás; mujer es de tu hijo, no descubrirás su desnudez. La desnudez de la mujer de tu hermano no descubrirás; es la desnudez de tu hermano. La desnudez de la mujer y de su hija no descubrirás; no tomarás la hija de su hijo, ni la hija de su hija, para descubrir su desnudez; son parientas, es maldad. No tomarás mujer juntamente con su hermana, para hacerla su rival, descubriendo su desnudez delante de ella en su vida. Y no llegarás a la mujer para descubrir su desnudez mientras esté en su impureza menstrual. Además, no tendrás acto carnal con la mujer de tu prójimo, contaminándote con ella. Y no des hijo tuyo para ofrecerlo por fuego a Moloc; no contamines así el nombre de tu Dios. Yo Jehová. No te echarás con varón como con mujer; es abominación. Ni con ningún animal tendrás ayuntamiento amancillándote con él, ni mujer alguna se pondrá delante de animal para ayuntarse con él; es perversión. En ninguna de estas cosas os amancillaréis; pues en todas estas cosas se han corrompido las naciones que yo echo de delante de vosotros, y la tierra fue contaminada; y yo visité su maldad sobre ella, y la tierra vomitó sus moradores."
Levíticos 18:1-25

No respeta ni honra a sus padres:

Hoy en día nos encontramos con muchos hijos e hijas que les va muy mal en la vida por no honrar a sus padres. Dice la palabra de Dios en,

"Hijos obedeced en el Señor a vuestros padres, porque esto es justo. Honra a tu padre y a tu madre, que es el primer mandamiento con promesa; para que te valla bien, y seas de larga vida sobre la tierra."
Efesios 6:1-3

Maldecir lo que Dios ha bendecido:

La palabra maldecir significa hablar mal de algo o de alguien. Cuando hay personas que hablan mal de un hijo de Dios o de algo que Dios a declarado. Esta maldición se le regresa, a toda persona sobre la cual Dios pronuncie una bendición, queda automáticamente expuesto al odio y la opresión y oposición del enemigo. Números 24:9 dice *"Se encorvará para echarse como león, Y como leona; ¿Quién lo despertará? Benditos los que te bendijeres, Y malditos los que te maldijeren."* En Génesis 12:1-3 nos dice *"Pero Jehová había dicho a Abram: Vete de tu tierra y de tu parentela, y de la casa de tu padre, a la tierra que te mostrare. Y hare de ti una nación grande, y te bendeciré, y engrandeceré tu nombre, y serás bendición. Bendeciré a los que te bendijeren, y a los que te maldijeren maldeciré; y serán benditas en ti todas las familias de la tierra."*

Robar lo que le pertenece a Dios:

En Malaquías 3:10-12 dice *"Traed todos los diezmos al alfolí y haya alimento en mi casa; y probadme ahora en esto, dice Jehová de los ejércitos, si no os abriré las ventanas de los cielos, y derramare sobre vosotros bendición hasta que sobreabunde. Reprenderé también por vosotros al devorador, y no os destruirá el fruto de la tierra, ni vuestra vid en el campo será estéril, die Jehová de los ejércitos. Y todas las naciones os dirán bienaventurados; porque seréis tierra deseable, dice Jehová de los ejércitos."* Un ejemplo claro son aquellas personas que no diezman ni ofrendan a Dios. Algunas veces surge esta pregunta ¿Porqué me va mal en las finanzas? Es que tiene una maldición por no dar a Dios lo que le pertenece.

Maldiciones Heredaras:

Son aquellas maldiciones que vienen en nuestra línea de generación, como por ejemplo incesto, enfermedades, divorcios, mal carácter, rechazo, maldiciones sexuales y otras. Hay personas que se preguntan ¿Porque estoy pobre? ¿Por qué siempre estoy enfermo?, ¿Por que mi hijo e hija son homosexuales?, ¿Porque hay tanto divorcio en la familia?, ¿Porque mi hijo callo en la droga? La respuesta es esta, en el efecto que hay en la vida, se buscan soluciones en la rama, pero no vamos a la raíz para descubrir de donde viene esa raíz; hay ministros y pastores que tratan de solucionar los problemas de las personas por encimita poniendo un parche solamente sin tratar la raíz, sin saber que esa maldición generacional se tiene que cortar de raíz, es decir, descubrir de donde viene.

Haga esta oración y atrévase a romper la maldición:

Dios, gracias por tu gran amor al enviar a Jesús tu hijo unigénito a morir por mis pecados, sé que derramaste tu Sangre Preciosa en la cruz del calvario por mí.

Padre celestial, te pido perdón por cada pecado cometido por mí primeramente, y por mis ante pasados. Mencione aquí los pecados que usted ha identificado

_____, _____, _____, _____,
_____,

Renuncio a ellos en el nombre de Jesucristo,

"Por qué habéis sido comprados por precio; glorificad, pues, a Dios en vuestro cuerpo y en vuestro espíritu, los cuales son de Dios."
1 Corintios 6:20

Rompo toda maldición que esta sobre mi vida primeramente y sobre mi línea genealógica. Como resultado de mi desobediencia o la de mis padres, abuelos, bisabuelos y tatarabuelos, en el nombre poderoso de Jesucristo.

Renuncio a cualquier otro pacto que yo o mis ancestros hayamos hecho. Rompo el efecto en el nombre de Jesús de toda maldición que yo pronuncie, que haya salido de mi boca.

Hoy te pido perdón de todo corazón oh amado Dios, cancelo el efecto y el poder de las palabras enviadas en contra de mi vida, contra mi familia, de toda maldición destructiva, de la miseria, del fracaso, de enfermedades, vicios de muerte, suicidios, de orfandad, de la maldición de divorcio, de la hechicería, de toda maldición del alcohol.

Rompo en el nombre de Jesús, toda atadura espiritual que satanás ha traído sobre mi vida. Te pido ahora glorioso Espíritu Santo que quites de mi vida toda facultad y práctica de ocultismo heredada, hoy la cancelo y lo dejo ir, renuncio a todas ellas.

Hoy cierro la puerta que había abierto a satanás que le dieron derecho legal para atormentarme, en el nombre de Jesús ordeno a todo espíritu inmundo que entraron por la puerta de alguna maldición, que se aparte de mí, ahora mismo.

Jesús hoy yo rindo mi vida por completo, solo tú eres digno de mi adoración; te pido que me limpies con el fuego purificador de tu presencia y renuévame. Hoy te entrego mi vida y todo mi ser, te entrego mi voluntad, te sedo el derecho de mi vida Jesús.

Si usted no ha aceptado a Jesús como Señor y Salvador; solo diga: Señor Jesucristo te pido perdón por mis pecados y acéptame como tu hijo(a). Te acepto como mi salvador personal y prometo servirte y obedecerte desde hoy en adelante. Gracias Jesús por salvarme de todos mis pecados.

Ahora que usted ya es miembro de la familia de Dios, según Mateo 18:18 *"De cierto os digo que todo lo que atéis en la tierra, será atado en el cielo; y todo lo que desatareis en la tierra, será desatado en el cielo."* ata al hombre fuerte, al espíritu de adivinación, y desata el poder del Espíritu Santo en tu vida.

Padre, vengo ante ti en el nombre de Jesús dándote gracias por tu palabra y por el Espíritu Santo que me ha mostrado mi pecado. Perdóname por haber practicado en el pasado o en el presente, en las actividades ocultas del diablo. Hoy quiero decirte que te amo y viviré de acuerdo a tu palabra el tiempo que tú me des de existencia aquí en la tierra.

Satanás, en el poderoso nombre de Jesucristo te ato a ti y a tus espíritus de mentira, de engaño, de burla, de adivinación. La palabra de Dios es clara, que todo lo que yo ate aquí en la tierra será atado en el cielo.

Hoy considero roto y anulado todo pacto que yo o mi familia hayamos hecho en el pasado, como ahora en el presente ofendiéndote a ti Dios.

Gracias poderoso Dios por librarme, desato el poder de tu Espíritu Santo en mi vida para restaurarme y llenarme con tu poder. Dame pasión por tu presencia y para leer tu palabra. Gracias por escucharme ¡hoy soy libre!, me comprometo a obedecerte por el resto de mi existencia, amoroso Salvador y Señor, Amen.

Pasos para romper todas las maldiciones y como ser libres

1. Reconocer los pecados de sus antepasados y sean responsables por ellos. Arrepintiéndose, confesándolo y pedir perdón a Dios por ellos. Esto es algo que los profetas hacían, ellos pedían perdón por el pueblo y la nación.

2. Rompa toda maldición en el nombre del Señor Jesucristo y por la sangre del cordero que fue derramada en la cruz del calvario, cancelando con su boca llamando todo por su nombre.

3. Ordene a todo espíritu inmundo que se valla de su vida y la maldición salga de su familia.

4. Declare que es libre, una y otra vez hasta que usted se dé cuenta en su corazón que Dios le ha hecho libre. En Gálatas 3:13 dice, *"Cristo nos redimió de la maldición de la ley, hecho por nosotros maldición (porque está escrito: Maldito todo el que es colgado en un madero)."*

Hay que recordar que cuando la persona está dispuesta a romper con todo lo que tiene que ver con las maldiciones, se dispone a obedecer a Dios y se afirma en las promesas de Dios que él ha establecido, y las bendiciones de Dios lo alcanzara.

Testimonio

Recuerdo que en mi niñez me sentía triste, anhelaba una familia con paz, vivía yo con cierto temor y soledad, aunque éramos una familia de 7, pero aun así me sentía con un vacío. Mi papa tomaba demasiado y siempre nos corría a todos de casa, era muy ofensivo, más con mi mama, y eso me dolía, me asustaba mucho cuando maldecía y nos gritaba y cuando estaba sobrio parecía como si no nos hubiese hecho ni dicho nada, no entendía por que mama seguía con el, yo anhelaba irme lejos siempre, padecía de pobreza, pues no teníamos suficiente comida, ni ropa, ni zapatos. Un día llego mi papa muy tomado, estaba yo dormida pero mama conmigo y el se metió a la cama con nosotras, empezaron a forcejar y en ese instante mama se levanto de la cama, no supe para donde se fue, pero en ese momento papa se me acerco, me abrazo y me apreso junto a el, me quede sin moverme, pero el me empezó a tocar mis partes, yo inmediatamente quise quitarle su mano pero me apretó muy fuerte y no pude, cuando pude soltarme llore y busque a mama, ella no estaba, no recuerdo saber a donde se fue porque me dejo. Yo desesperada le grite ¡que no era mi papa que no lo quería! Y me golpeo con un cinto de cuero, estaba golpeándome cuando apareció mama y me defendió, aunque yo no le dije lo que había pasado, ellos siguieron discutiendo y el como siempre maldiciéndonos, ya nada fue igual desde esa noche para mi, fue peor porque cada vez que se emborrachaba quería tenerme cerca de el, me subía en sus brazos, incluso, mama llego a decirme que tenia que obedecerle por que era mi papa y que le tenia que dar cariño yo para que el no se enojara y que me sentara en sus piernas, era tan duro para mi, mas cuando acercaba su cara a la mía, su aliento a borracho, su mirada era horrible, no me gustaba, algunas veces sentada yo en el suelo jugando llegaba el con el cierre del pantalón abierto enseñándome sus partes. Recuerdo que mama me decía que no me acercara a mi abuelo paterno, porque ella sabia que le gustaba mirar y tocar a las niñas, sin saber mi madre que quien me miraba y tocaba era mi propio padre, de noche ya no dormía, cualquier ruido me despertaba.

Una noche desperté porque escuché ruidos de cadenas y gritos, y pensé,

"!Papa esta golpeando a mama!", me iba a levantar, cuando mama me detuvo en la obscuridad, me dijo en voz baja que me callara, y pude escuchar como mi papa invocaba a Belcebú y hablaba lenguas (hoy se que eran lenguas demoniacas), rechinaba los dientes, podía escucharse, pues solo nos dividía una pared de madera, mama solo dijo que rezáramos y me abrazo.

Otro día, mama me dijo que tenia que ir con una viejita, que la acompañara, cuando llegamos me dijo que la esperara afuera y escuche cuando la anciana le dijo a mama que papa había peleado con espíritus esa noche. Mama me dijo que la señora le iba a hacer algo para que papa dejara de tomar, me gusto la idea, pero me dio miedo.

Conforme iba creciendo, en varias ocasiones, me manosearon varios hombres adultos, el vecino, el hijo del vecino, en la escuela incluso yendo una vez con mama por un camino de frente a nosotras venia un hombre, al llegar junto a mi me manoseo, mama le grito le tiro con piedras, el hombre siguió su camino y yo quede sintiéndome con vergüenza, sucia, con coraje y tristeza, así eran mis días entre mi niñez a adolescencia entre abusos y brujería.

Cuando era adolescente, me empezó a gustar el irme a leer las cartas, leer y practicar el oráculo, leer libros como el de Cipriano, leer horóscopos, jugar la Ouija, me ilusionaba querer hacer rituales matando gatos negros, hacer ciertas cosas para tener el poder de ser invisible, eso estaba en mi mente. Mire alrededor de mi casa frascos con monos enterrados, me gustaba ver películas de terror.

Llego el momento que empecé a ir a los bailes ya de jovencita, luego empecé a tomar, después me uní con un hombre con el que sufrí temor porque el era drogadicto. Varias veces estuvo en sobredosis y eso me aterraba porque cuando andaba drogado me encerraba, me perseguía por la casa y trataba de ahorcarme, también era infiel, llegue a encontrarlo en mi casa, en mi cama con otra mujer teniendo relaciones sexuales, eso me lleno de odio hacia los hombres, sufrí y llore de ira, desilusión, decepción, ya no pude mas, empecé a tener asco con tolo lo que tenia que ver con sexo, llegue a vomitar literalmente, ese era el hombre con el que mama me decía que tenia que quedarme hasta que me muriera, pues el es padre de mis 2 hijos, pero el cayo en la cárcel y ahí tuve la oportunidad de venirme a los Estados Unidos. Ya estaba yo muy herida, empecé a emborracharme, ir a los bailes, empecé a usar cocaína, tuve pretendientes que me hablaban de amor, pero yo tomé la decisión de burlarme de ellos y asta me convertí en una mujer manipuladora, engañadora, falsa de doble cara, mentirosa, era muy astuta, los hería y los hacia sufrir emocionalmente. Cuando de verdad quise parar todo esto y hacer vida con un buen hombre ya no pude, algo pasaba y mi mente me traicionaba, aunque no era mi intención, volvía a ser mala y con un carácter pésimo, ofensiva, hipócrita, así volví a fracasar y me dejo ese hombre con una niña mas. Caí en depresión postparto, sufría en silencio, tomaba pastillas aunque no me doliera nada físicamente, mi vida era un caos, me gustaba estar encerrada en mi cuarto y a obscuras, no me cansaba de llorar, no me entendía, sufría a solas en silencio y delante de la gente era fuerte, llegue a creer que así estaba muy bien, sobrevivir y pasando el tiempo empecé a buscar algo mas allá, no sabia que, pero lo anhelaba en mi ser.

Empecé a enfocarme en diferentes ramas de entrar mas allá de lo que normalmente sabia, así que empecé a ir a superación personal, gnosis, física cuántica, estudiar al hombre y su razón de ser, saber metafísica, leer libros y tantas otras cosas en las que me sumergía que le llamé a mi necesidad "LA BUSQUEDA".

En ese tiempo conocí a mi vecino, a el yo le platicaba de mi y el me empezó a hablar de Dios, yo siempre supe que Dios existía y el me explicaba a través de la Biblia, el me decía que su papa le leía la Biblia y recordaba algunos pasajes, incluso escuchábamos alabanzas juntos. Un día me invitaron a unas clases que daban en la iglesia, cuando me dijeron "se llaman Sanando el Alma Herida" al escuchar esas palabras mi corazón se impacto y sentí la necesidad de ir, me la pase analizando esas palabras así que invite a mi vecino para no ir sola, cuando llegue a la iglesia recordé que ya había ido años atrás pero no las termine, no pude entender en ese tiempo nada porque mis sentidos estaban muy intoxicados, pero esta vez llevaba un corazón dispuesto y mi mente receptiva, ¿Cual fue mi sorpresa? ¡Que en estas clases Dios hizo la obra! Jesús me rescato y su Santo Espíritu me tomo y jamás volví a ser igual. ¡Gloria y honra al todo poderoso! En estas clases Jesucristo me hizo libre de abuso sexual, maldiciones generacionales, brujería, hechicería, ira, falta de perdón, resentimiento, dolor, tristeza, depresión, manipulación, infidelidad, droga, hipocresía, victimes, dependencia de pastillas, borracheras, miedo, desesperación, impotencia y frustración.

CAPITULO 10

EL PERDÓN
EL REGALO DE DIOS PARA TU VIDA

El perdón a través de Cristo Jesús nos ayuda a entender que el perdón por medio de él es el medio de nuestra reconciliación con Dios. Como satanás sabe y ataca nuestra capacidad de dar y recibir perdón, nos provoca a que demos rienda suelta a nuestras emociones y resentimientos ya que nos aferramos a nuestras amarguras diciéndonos una y otra vez que la persona que nos hizo daño no merece el perdón. La poca voluntad para perdonar que usted tiene se la va quitando y llevándola a la esclavitud y al tormento. La persona que se niega a perdonar también esta en esa esclavitud.

Ninguna libertad se puede comparar a la que tenemos cuando decidimos perdonar, dejar en libertad a alguien con quien hemos tenido resentimientos. La decisión de una persona de perdonar tiene poder para abrir la puerta de la prisión para los que están atados, esclavizados sin poder perdonar y no hay esperanza en ellos.

"Porque si perdonareis a los hombres sus ofensas, tampoco vuestro Padre os perdonara vuestras ofensas."
Mateo 6:14-15

¿Por que nos cuesta tanto trabajo perdonar y soltar a la persona que tenemos atada y encadenada? Por falta de perdón, cuando tu no perdonas te puedes pasar años y años cargando en tus espaldas a las personas como si la arrastraras encadenada todos los días.

Existen varias emociones mescladas como es el enojo, el dolor, la tristeza, desilusión de que cada vez que recordamos la ofensa, nuestros ojos se llenan de lagrimas y mucha inseguridad, cuando hablamos de la persona que nos ofendió y siempre estamos pensando mal y hablando mal de ella, deseando que le valla mal y nos expresamos con frases tales como "me la vas a pagar", pero no nos damos cuenta de que aun no hemos perdonado a esa persona.

A veces pensamos que el olvidar puede ser el resultado de perdonar, pero déjame decirte que nunca será el medio por cual se perdona. Cuando sacamos la ofensa en contra de otros personas nos damos cuenta de que realmente no les hemos perdonado, solo mandas esa información a una cuenta, como si fuera una cuenta de banco, si se manda información a tu inconsciente vas a acumularlo todo, cada vez que eres ofendido, dañado o lastimado y no perdonas, esto se convierte en depósitos que van directos a la cuenta del banco emocional. Cuidado cuando se llena esa cuenta de banco emocional, cuidado cuando se llena de dolor y heridas que hemos acumulado porque se empieza a formar una raíz de amargura y la mayoría de las veces la amargura
esta ligada a nuestra incapacidad de perdonar y ser perdonados.

La falta de perdón esta ligada a la amargura, es muy difícil darnos cuenta cuando traemos amargura y resentimientos en nuestro corazón, afecta y contamina nuestras platicas, salpicando con frases hirientes o hablamos con resentimiento, dice en *Hebreos 12:15 "Mirando bien que ninguno se aparte de la gracia de Dios, que ninguna raíz de amargura brotando os impida, y por ella muchos sean contaminados."*

Dicen las escrituras que de la abundancia del corazón habla la boca. Por eso hablamos de la persona que nos hirió y que nos ofendió.

La falta de perdón nos lleva a la depresión y a tener mucho enojo con nosotros mismos. Te enojas con la vida o contra Dios o con tu esposo/a etc. La falta de perdón te lleva a relaciones destructivas, a enfermedades físicas y emocionales y espiritualmente causando muchos trastornos emocionales:

¡Rompe este ciclo hoy en el nombre de Jesús, amen!

Isaías 54:4 dice, "No temas, que no serás confundida; y no te avergüences, porque no serás afrentada, sino que te olvidaras de la vergüenza de tu juventud, y de la afrenta de tu viudez no tendrás mas memoria."

La biblia nos dice que Jesús ya llevo nuestras enfermedades, incluyendo las enfermedades emocionales del alma, las heridas y nuestros dolores. ¿Por qué nos sentimos heridos todo el tiempo? Es porque no hemos entregado nuestro dolor totalmente a Cristo Jesús.

La palabra perdón proviene de la palabra *aphiemi* y significa despedir o apartar.

Este es el significado fundamental del perdón a través de las escrituras; es decir, separar el pecado del pecador.

La base fundamental del perdón se encuentra en el sacrificio de Cristo en la cruz. Todo el perdón, tanto divino como humano tiene como base este sacrificio.

> *"Yo, yo soy el que borro tus rebeliones por amor a mi mismo, y no me acordare de tus pecados."*
> Isaías 43:25

> *"Porque esto es mi sangre del nuevo pacto, que por muchos es derramada para remisión de los pecados."*
> Mateo 26:28

Lo que Dios hizo con nuestros pecados fue quitarlos de sobre nuestra persona y depositarlos en la persona de Cristo, donde fueron redimidos; el castigo y la justicia se cumplieron en la persona de Jesús y el pecador queda libre del pecado y de la culpa, por tanto, también del castigo. Debemos notar que Dios cumple su justicia una sola vez, por eso es que el olvida el pecado y no inculpa mas al pecador.

Es de notar que el perdón y el pecado están íntimamente relacionados, si no hay pecado no hay motivo para el perdón y viceversa. No es ligero el pecado, esto implica también que el acto del perdón no es algo sin importancia, como muchos a veces lo tratamos, el perdón es un acto inspirado por Dios y cada creyente debe tomar el acto del perdón tan serio como Dios lo toma hasta la fecha, tanto si esta del lado ofensor o del lado del ofendido.

A veces creemos que el olvidar es perdonar, pero esto es totalmente equivocado. El olvidar nunca será un medio para perdonar. El olvidar solo nos ayuda a apartarnos del dolor solo para mitigarlo. Recordemos que la amargura se produce debido a una ofensa que hemos recibido, ya sea de nuestros seres queridos, amigos o desconocidos. Esta amargura genera tanto dolor, ira y resentimientos que nuestra humanidad es incapaz de perdonar tales ofensas. Cuando sentimos dolor nuestro cerebro busca una salida como sea, en el aislamiento, en la huida o en el contraataque. Cuando la persona se siente afectada por una ofensa, es porque su identidad en Cristo aun no ha sido hallada. Cuando estamos faltos de esa identidad, la inseguridad y el rechazo se apodera de nosotros ignorando así los planes y propósitos que Dios tiene para nuestras vidas. Sin embargo, si aguantamos, si nos mantenemos experimentando ese dolor, si tenemos el valor de permanecer en ese espacio incomodo sintiéndolo profundamente en el cerebro, nos llevara a una salida rápida donde no tendrías otra opción mas que buscar una solución. Esta solución la encontramos en Cristo Jesús. Solo Cristo puede darnos esa identidad que hará abrir la ventana de nuestro entendimiento e inteligencia, esas facultades que solo Jesús en la Cruz del Calvario pudo restaurar y que nos permite penetrar en la verdad de su palabra para poder así conocer sus propósitos para con nosotros mismos y enfrentar cada situación que la vida nos presenta. Es en Cristo donde podemos encontrar la solidez que nos sostiene cuando parece que el suelo se abre bajo nuestros pies. No pocas veces el camino mas corto para encontrarse con la grandeza de Jesús es el sufrimiento. Como todos tenemos terror a sufrir, no es fácil que aceptemos voluntariamente este camino. No es raro que en los momentos en los que abrazamos el dolor, el Señor Jesús, con esa capacidad que posee de penetrar en lo profundo de las cosas, nos muestre que heridas antiguas se han vuelto a abrir con dicho agravió o con dicha ofensa. Todos tenemos la necesidad de sentirnos queridos y acogidos, pero a veces plantamos exigencias muy poco realistas a los demás, y les exigimos que actúen de tal manera, que nosotros nos sintamos constantemente valorados. Pero una persona que conoce su identidad en Dios, rara vez se ofende, y mucho menos guarda una ofensa por un largo tiempo.

Santiago nos explica:

"Porque todos ofendemos muchas veces. Si alguno no ofende en palabra, este es varón perfecto, capaz también de refrenar todo el cuerpo."
Santiago 3:2

Como la lengua es tan difícil de controlar, cualquiera que la

controle perfectamente tiene también el dominio de su propia persona en los demás aspectos de la vida, como lo es controlar el temperamento cuando se recibe algún tipo de ofensa. El carácter de una persona no pocas veces se pone en evidencia, cuando en lugar de reaccionar frente a las agresiones, se mantiene la calma y la serenidad, y se enfoca en no devolver la agresión, sino en la respuesta que se quiere dar al problema.

Satanás usa el poder de un comentario, de un gesto o de una determinada conducta para dañarnos y usa toda su capacidad

Falta de Perdón

Cuando tenemos falta de perdón, todo esto hay en nosotros

Árbol De Raíces Internas

Fruto y raíz de la falta de perdón

El fruto y las raíces viven de acuerdo con el nivel de la falta del perdón

FALTA DE PERDON
COLOSESNSES 3:13

La pobre comunicación entre las personas

"Muchos tropezarán entonces, y se entregarán unos a otros, y unos a otros se aborrecerán."
Mateo 24:10

Hoy sabemos que la causa mas importante del destres, esa forma de estrés que nos daña a nivel mental, emocional y corporal, es la pobre comunicación entre las personas. Este tipo de comunicación se convierte muchas veces en un puro intercambio de agravíos y ofensas. Si usted es una persona que se ofende fácilmente, el diablo maliciosamente pondrá a alguien en su camino para ofenderle atacando sus áreas mas débiles; y si usted se siente ofendido, quiere revancha para que el otro experimente al menos el mismo dolor que usted esta experimentando. A veces hay una reacción airada clara, otras veces no se manifiesta el enfado tan claro, aunque si se acumula un marcado resentimiento, amargura, u odio consumidor. Además cuando nos quedamos experimentado el dolor de la ofensa, nos vemos con frecuencia empequeñecidos y avergonzados. Otra manera de despertar en nosotros la ofensa, es cuando queremos que los demás hagan siempre las cosas a nuestra manera. Esto no es realista y hace que a la mínima objeción nos sintamos agraviados. Hay ocasiones que, sin embargo, en la que observamos que algo de lo que hemos dicho, ha podido agraviar a otra persona. Si en estos momentos la otra persona responde con seriedad en lugar de reaccionar, el conflicto ya este medio resuelto. Sin embargo, si la otra persona reacciona con enfado, que es lo que suele ocurrir, entonces somos también nosotros los que acabamos con nuestro ego herido. Y desde dicho "yo" herido, criticamos a la otra persona por ser tan susceptible, o nos menospreciamos a nosotros mismos por haber sido tan insensibles con nuestro comentario o nuestra conducta.

Siempre experimentaremos la ofensa en nuestras vidas

"Dijo Jesús a sus discípulos: Imposible es que no vengan tropiezos; mas ¡ay de aquel por quien vienen!"
Lucas 17:1

La ofensa siempre nos alcanzará, por eso debemos entender que la ofensa es parte de nuestras vidas, no importa si levantamos muros alrededor nuestro, siempre habrá alguien que nos ofenda para que nos sintamos heridos. La única manera de evitar que no nos alcance es que le pidamos a Dios que nos lleve al cielo, donde todo es perfecto.

Debido a que este problema puede suceder en el hogar, la iglesia y el trabajo, es muy importante que mantengamos la serenidad, afrontemos el dolor y manifestemos lo que uno siente sin culpabilizar a la otra persona y mostrar con claridad lo que uno necesita. Esto no nos da la seguridad de que la otra persona reflexione sobre lo ocurrido, pero si abre la posibilidad de que el Señor Jesús empiece a trabajar en nuestras áreas débiles, dándonos la madurez y la necesidad de perdonar a nuestro ofensor.

A veces, la ofensa es necesaria para la madures y el crecimiento espiritual

"Entonces Judas Iscariote, uno de los doce, fue a los principales sacerdotes para entregárselo. Ellos, al oírlo, se alegraron, y prometieron darle dinero. Y Judas buscaba oportunidad para entregarle. Y cuando vino, se acercó luego a él, y le dijo: Maestro, Maestro. Y le besó. Entonces ellos le echaron mano, y le prendieron. Y respondiendo Jesús, les dijo: ¿Como contra un ladrón habéis salido con espadas y con palos para prenderme? Cada día estaba con vosotros enseñando en el

templo, y no me prendisteis; pero es así, para que se cumplan las Escrituras."
Marcos 14:10-11, 45-46, 48-49

El pecado es una ofensa a Dios:

"Contra ti solo he pecado, y he hecho lo malo delante de tus ojos; para que seas reconocido justo en tu palabra, y tenido por puro en tu juicio."
Salmo 51:4

El pecado se levanta contra el amor que Dios nos tiene y aparta de el nuestro corazón. Judas no solo no tenia fe en Cristo, sino que tenia muy poca o ninguna relación personal con Jesús. Judas era consumido por la avaricia, al punto de traicionar la confianza del Señor, vendiéndolo así por unas monedas. En tal caso, Judas tuvo la capacidad total para tomar sus propias decisiones, al menos hasta el punto donde "satanás entro en el",

"Y después del bocado, Satanás entro en el. Entonces Jesús le dijo: Lo que vas a hacer, hazlo mas pronto."
Juan 13:27

Y el anticipado conocimiento de Dios, de ninguna manera incapacito la habilidad de Judas para tomar cualquier decisión determinada.

"Jesús le dijo: El que está lavado, no necesita sino lavarse los pies, pues está todo limpio; y vosotros limpios estáis, aunque no todos. No hablo de todos vosotros; yo se a quienes he elegido; mas para que se cumpla la escritura: El que come pan conmigo, levanto contra mi su calcañar. Habiendo dicho Jesús esto, se conmovió en espíritu, y declaro y dijo: De cierto, de cierto os digo, que uno de vosotros me va a entregar."
Juan 13:10, 18, 21

A veces vemos que Judas era solo un traidor y que no sirvió para nada, pero, lo que eventualmente decidiría hacer Judas, Dios lo uso para que la profecía se cumpliera. Esto no significa que Judas no llevaría castigo por esto. Jesús dejo en claro que Judas era responsable por su decisión y tendría que dar cuenta por ello. Nótese que Jesús caracteriza la participación de Judas como una traición,

"Y cuando se sentaron a la mesa, mientras comían, dijo Jesús: De cierto os digo que uno de vosotros, que come conmigo, me va a entregar."
Marcos 14:18

Y respecto a la responsabilidad de Judas por esta traición, Jesús dijo:

"A la verdad el Hijo del Hombre va, según esta escrito de el, mas ¡ay de aquel hombre por quien el Hijo del Hombre es entregado! Bueno le fuera a ese hombre no haber nacido."
Marcos 14:21

Satanás también tuvo su parte en esto como vemos en Juan 13,

"Respondió Jesús: A quien yo diere el pan mojado, aquél es. Y mojando el pan, lo dio a Judas Iscariote hijo de Simón. Y después del bocado, Satanás entro en el. Entonces Jesús le dijo: Lo que vas a hacer, hazlo mas pronto."
Juan 13:26-27

Dios en su sabiduría era capaz como siempre de manipular aún la rebelión de Satanás en Judas para beneficiar a la raza humana. Aún ahora lo que el diablo usa para destruirnos, Dios lo usara para llevarnos a la madurez de nuestro carácter espiritual.

Aunque se nos hace difícil aceptar el dolor y el quebranto que produce la ofensa y la traición, los Judas son necesarios en nuestras vidas para hacernos crecer en Cristo Jesús.

Las ofensas sirven para distinguir a los fieles y leales ante los ojos de Dios

"Porque es preciso que entre vosotros haya disensiones, para que se hagan manifiestos entre vosotros los que son aprobados."
1 Corintios 11:19

Por deplorable que sean las ofensas, sirven para un buen propósito. Los que verdaderamente son Santos Hijos de Dios, son capaces de perdonar las ofensas, así como nuestro Padre Celestial perdona las nuestras. Sin embargo, los que no son hijos de Dios, aún no han aprendido el valor del perdón debido a que ellos todavía no se han acercado a la Cruz del Calvario para ser perdonados y lavados por la sangre de Cristo. El hombre que cae rendido a la misericordia de Dios, su situación moral es cambiada y la justicia de Dios lo sentencia a la vida eterna, y la capacidad de Dios para perdonar esta a favor del pecador arrepentido.

"Si confesamos nuestros pecados, el es fiel y justo para perdonar nuestros pecados y limpiarnos de toda maldad."
1 Juan 1:9

Pero cuando Dios mira a un pecador que todavía ama el pecado y rechaza el misterio de la redención, la justicia de Dios lo sentencia a la muerte. Porque Dios es justo y poderoso para dictar ambas sentencias.

"El alma que pecare, esa morirá; el hijo no llevará el pecado del padre, ni el padre llevará el pecado del hijo; la justicia del justo será sobre el, y la impiedad del impío será sobre el."
Ezequiel 18:20

¿Cómo nos damos cuenta que hay falta de perdón?

Un elemento que esta íntimamente relacionado al amor es el perdón, en otras palabras: quien ama perdona, quien no ama no perdona. Uno no puede perdonar y no amar, para poder perdonar se necesita amar. El que ama no tiene problemas en perdonar, el que no ama, comienza con argumentos como: "No puedo perdonar" o "no puedo olvidar". Otro argumento es: "Lo perdono, que Dios lo bendiga, pero no quiero verlo mas". Estas personas están llenas de rencor y odio en su corazón. Estas ataduras los atormentan constantemente.

Cuando una persona esta herida a causa de la ofensa que otras personas le proporcionaron, de su boca solo salen juicio de ira y venganza. La verdad es que perdonar no es opcional, ¡Usted debe perdonar! muchos dicen: "Cuando lo sienta lo perdonare, pero no lo siento". Las personas que no tienen a Dios hablan de esa manera, pero los que lo tienen no pueden decir "No me nace perdonar". Los que tienen a Dios no deben decir "no puedo"; porque si esta en usted hablar así, entonces Dios no está en usted. ¿Dice que Dios esta en usted, pero no puede perdonar? Si Dios puede perdonar, entonces ¿Por qué no puede hacerlo usted? Dios controla su existencia, lleva las riendas de su vida. Si él gobierna su vida y es su Señor, entonces usted puede perdonar sin poner ninguna excusa. ¡Es tanto lo que nos ama Dios que no tiene ningún problema en perdonarnos! ¡Lo que pasa es que si usted no puede perdonar, le falta amor! Algunos dicen: "Si Dios quiere que yo ame, entonces que me ponga amor". ¡Otra vez la culpa la tiene Dios! No se trata de que ponga amor en las personas, porque Dios es amor. ¡Dios es amor! ¿Qué falta cuando falta amor? ¡Falta Dios! Entonces ponga a Dios en el timón de su vida, en el centro de su corazón, porque si él esta en su corazón, usted podrá perdonar. La falta de perdón es una maldición que acarrea terribles consecuencias; la gente no entiende y no conoce esas consecuencias de no perdonar.

Las consecuencias de la falta de perdón

"No juzguéis, y no seréis juzgados; no condenéis, y no seréis condenados; perdonad, y seréis perdonados."
Lucas 6:37

La contrapartida es esta: "Si ustedes no perdonan de todo corazón a quienes les hán ofendido o hecho daño, vuestro Padre Celestial tampoco os perdonara a vosotros. ¿A dónde van aquellos que no son perdonados por Dios? ¡Se van al infierno! ¿Todavía tiene usted ganas de decir: "no puedo perdonar?" El infierno y la condenación eterna es el lugar preparado para aquellos que no son perdonados por Dios. Al cielo entraran solamente las personas perdonadas por Dios, es decir, personas a las que no se les puede atribuir ningún pecado porque Dios las ha perdonado, pero no perdonara al que no quiere o no puede perdonar. ¡No juegue con la eternidad! Usted esta jugando con fuego, esta minimizando algo muy importante. La falta de perdón es cosa seria; pero perdonar prepara el camino para que ya sea perdonado. ¡Dios es justo!

El Señor Jesús nos enseña en una parábola la consecuencia del no perdonar y dice:

"Por lo cual el reino de los cielos es semejante a un rey que quiso hacer cuentas con sus siervos. Y comenzando a hacer cuentas,

le fue presentado uno que le debía diez mil talentos. A éste, como no pudo pagar, ordenó su señor venderle, y a su mujer e hijos, y todo lo que tenía, para que se le pagase la deuda. Entonces aquel siervo, postrado, le suplicaba, diciendo: Señor, ten paciencia conmigo, y yo te lo pagaré todo. El señor de aquel siervo, movido a misericordia, le soltó y le perdonó la deuda. Pero saliendo aquel siervo, halló a uno de sus consiervos, que le debía cien denarios; y asiendo de él, le ahogaba, diciendo: Págame lo que me debes. Entonces su consiervo, postrándose a sus pies, le rogaba diciendo: Ten paciencia conmigo, y yo te lo pagaré todo. Mas él no quiso, sino fue y le echó en la cárcel, hasta que pagase la deuda. Viendo sus consiervos lo que pasaba, se entristecieron mucho, y fueron y refirieron a su señor todo lo que había pasado. Entonces, llamándole su señor, le dijo: Siervo malvado, toda aquella deuda te perdoné, porque me rogaste. ¿No debías tú también tener misericordia de tu consiervo, como yo tuve misericordia de ti? Entonces su señor, enojado, le entregó a los verdugos, hasta que pagase todo lo que le debía. Así también mi Padre celestial hará con vosotros si no perdonáis de todo corazón cada uno a su hermano sus ofensas."
Mateo 18:23-35

En la antigüedad los reyes cuando querían cortarle la cabeza o torturar a alguien, buscaban "verdugos" ¿Cree usted que estos verdugos eran "misericordiosos y buenos?" ¿Cree usted que le cortaban la cabeza a alguien, despacito para que no le duela tanto, o lo estaqueaban y le preguntaban, ¿Te duele? ¿Tienes esposa, cuantos hijos estas dejando en la calle? ¡No! El verdugo era una persona sin corazón, recibía ordenes, se ponía una capucha y elegía la tortura que iba a practicar. Parece ser que eran personas que gozaban lo que hacían, gozaban al ver el sufrimiento de la persona a la que estaban torturando. ¡Existe esa maldad! ¡Ellos experimentaban, así como los Nazis experimentaron con los 6 millones de Judíos! Hay una traducción bíblica que se refiere a los verdugos como los torturadores. Queda mas que evidenciado que el verdugo es un tipo de demonio. Si usted no quiere perdonar, entonces, Dios le entregara a los verdugos (a los demonios); estos tienen autoridad legal de parte de Dios para hacerle sufrir porque usted no quiere perdonar a la persona que le ofendió. La falta de perdón hace que le sucedan cosas que ni usted puede explicar, se manifiestan enfermedades, depresiones, amarguras, su estado de animo es desbalanceado, o enfermedades raras que usted no sabe como le vinieron. Hay creyentes que aunque oran, diezman y ofrendan se preguntan ¿Por qué me pasan estas cosas malas? Todos estos problemas que nuestro ser sufre es causado por los tormentos que satanás nos produce, pero preferimos echarle la culpa al "no se que me esta pasando" en vez de buscar la solución al problema; el asunto es que hay seres espirituales de maldad que operan en nuestro cuerpo, en nuestra mente, y en nuestras almas con la autoridad que Dios les concedió porque nosotros no queremos perdonar. Usted ya es un hijo de Dios y por lo tanto ya no ignora los planes de satanás para atentar en contra de su vida. ¡Póngale un alto a estos torturadores demoniacos en el Nombre Poderoso de Jesús!

"Por tanto, si traes tu ofrenda al altar, y allí te acuerdas de que tu hermano tiene algo contra ti, deja allí tu ofrenda delante del altar, y anda, reconcíliate primero con tu hermano, y entonces ven y presenta tu ofrenda."
Mateo 5:23-24

Yo he tratado con gente enferma que confiesa: "No puedo perdonar". Hay personas que me dicen: "Odio a mi padre". "¡Pero tiene que perdonarlo!", les digo, y me contestan: "No puedo porque esta muerto, hace 10 años". ¡Hace 10 años que esta odiando a un muerto! Resulta que come y se le hace un nudo en el estomago. ¡Todavía tiene odio! El odio es un poder espiritual que se apodera de las personas. ¡Que le importa al demonio qué su padre se haya muerto! Él entro, tomo posesión de su vida y ejerce autoridad para que usted odie a otras personas, aparte de su padre. Usted quiere que la persona que la ofendió sufra el mismo dolor que usted esta sufriendo a causa de la ofensa que esa persona le proporciono. Luego usted comienza a odiar a todo el mundo y empieza a usar frases tales como: "A mi nadie me va a pasar por encima", "Yo no soy estropajo de nadie", "El que me las hace, me las paga" o "Ya va a venir a mi arrastrándose". Estas son frases creadas por espíritus vengativos, y tienen que ver con la falta de perdón. "Pero, ¿cómo quiere usted que me olvide de lo que me hizo o lo que me dijo?" o "Yo perdono pero no olvido", dicen algunos. ¡Esas frases denotan un espíritu diabólico no perdonador!

Ataduras que nos impiden perdonar

"Estad pues, firmes en la libertad con que Cristo nos hizo libres, y no estéis otra vez sujetos al yugo de esclavitud."
Gálatas 5:1

Las ataduras que traemos de nuestra vida anterior y que no hemos roto inmediatamente después de aceptar a Cristo, son ataduras producidas por la falta de perdón.
La falta de perdón es como un veneno que tomamos a diario a gotas pero que finalmente termina envenenando nuestras almas de odio, rechazo, tristeza, venganza, menosprecio, vergüenza, ansiedad, rencor, amarguras, nostalgia, melancolía y otros. Todos estos sentimientos son espíritus malignos que influyen sobre aquellos que fueron victimas de violencia física, moral, sexual, emocional o psicológica. Son demonios influenciando y actuando en nuestra mente y alma todo el tiempo,

aprovechándose de nuestro dolor y debilidad. Muchas veces pensamos que el perdón es un regalo para el otro, y no nos damos cuenta que los únicos beneficiados somos nosotros mismos. El perdón es una expresión de amor. El perdón nos libera de ataduras que nos amargan el alma y enferma el cuerpo. No significa que estemos de acuerdo con lo que paso, ni que lo aprobemos. Perdonar no significa dejar de darle importancia a lo que sucedió ni darle la razón a alguien que nos lastimo. Simplemente significa dejar de lado aquellos pensamientos negativos que nos causaron dolor y enojo.

> *"Bendecid a los que os persiguen;*
> *bendecid y no maldigáis."*
> Romanos 12:14

El perdón se basa en la aceptación de lo que paso, y también se basa en perdonar y bendecir a nuestro agresor, para así lograr romper con las cadenas de maldición de resentimiento, odio, venganza, etc., que nos ata o nos encadena a la persona que nos agredió. Si seguimos manteniendo sentimientos de rencor, odio, venganza, nostalgia o cualquier otro tipo de expresión negativa hacia la persona que nos agredió, esa persona esta "ligada" a nosotros. La tenemos "atada" o sea ligada a nuestro espíritu a través de nuestros malos sentimientos hacia esa persona. Esos malos sentimientos, son espíritus malignos, diabólicos que hacen ese trabajo aunque la mayoría de las personas son inconscientes de eso.

> *"Y por que no juzgáis por vosotros mismos lo que es justo?*
> *Cuando vayas al magistrado con tu adversario, procura en el*
> *camino arreglarte con el, no sea que te arrastre al juez, y el juez*
> *te entregue al alguacil, y el alguacil te meta en la cárcel. Te digo*
> *que no saldrás de allí, hasta que hayas pagado aun la ultima*
> *blanca."*

Lucas 12:57-59

La falta de perdón es el veneno mas destructivo para nuestro cuerpo, alma y espíritu, ya que desequilibra los recursos emocionales que nos fueron dados y nos transformamos en "muertos vivientes, sin DESEO de vivir, sin FUERZA para emprender, sin ÁNIMO para disfrutar, sin VALOR para luchar, sin PODER para dar gracias, sin AMOR para ser amados sin amar."

El perdonar no es una decisión propia, es una orden de Dios

"Oísteis que fue dicho: Ojo por ojo, y diente por diente. Pero yo os digo: No resistáis al que es malo; antes, a cualquiera que te hiera en la mejilla derecha, vuélvele también la otra; y al que quiera ponerte a pleito y quitarte la túnica, déjale también la capa; y a cualquiera que te obligue a llevar carga por una milla, ve con él dos. Al que te pida, dale; y al que quiera tomar de ti prestado, no se lo rehúses. Oísteis que fue dicho: Amarás a tu prójimo, y aborrecerás a tu enemigo. Pero yo os digo: Amad a vuestros enemigos, bendecid a los que os maldicen, haced bien a los que os aborrecen, y orad por los que os ultrajan y os persiguen; para que seáis hijos de vuestro Padre que está en los cielos, que hace salir su sol sobre malos y buenos, y que hace llover sobre justos e injustos. Porque si amáis a los que os aman, ¿qué recompensa tendréis? ¿No hacen también lo mismo los publicanos? Y si saludáis a vuestros hermanos solamente, ¿qué hacéis de más? ¿No hacen también así los gentiles? Sed, pues, vosotros perfectos, como vuestro Padre que está en los cielos es perfecto."
Mateo 5:38-48

Jesucristo predicaba en todo momento con mucho amor y con un gran ejemplo. Él nos dejo claras enseñanzas de cómo debemos tratar a otras personas. El segundo gran mandamiento nos dice:

"Este es mi mandamiento: que os améis unos a otros, como yo os he amado."
Juan 15:12

Esto también incluye a aquella persona que nos ha causado mucho daño. El hecho de que alguien nos maltrata no significa que nosotros podemos hacer lo mismo. El Señor Jesús dijo que podíamos mostrar que somos hijos de Dios al amar a aquellos que no nos aman.

Dios nos ha llenado de amor al grado que sin ser merecedores de ello, nos ha concedido la vida eterna, la salvación de nuestra alma y el perdón de todos nuestros pecados a través de su sacrificio en la Cruz del Calvario, y por ello el Señor Jesús nos ofrece no acordarse de nuestros pecados nunca más. Nosotros, por lo tanto, debemos hacer lo mismo, en lugar de contender con alguien que nos hirió, debemos orar por ellos y también bendecirlos.

Jesús nos dio el ejemplo:

"Padre, perdónalos porque no saben lo que hacen."
Lucas 23:34

Estas fueron las amorosas palabras de Jesucristo quien en medio del dolor que le significaba estar colgado del madero con sus pies y manos atravesadas por los clavos y el cuerpo molido después de haber sido salvajemente golpeado y el rostro sangrante por los golpes y la corona de espinas, dirigió a su Padre Celestial manifestando en todo momento el grande amor que siente por la humanidad, responsable de su agonía en ese momento.

El libro de Miqueas nos dice:

"¿Qué Dios como tu, que perdona la maldad, y olvida el pecado del remanente de su heredad? No retuvo para siempre su enojo, porque se deleita en misericordia. El volverá a tener misericordia de nosotros; sepultara nuestras iniquidades, y echara en lo profundo del mar todos nuestros pecados."
Miqueas 7:18-19

¿No cree usted que nuestra capacidad de perdonar debería ser en la misma medida tal y como Dios lo hace? Muchas ocasiones justificamos la falta para perdonar con el hecho que nosotros no somos como Dios, o que somos humanos, y es muy difícil para nosotros poder perdonar, sin embargo, la realidad es que en el fondo de nuestros corazones muchas veces no queremos perdonar, y esto puede ser porque quizá aun no hemos querido ser renovados completamente.

Cuando Jesús enseña a orar a sus discípulos menciona algo muy importante en el libro de Mateo y Lucas:

"Porque si perdonáis a los hombres sus ofensas, os perdonara también a vosotros vuestro Padre Celestial." Mateo 6:14

"Y perdónanos nuestros pecados, porque también nosotros perdonamos a todos los que nos deben. Y no nos metas en tentación, mas líbranos del mal."
Lucas 11:4

Esto significa que no podemos pedirle al Señor que perdone nuestros pecados si nosotros no somos capaces de perdonar primero a nuestro ofensor. Y por si esto no nos queda claro, también el Señor manda lo siguiente en el libro de Mateo:

"Entonces se le acerco Pedro y le dijo: Señor, ¿cuántas veces perdonare a mi hermano que peque contra mi? ¿Hasta siete? Jesús le dijo: No te digo hasta siete, sino aun hasta setenta veces siete."
Mateo 18:21-22

La palabra de nuestro Señor Jesús es clara, cada uno de nosotros debemos perdonar a quienes nos han hecho daño, es un mandato que Dios estableció y así como es cierto que el corazón se duele cuando somos lastimados por alguna persona, y mas aun cuando se trata de una persona amada, también es cierto que el rencor y la amargura en nuestro corazón no es algo placentero con lo que debamos vivir, ya que esta es solo una carga fuerte y pesada que se puede aligerar cuando perdonamos a nuestro ofensor.

"Venid a mi todos los que estáis trabajados y cargados, y yo os hare descansar. Llevad mi yugo sobre vosotros, y aprended de mi, que soy manso y humilde de corazón; y hallareis descanso para vuestras almas; porque mi yugo es fácil, y ligera mi carga."
Mateo 11:28-30

¿Cómo puedo perdonar a mi ofensor?

"No os acordéis de las cosas pasadas, ni traigáis a memoria las cosas antiguas. He aquí que yo hago cosa nueva; pronto saldrá a luz; ¿no la conoceréis? Otra vez abriré camino en el desierto, y ríos en la soledad."
Isaías 43:18-19

El Señor esta literalmente diciendo que debemos perdonar a los que nos hicieron el mal, recibir el perdón de Dios y mirar hacia delante para nuestro futuro.

Todos tenemos un pasado y algunas cosas que no son tan buenas, como lo es el sufrimiento que nuestros agresores nos proporcionaron, por lo tanto, tenemos que perdonar y también pedir perdón a Dios por nuestras ofensas, aprender de nuestros errores, y reconoce que también nosotros hemos herido y esperar por las cosas nuevas que el Señor hará en nuestras vidas.

Los creyentes debemos dejar de vivir en el pasado porque Dios quiere que nos enfoquemos en lo que esta delante de nosotros y olvidar lo que paso ayer o lo que paso hace muchos años atrás, ya que Jesús pago el precio por nosotros en la cruz y ha borrado todos nuestros pecados.

"Yo, yo soy quien borro tus rebeliones por amor de mi mismo, y no me acordare de tus pecados."
Isaías 43:25

Dios pudo perdonarnos y dejar nuestro pasado atrás. Nosotros también tenemos que aprender a dejar el pasado detrás de nosotros y perdonar.

"…Perdonare la maldad de ellos y no me acordare mas de su pecado."
Jeremías 31:34

Él dijo a Isaías:

> *"Aunque vuestros pecados sean como la grana, como la nieve serán emblanquecidos; aunque sean rojos como el carmesí, vendrán a ser como blanca lana."*
> *Isaías 1:18*

Dios quiere sanar todo lo que nos duele, pero primero tenemos que optar por perdonar, para que las cadenas que nos atan al pasado se desintegren.

Después de esta fuerte exhortación donde el Señor nos ordena a olvidar las cosas pasadas, el Señor nos dice: *"He aquí que yo hago cosa nueva; ¿no la conoceréis?"* Esta cuestión es vital para la compresión de cómo vivir en el pasado nos afecta. El hecho es que cuando estamos atrapados en los pensamientos y los acontecimientos del pasado que se revuelcan en las heridas y el dolor del ayer, nos volvemos insensibles a las "nuevas cosas" que el Señor esta haciendo a nuestro favor.

Debemos de quitar nuestros ojos del pasado y fijarlos en el poder del Señor Jesús. El escritor de Hebreos nos dice que:

> *"Puestos los ojos en Jesús, el autor y consumador de la fe, el cual por el gozo puesto delante de el sufrió la cruz, menospreciando el oprobio, y se sentó a la diestra del trono de Dios."*
> *Hebreos 12:2*

Esto no se puede hacer cuando nuestros ojos están fijos en nuestro pasado. Aunque hay un lugar y un tiempo para recordar los acontecimientos del pasado para ganar la sabiduría, también hay un tiempo para dejarlos ¡Suéltelo! ¡Déjelo ir!

El apóstol Pablo dijo:

> *"No que lo haya alcanzado ya, ni que ya sea perfecto; sino que prosigo, por ver si logro asir aquello para lo cual fui también asido por Cristo Jesús."*
> *Filipenses 3:12*

Dios no quiere que vallamos por la vida mirando por el espejo retrovisor. Ya es hora de mirar hacia adelante y centrarse en lo que tenemos ante nosotros. Dios quiere hacer algo nuevo en nuestras vidas. Él quiere que nos levantemos a nuestro máximo potencial en él. Dios nos ha llamado a hacer cosas poderosas. Incluso abrirá caminos en el desierto y ríos en la tierra estéril.

Así que vamos a seguir adelante y mantener nuestros ojos fijos en Dios y crecer.

> *"Antes bien, como esta escrito; Cosas que ojo no vio, ni oído oyó, ni han subido en corazón de hombre son las que Dios ha preparado para los que le aman."*
> *1 Corintios 2:9*

¿Cómo estar seguro que ya he perdonado por completo?

Saber si hemos perdonado por completo es saber en nuestro corazón que ya no sentimos resentimiento hacia el ofensor y hemos hecho cesar nuestra ira o indignación contra el mismo. Otra manera de saber si hemos perdonado es cuando ya no sentimos el deseo de vengarnos, o reclamar un justo castigo o restitución, y también porque hemos optado por no tener en cuenta la ofensa en el futuro.

> *"Quien cuando le maldecían, no respondía con maldición; cuando padecía, no amenazaba, sino encomendaba la causa al que juzga justamente."*

1 Pedro 2:23

Cuando hemos entendido que Cristo es el único que puede hacer justicia, nuestro corazón se da cuenta que ha renunciado a nuestra justicia y a nuestra venganza. Como dijimos al principio del capitulo, el perdón no debe confundirse con el olvido de la ofensa recibida. Quien la olvida no perdona, pues el olvido no puede ser remplazado por la decisión de perdonar. El perdón es indudablemente un beneficio para el perdonado, pero también le sirve aun más al que perdona, ya que al perdonar la paz se restituye en su corazón, en el medio ambiente donde se desarrolla, y también con los demás y Dios.

¿Qué debo hacer si al perdonar, mi ofensor no acepta mi perdón?

"Pero si alguno me ha causado tristeza, no me la ha causado a mi solo, sino en cierto modo (por no exagerar) a todos vosotros. Le basta a tal persona esta represión hecha por muchos; así que, al contrario, vosotros mas bien debéis perdonarle y consolarle, para que no sea consumido de demasiada tristeza. Por lo cual os ruego que confirméis el amor para con el. Porque también para este fin os escribí, para tener la prueba de si vosotros sois obedientes en todo. Y al que vosotros perdonáis, yo también; porque también yo lo que he perdonado, si algo he perdonado, por vosotros lo he hecho en presencia de Cristo, para que Satanás no gane ventaja alguna sobre vosotros; pues no ignoramos sus maquinaciones."
2 Corintios 2:5-11

Muchos de nosotros luchamos para aceptar el perdón de nuestro ofensor. Esta incapacidad de aceptar el perdón que nuestro ofensor nos hace es debido a que aun no hemos aceptado verdaderamente el perdón de Cristo, y como resultado vivimos vidas miserables, cargando con culpas que el Señor ya crucifico en la cruz del calvario.

La persona que no ha aceptado el perdón de Cristo se sentirá incapaz de aceptar el perdón de otros, debido a que su pecado acorrala constantemente su alma y su mente. Esta tortura no lo deja estar en paz ni siquiera con su propia persona. Sus pensamientos son totalmente negativos y contradictorios afectando incluso su salud física y mental.

En la epístola de los Corintios, Pablo nos dice que no solo debemos de perdonar a nuestro ofensor, sino también debemos consolarle, para que la persona no sea consumida en la vergüenza y desesperanza. Aunque la persona se niegue a recibir nuestro perdón, debemos confirmarle nuestro amor para con ella y pedirle a nuestro Padre Celestial que le ayude a recibir la redención que él nos ofrece a través de Cristo Jesús.

Perdonar es continuamente

Aprender a perdonar y pedir perdón es un principio bíblico que debemos practicar de forma continua y perseverante en nuestra vida diaria. La práctica de este principio nos prohibirá de:

Libertad y paz.

Capacidad de transmitir gozo y alegría.

Misericordia y compasión para comprender a quienes nos rodean.

Sanidad de las heridas emocionales y sanidad de enfermedades físicas.

Con frecuencia se piensa que perdonar es difícil, sobre todo cuando el grado de la ofensa es muy alto, pero Jesucristo dijo que su yugó es fácil y ligera su carga. Si tenemos una relación personal con el Señor Jesucristo y deseamos obedecer su palabra, el Espíritu Santo nos dará la gracia para perdonar y estaremos conscientes de que si no perdonamos, no hay perdón para nuestros pecados. *Mateo 6:12* dice: *"Y perdonaos nuestras deudas, como también nosotros perdonamos a nuestros deudores."* Mientras mas estrecha sea nuestra relación con el Señor Jesucristo, mas fácil será obedecer este mandato que tantos beneficios trae a nuestra vida.

La falta de perdón nos ciega a ver los planes y propósitos de Dios y del crecimiento como personas. Jesucristo dijo que en este mundo tendríamos aflicciones, pero también dijo "confiad, yo he vencido al mundo." La manera de vencer las aflicciones es perdonando. Este perdón debemos adoptarlo como un estilo de vida diaria. Después de que perdonamos hay algo maravilloso que sucede; enseñanza y sabiduría de Dios que aprendemos en cada evento de la vida.

El ser humano tiene 5 necesidades básicas para vivir: la necesidad de Dios, necesidad de aprobación, necesidad de protección, necesidad de amor, y necesidad de perdón. Cuando estas necesidades no son suplidas por nuestros padres, se convierten en la raíz de nuestros conflictos y problemas, porque nos pasamos la vida demandando estas carencias de hijos, esposo(a), familia, pastores y lideres. Para tener una vida emocionalmente sana, debemos tomar la decisión de perdonar a nuestros padres por no llenar esas necesidades a lo largo de nuestra niñez.

Como dijimos, es necesario perdonar el pasado para no estar amargado en nuestro presente y para que el futuro se despeje. El perdón y el arrepentimiento derrumban muros y fortalezas en todos los ámbitos. Por ejemplo, un matrimonio exitoso no es el de una pareja perfecta, simplemente es la unión de dos perdonadores. Cuando nos hieren y no perdonamos, le permitimos al ofensor sembrar odio, venganza, rencor y resentimiento en nuestro corazón. No podemos permitirle esta oportunidad a nadie.

Quienes se sienten victimas como consecuencia de la falta de perdón, tienen tendencia a buscar culpables. El estilo de vida de perdón y arrepentimiento nos ayuda a pasar de victima a vencedor.

Un buen ejemplo práctico del que no perdona es un herido de bala que en vez de buscar a un medico para sanar, se empeña en perseguir a quien le dio el tiro. El vencedor sana sus heridas y ayuda a otros y como dice la biblia, anda como un león que vive tranquilo en su caminar.

"Tres cosas hay de hermoso andar, y la cuarta pasea muy bien; El león, fuerte entre todos los animales. Que no vuelve atrás por nada."
Proverbios 30:29-30

Manténgase libre de todo aquello que le ofende

"Y por esto procuro tener siempre una conciencia sin ofensa ante Dios y ante los hombres."
Hechos 24:16

Es necesario esforzarse para mantenerse libre de ofensas. Pablo compara esto con un ejercicio constante. Si ejercitamos nuestros cuerpos, seremos menos propensos a las lesiones. Cuando nos ejercitamos en el perdón y nos rehusamos a ofendernos, mantenemos nuestra conciencia digna y limpia.

Algunas veces otros nos ofenden y no nos resulta difícil perdonarlos. Hemos ejercitado nuestro corazón de tal manera que esta en condiciones de manejar la ofensa; por lo tanto, no se produce ningún daño o lesión permanente. En cambio algunas ofensas son mayores de lo que estamos preparados para soportar. Esta presión extra puede causar una herida o una lesión después de la cual deberemos ejercitarnos espiritualmente para estar libres y sanos de nuevo.

Recuerde que la oración y el estudio de la Santa Palabra de Dios, son la mejor manera de ejercitar nuestro corazón y romper con el ciclo del dolor que produjo la ofensa.
David siempre oraba para que el Señor lo protegiera de las conspiraciones del enemigo. Los salmos hacen referencia a los planes macabros del enemigo en contra de David. Pero David sabia que refugiándose en el Señor en oración, él lo libraría de su atacante.

"Líbrame de mis enemigos, oh Dios mío;
Ponme a salvo de los que se levantan contra mi.
Líbrame de los que cometen iniquidad,
Y sálvame de hombres sanguinarios.
Porque he aquí están acechando mi vida;
Se han juntado contra mi poderosos.
No por falta mía, ni pecado mío, oh Jehová;
A causa del poder del enemigo esperare en ti,
Porque Dios es mi defensa.
El Dios de mi misericordia ira delante de mi;
Dios hará que vea en mis enemigos mi deseo.
No los mates, para que mi pueblo no olvide;
Dispérsalos con tu poder, y abátelos,
Oh Jehová, escudo nuestro."
Salmo 59:1-3, 9-11

Los demonios usan las ofensas para que nos cansemos de hacer el bien, por eso, en cada ofensa que recibamos es necesario perdonar para mantener nuestros corazones limpios de deseos de venganza, pues no hay sentimiento mas agradable que vivir libres de sentimientos negativos contra los demás.

No existe una excusa válida cuando se trata de ser usados por el Señor. Las iglesias están llenas de congregantes con dones y talentos, pero se sienten impedidos de ser usados debido a que en sus corazones aún guardan resentimiento por la ofensa que hán recibido de su prójimo. Quien responde a la ofensa con maldición, Dios no podrá usarlo para su obra, y el terreno del que no perdona, se vuelve fértil para los estragos que satanás produce.

Dios es el guardián de nuestras almas, por lo tanto, su deseo es que nos mantengamos libres de toda ofensa para que así su unción fluya en nosotros y podamos ser de bendición a otros.

El Señor Jesús nos dio su ejemplo, nunca devolvió una crítica, insulto u ofensa con maldición:

"Quien cuando le maldecían, no respondía con maldición; cuando padecía, no amenazaba, sino encomendaba la causa al que juzga justamente."
1 Pedro 2:23

Dado a que ningún hijo de Dios le conviene tener algo en contra de alguien, es necesario que aprendamos de su ejemplo, seguir sus pasos y aprender de su carácter para poder también ser bendecidos con su perdón.

Las personas que se mantienen libres de ofensas no son aquellas que nunca han recibido un agravio su ofensa, sino que son aquellas que han reconocido que la falta de perdón es un veneno para sus almas y una deshonra para sus vidas.

Tome la decisión de perdonar ahora. Recuerde que Satanás no puede hacerle daño a usted con una ofensa, a menos que usted se lo permita.

La reprensión no es una ofensa

"El que ama la instrucción ama la sabiduría; Mas el que aborrece la reprensión es ignorante."
Proverbios 12:1

Disciplinar es instruir. Es importante que las medidas disciplinarias no tengan como objetivo o como resultado el someter a la persona a través del miedo o la humillación. Nuestra sociedad cada vez tolera menos la violencia contra las mujeres. Tenemos claro que un hombre no tiene derecho a agredir física o verbalmente a su mujer. Sin embargo, la violencia física y emocional contra los hijos o los desamparados se sigue tolerando. Incluso en algunas instituciones como los orfanatos, refugio de mujeres o iglesias donde las personas acuden para ser sostenidas, existen abusos y ofensas.

Como disciplinar sin ofender

- **Tener metas y reglas claras:** Disciplinar es instruir, pero ¿instruir para que? Tenemos que tener claro que es lo que queremos transmitir, que actitudes queremos fomentar y en eso establecer reglas claras. Por ejemplo, una familia que quiera enseñar la importancia de la cooperación y solidaridad, probablemente tendrá reglas sobre las tareas o aportaciones que los distintos miembros de la familia tienen que realizar.

- **Transmitir el sentido de la regla:** Siguiendo con el ejemplo anterior, a un niño no se le puede decir que necesita recoger sus juguetes porque "digo yo"; pero se le puede explicar que el mantener la casa limpia es tarea de todos y que cada uno tiene que hacer su parte. El transmitir el sentido de una regla no quiere decir que el niño lo vaya a entender en ese momento. Sin embargo, esa explicación puede quedar grabada y ser comprendida después.

- **Reglas constantes:** Una regla tiene que ser constante para cumplir su función. Un error muy frecuente en la disciplina es que una misma conducta puede ser ignorada por los padres, jefes o pastores en una ocasión, mientras que otro día esa misma conducta puede ser razón suficiente para una fuerte represión. Todo dependerá del humor de los que aplican la disciplina. Este tipo de actitudes solo generan confusión en los niños o la persona que se esta disciplinando. Hay que señalar que constancia no quiere decir inflexibilidad.

- **Respeto a la persona:** Disciplinar o corregir ciertas conductas, no significa que se debe de criticar a la persona. Hay una gran diferencia entre señalar que una conducta no fue correcta a decir que una persona es "mala" o "egoísta". Debemos de evitar cualquier descalificación hacia la otra persona. El ofender o criticar solo hace sentir mal al otro y no le ayuda a mejorar.

- **Hay que enseñar:** Muchas veces exigimos conductas sin antes verificar que la otra persona sabe realizar la conducta que pedimos. Por ejemplo, es frecuente que los que aplican o enseñan disciplina se enojen porque la persona no ha hecho la tarea o la hizo mal; pero no se toman el tiempo con la persona para verificar si entiende la tarea que tiene que realizar o para ayudarle a superar aquello que se le dificulta. También es importante enseñarle a la persona lo que **si** debe hacer. Muchas personas que enseñan disciplina se centran en decir lo que no esta permitido que se les olvida transmitir cual seria la conducta positiva.

- **Hay que poner el ejemplo:** Como se menciono anteriormente, la disciplina debe partir de una meta clara sobre las actitudes que queremos fomentar. Por desgracia, muchas veces queremos transmitir actitudes que nosotros no tenemos. La filosofía de "Haz lo que te digo, no lo que hago", solo crea en la persona la idea de que el otro puede imponer porque tiene mas poder. Esta distorsión también ha generado la idea de que el hablar de valores o disciplina es hipocresía.

- **No justificar el enojo:** Mucha gente confunde el disciplinar con el descargar enojo en el niño o la persona. Incluso hay frases como "me enojo o te pego porque te quiero", "te voy a dar unas buenas nalgadas para que aprendas a portarte bien". Cuando nos enojamos, por lo general, ya no estamos disciplinando. Estamos "poniendo al otro en su lugar", estamos "enseñándole quien manda". Y muchas veces nos estamos vengando. Es esta confusión lo que le ha dado tan mala fama a la disciplina. Pero nunca debemos justificar nuestro enojo con el "pretexto" de que estamos "disciplinando".

- **No disciplinar es agresión:** Los padres o lideres que renuncian a su deber de disciplinar a sus hijos o a las personas que tienen a cargo, también los agreden. Los obligan a aprender "por los golpes de la vida" en lugar de compartir su experiencia y de utilizar su madurez para guíarlos. Eso es como dejar a un niño comer toda la comida chatarra que quiera para no cortar su libertad y permitir que el limite se lo ponga su propio cuerpo a través de enfermedades.

El tema de la disciplina puede ser muy complejo porque son muchos los factores que pueden estar involucrados. Pero un buen punto de inicio para aprender a disciplinar sin agresión es el determinar si tengo claro las respuestas a las siguientes preguntas.

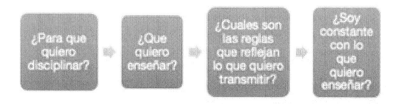

A continuación, veremos como el amor logra responder a estas preguntas adecuadamente.

La disciplina de Dios demuestra su amor

"Por tanto, nosotros también, teniendo en derredor nuestro tan grande nube de testigos, despojémonos de todo peso y del pecado que nos asedia, y corramos con paciencia la carrera que tenemos por delante, puestos los ojos en Jesús, el autor y consumador de la fe, el cual por el gozo puesto delante de él sufrió la cruz, menospreciando el oprobio, y se sentó a la diestra del trono de Dios. Considerad a aquel que sufrió tal contradicción de pecadores contra sí mismo, para que vuestro ánimo no se canse hasta desmayar. Porque aún no habéis resistido hasta la sangre, combatiendo contra el pecado; y habéis ya olvidado la exhortación que como a hijos se os dirige, diciendo: Hijo mío, no menosprecies la disciplina del Señor, Ni desmayes cuando eres reprendido por él; Porque el Señor al que ama, disciplina, Y azota a todo el que recibe por hijo. Si soportáis la disciplina, Dios os trata como a hijos; porque ¿qué hijo es aquel a quien el padre no disciplina? Pero si se os deja sin disciplina, de la cual todos han sido participantes, entonces sois bastardos, y no hijos. Por otra parte, tuvimos a nuestros padres terrenales que nos disciplinaban, y los venerábamos. ¿Por qué

no obedeceremos mucho mejor al Padre de los espíritus, y viviremos? Y aquéllos, ciertamente por pocos días nos disciplinaban como a ellos les parecía, pero éste para lo que nos es provechoso, para que participemos de su santidad. Es verdad que ninguna disciplina al presente parece ser causa de gozo, sino de tristeza; pero después da fruto apacible de justicia a los que en ella han sido ejercitados. Por lo cual, levantad las manos caídas y las rodillas paralizadas; y haced sendas derechas para vuestros pies, para que lo cojo no se salga del camino, sino que sea sanado."
Hebreos 12:1-13

La disciplina del Señor es un hecho con frecuencia ignorado en la vida de los creyentes. Frecuentemente lamentamos nuestras circunstancias sin darnos cuenta de que estas son las consecuencias de nuestro propio pecado, y que son parte de la gracia y amorosa disciplina del Señor por ese pecado. Esta ignorancia egocentrista puede contribuir a la formación de hábitos pecaminosos en la vida del creyente, incurriendo entonces en la necesidad de una disciplina aun mayor. Si continua la falta de arrepentimiento, el habito, o una pecaminosidad "severa", con frecuencia requeriría de un trato mas severo.

La disciplina del Señor trabaja para nuestro propio bien, para que él pueda ser glorificado en nuestras vidas. Él quiere que exhibamos vidas de santidad, vidas que reflejen la nueva naturaleza que Dios nos ha dado:

"Como hijos obedientes, no os conforméis a los deseos que antes teníais estando en vuestra ignorancia; sino, como aquel que os llamo es santo, sed también vosotros santos en toda vuestra manera de vivir; porque escrito esta: Sed santos, porque yo soy santo."

1 Pedro 1:14-16

Si pecamos sin arrepentirnos, podemos esperar ser disciplinados. La disciplina, sin embargo, es como la formación de un diamante en bruto, para que seamos refinados y fortalecidos. El ignorar la disciplina del Señor y continuar en pecado, llevara a mas disciplina, mayor sufrimiento, y por ultimo, aun la muerte. Recordemos que el perdón es el mas precioso regalo que hemos recibido de nuestro Padre Celestial. Cuando Dios envió a su Hijo al mundo no lo envió a cobrar deudas, sino que lo envió a perdonar, para que por medio de su sangre fuéramos limpios de todos nuestros pecados. El perdón de esta deuda no fue un acto realizado por decreto (que hubiera sido fácil), sino por medio de la muerte de su propio Hijo.

Lo que en verdad agrada a Dios es que reconozcamos que necesitamos de su gracia y su perdón. El corazón de Dios es tan amplio, sus pensamientos son tan generosos, la provisión de la sangre de Jesús es tan abundante, que hay salvación para todo aquel que se acerca a Él con un corazón quebrantado. ¿Quiere recibir el perdón de sus pecados hoy? de usted depende, la decisión es suya.

Conclusión para el perdón

El arrepentimiento y el perdón son dos dones especiales que Dios ha puesto a nuestro alcance para quebrar el poder de satanás sobre nosotros.

El pecado lo usa como una trampa mortal que esclaviza y quita la vida de sus victimas; es una muerte muy lenta. Cuando me arrepiento de todas las cosas que inconscientemente se que no agradan a Dios, y perdono y recibo perdón, debo creer en lo profundo de mi corazón que Dios me acepta como su hija o hijo y que al instante me limpia y acepta por el Padre Celestial, debo decidirme crecer y a seguir adelante con mi vida.

La sanidad del alma es un proceso paso a paso: la persona no tiene que traer a memoria cada mínimo detalle de su pasado y todas las cosas malas que ocurrieron. Dios estableció el arrepentimiento y el perdón como el proceso necesario para sanidad del espíritu, el alma y el cuerpo.

Dios sabia que sin establecer estas prioridades, una persona estaría siempre espiritualmente esclavizada.

Para recibir sanidad, una persona debe creer en su corazón que Dios ralamente le ama. El amor de Dios es sanador; satanás obtiene poder sobre un corazón despreciado, influenciando la mente de sus seguidores.

El amor incondicional de Dios es capas de resplandecer todo lo que satanás ha pervertido y está dispuesto hacerlo. Cristo Jesús pago el precio para redimirnos de la maldición de la muerte espiritual y para intercambiar un corazón quebrantado por uno nuevo.

"Y le daré un corazón, y un espíritu nuevo pondré dentro de ellos; y quitare el corazón de piedra de en medio de su carne, y les daré un corazón de carne."
Ezequiel 11:19

"Siendo manifiesto que sois carta de Cristo expedida por nosotros, escrita no con tinta, sino con el Espíritu del Dios vivo; no en tablas de piedra, sino en tabla de carne del corazón."
2 Corintios 3:3

El 90% para que una persona sea libre esta en su arrepentimiento.

La palabra de Dios revela la verdad, la sanidad de nuestros cuerpos depende de la sanidad de nuestra alma, estudios realizados por expertos profesionales de la salud concluyen que la falta de perdón y el resentimiento, el odio y la amargura pueden causar muchas enfermedades.

Las actividades negativas ya sean en la mente o en las emociones pueden abrir una puerta y dar derechos al diablo para atacar nuestros cuerpos físicos; *"Airaros, pero no pequéis; no se ponga el sol sobre vuestro enojo, ni deis lugar al diablo." Efesios 4:26-27.*

Una vez que la persona obedece a Dios y perdona quien le han herido, le resulta mas fácil recibir y mantener la sanidad; todo comienza en el alma.

Juan escribe: *"Amado, yo deseo que tu seas prosperado en todas las cosas, y que tengas salud, así como prospera tu alma." 3 Juan 1:2.* El perdón trae salud y prosperidad en todas las áreas de nuestra vida, Dios desea bendecirnos y prosperarnos.

Vamos a hacer un ejercicio orando a Dios mencioné el nombre de la persona que le ofendió.

Señor Jesús yo se que moriste en la cruz del calvario por mis pecados. Te pido perdón y abro mi corazón para que tu entres y me llenes de tu amor y de tu paz. Ahora Dios Padre, vengo a ti perdonando a _____ en el nombre de Jesús hoy lo/a bendigo con tu amor.

Antes de empezar a perdonar a las personas que te han dañado, perdónate a ti mismo, empieza a decirte a ti mismo lo que sientes, lo triste que estas contigo mismo y empieza a perdonar a la personas que te han herido y dañado; ya sea tu esposo, esposa, mama, papa, abuelo, tío, jefe de trabajo o cualquier otro miembro de la familia o cualquier persona que te acuerdes que te ofendió y que tengas que perdonar.

Un ejemplo es: "mama, estoy enojada contigo por hacer preferencia entre mis hermanos y yo. Estoy muy enojada contigo porque me hablas mal."

Una vez que haya dicho lo que sientes y el daño que te hicieron las personas que te dañaron, es tiempo de bendecir primero pidiéndole a Dios por tu corazón, que lo llene de paz, amor y de lo que le haga falta y que bendiga con perdón tu corazón y bendice a las personas mencionando sus nombres y que te llene de su Espíritu Santo, para bendecir y no maldecir mas.

Hoy en día, la falta de perdón en el cuerpo de Cristo es el mayor problema y trae consecuencias que los creyentes a veces hieren a otras personas. La falta de perdón es una puerta destructiva para nuestra vida espiritual, emocional y física. En *Mateo 18:35* nos dice *"Así también hará con vosotros mi Padre Celestial, si no perdonareis de vuestros corazones cada uno a su hermano sus ofensas."*

Preguntas acerca del perdón:

1. Como saber si hemos perdonado cuando al recordar lo que nos hicieron ya no nos duele mas, recordamos, pero ya no hay dolor en nosotros.
2. ¿Qué hacer de aquellos que nos ofenden constantemente?
3. ¿Qué hay que hacer con aquellos que no aceptan nuestro perdón?

Perdónalos todas las veces que sea necesario, Jesús dijo setenta veces siete, luego debemos tratar de apartarnos de ellos para evitar ser heridos otra vez.

> *"Entonces Pedro, llegándose a el, dijo: Señor ¿cuántas veces perdonare a mi hermano que pecare contra mi? ¿hasta siete? Jesús le dice: No te digo hasta siete, mas aun hasta setenta veces siete"*
> *Mateo 18:21-22*

El perdonar es un estilo de vida, el hecho de haber perdonado a alguien no significa que debemos estar de grandes amigos. Es recomendable que si hay una persona que le hiere muy a menudo, usted trate de guardar una distancia y si es posible debe separarse de esa amistad; pero hágalo con amor. Aquellos que mas amamos a veces son los que mas nos hieren, son las personas con las cuales nos relacionamos mas de cerca.

Renuncia a todo espíritu de resentimiento, amargura, odio y falta de perdón.

La falta de perdón es un arma del enemigo.

> *"Y cualquiera que haga tropezar a alguno de estos pequeños que crean en mi, mejor le fuera que se le colgase al cuello una piedra de molino de asno, y que se le hundiese en lo profundo del mar. ¡Hay del mundo por los tropiezos!, porque es necesario que vengan tropiezos, pero ¡hay que aquel hombre por quien viene el tropiezo!"*
> *Mateo 18:6-7*

Satanás toma ventaja en nuestras vidas *1 Corintios 2:11 "Porque ¿quien de los hombres sabe las cosas del hombre, sino al espíritu de hombre que esta en el? Así tampoco nadie conoció las cosas de Dios, sino el Espíritu de Dios."*

La falta de perdón es una puerta abierta a satanás que destruye nuestro hogar, nuestras finanzas, nuestra salud y a otras personas. *Efesios 4:27 "Ni deis lugar al diablo."*

Hoy aremos una renuncia de la falta de perdón, confesando y renunciando a todo el dolor con cada persona que te a herido.

Oración

Señor Jesús, hoy vengo a ti para entregarte mi resentimiento, mi rencor, mi odio y mi falta de perdón. Amado Dios pensaba que ya había perdonado, pero hoy me doy cuenta de que todos estos años la falta de perdón me ha tenido encadenado y atado, pero hoy quiero ser libre de esta atadura y hoy yo perdono a las personas que me habían hecho daño. *Mencione el nombre de las personas que lo hirieron y diga*; "Hoy perdono a...

_____, _____, _____.

Señor Jesucristo, vengo a ti hoy pidiendo tu intervención divina en mi corazón que a estado atado por la falta de perdón, llevándome a mantenerme bajo una ofensa. Cada vez que recuerdo las personas que me hirieron y me ofendieron siento mucho coraje, odio, frustración, y rencor. Esto me lleva a sentir atado, atrapado, y desesperado, pero hoy, Cristo Jesús, decido perdonar como tu dices en tu palabra,

"Porque si perdonáis a los hombre sus ofensas, os perdonara también a vosotros vuestro Padre celestial."
Mateo 6:14

Renuncio a todo espíritu de la falta de perdón. Arranco de mi alma toda sombra de muerte y destrucción hoy voluntariamente decido soltar y perdonar a todas las personas, amigos, vecinos, familiares, etc. Ordeno a todo espíritu demoniaco de falta de perdón salga fuera. Lo arrojo al abismo y declaro que no se levanta mas. Cierro todas las puertas que yo mismo les abrí, quito todo derecho legal en el poderoso nombre de Jesús.

Hoy quiero conocer tu inmenso amor sobrenatural que tienes para mi. Gracias Padre Celestial por hablarme, liberarme, romper toda atadura de falta de perdón.

"Porque tu, Señor, eres bueno y perdonador, Y grande en misericordia para todos los que te invocan."
Salmos 86:5

Sello esta oración con la preciosa sangre de Jesús y con tu maravilloso Espíritu Santo. Amen. Amen.

CAPITULO 11

DESENMASCARANDO A SATANAS

Satanás se esconde bajo sus diferentes mascaras diabólicas. Detrás de todo lo que a veces vivimos que es doloroso esta la mano negra de satanás, lo que el diablo desea en primer lugar es nuestro espíritu, pero si él no puede con nuestro espíritu, tratará de conseguir el alma y a menudo va a traernos dolor y molestias a nuestro cuerpo físico, finanzas, posesiones y relaciones para darle un golpe a su alma.

Usted debe saber con certeza estas cosas acerca de su enemigo

1. Satanás es real
2. Nunca abandona su persecución hacia nosotros
3. Su fuerza satánica tiene un plan completamente malvado

El diablo no está jugando, él es real.

Algunas personas siempre dicen: "yo no creo en el diablo", y la verdad que a satanás si le gusta escuchar eso. El diablo hace fiesta cuando la gente se reúsa a creer en él, esto quiere decir que él puede entrar en la persona cuando a él le da la gana.

Si una persona no cree en el diablo nunca va a entender las trampas en las cuales continuara cayendo, nunca va a tratar de entender como conquistar las tentaciones negativas, debilidades, adicciones y a lo que se enfrente.

Nunca entenderá la forma de evitar ceder a la tentación; nunca aprenderá a vencer el sentimiento de culpa con la bajo autoestima, las cuales debilitan a una persona y la hace más susceptible en las tentaciones y a los ataques.

El diablo es invisible, no se parece como lo pinta la gente, rojo con cola larga y cuernos o una sombra negra, en realidad el hace lo más que puede para disfrazarse y hacerse invisible para no ser culpado o descubierto atacando como un enemigo; el manipula circunstancias y situaciones contra usted, usara gente contra usted, personas que lo maltraten.

Hoy satanás será desenmascarado, él es un mentiroso, asesino y ladrón y eso es poco a lo que realmente es.

Pero Jesús descubrió al diablo en esta manera:

"Vosotros sois de vuestro padre el diablo, y los deseos de vuestro padre queréis hacer. Él ha sido homicida desde el principio, y no ha permanecido en la verdad, porque no hay verdad en él. Cuando habla mentira, de suyo habla; porque es mentiroso, y padre de mentira."
Juan 8:44

"El ladrón no viene sino para hurtar, matar y destruir; yo he venido para que tengan vida, y para que la tengan en abundancia."
Juan 10:10

El diablo es tramposo y astuto. El apóstol Pablo dicen:

"Pero temo que como la serpiente con su astucia engañó a Eva, vuestros sentidos sean de alguna manera extraviados de sincera fidelidad a Cristo."
2 Corintios 11:3

Note tres palabras claves en este versículo:

- **Engañó** - El diablo intenta engañarnos convenciéndonos que el bien es mal y el mal es bien. Sera engañado en creer una mentira el diablo es mentiroso desde el principio él no tiene capacidad para decir la verdad en cuanto algunas cosas.

- **Astucia** - El manipula con mucha estucha, trampas y estrategias, el diablo no nos ataca de frente, él es un cobarde, encuentra una puerta de entrada un punto de debilidad, el acecha aquellas cosas que nosotros creemos que ya hemos resuelto.

  Se especializa en aquellas cosas que nosotros no consideramos como problema, el diablo hace lo posible de ocultar su identidad; disfrazarse cuando trata con nosotros, pero esas mascaras de disfraz están cayendo poco a poco.

- **Extraviado** - Esta palabra en otras traducciones significa "seducidos" la palabra en el original griego quiere decir "ser atrapado sutilmente" pero de todas formas ser descuidados de una devoción pura a Jesucristo, la persona seducida por una tentación sigue las paciones y los deseos de su propio yo en lugar de hacer la voluntad y los mandatos de Dios, el diablo ataca nuestras debilidades con mucha astucia, él llega precisamente al punto en el cual todavía queremos lo que es contrario a los mandatos de Dios. El ataca de forma sutil para desviarnos de Dios, el diablo es 100% malvado no hay nada bueno en él, ningunos de sus planes son buenos. El diablo nunca deja de perseguirnos, él es terco.

Usted nunca podrá eliminar de su vida las tentaciones del diablo, no importa lo maduro que usted llega a ser espiritualmente, él todavía tiene acceso a usted. El diablo nunca dejara de asecharlo espiritualmente si usted es creyente, la palabra de Dios dice así:

"Sed sobrios, y velad: porque vuestro adversario el diablo, como león rugiente, anda alrededor buscando a quien devorar."
1 Pedro 5:8

El diablo es como una bestia salvaje, siempre asecha a su víctima, siempre buscando inducir con su rugido un miedo paralizante en su víctima constantemente, el diablo no dejara de acecharnos, el no deja de rugir en un esfuerzo de atacarnos e inducirnos miedo.

Las únicas personas que no se encuentran bajo ataque satánico son aquellas que están totalmente controladas por satanás, que ya no sienten culpa o ninguna convicción en cuanto a la tentación del diablo.

Nunca llegaremos al punto donde usted y yo no vamos a ser atacados; lo único que lo puede mantener inmune de la tentación es caminar en completa obediencia a Dios y estar totalmente lleno del Espíritu Santo, porque la tentación siempre está donde quiera.

Satanás dejo a Jesús después que lo tentó en el desierto. La biblia pone al descubierto a el reino de satanás.

Hay una tremenda importancia y responsabilidad dada a los cristianos en este tiempo del fin, para destruir los reinos demoniacos del mundo.

Cuando Jesús comenzó su ministerio, el líbero a muchas personas que eran atacadas por demonios. El realizo muchas de sus sanidades por medio de echar fuera al espíritu de enfermedad:

"Y se difundió su fama por toda Siria; y le trajeron todos los que tenían dolencias, los afligidos por diversas enfermedades y tormentos, los endemoniados, lunáticos y paralíticos; y los sano."
Mateo 4:24

Jesús en su ministerio comenzó a revelar a nuestro enemigo satanás y su reino demoniaco por medio del hombre gadareno, Jesús empezó a mostrarnos que:

1. Las obras de satanás son casi incontables.
2. Los demonios pueden habitar en un cuerpo humano.
3. Los demonios pueden ocasionar que una persona tenga una fuerza física sobrehumana.
4. Cuando una persona puede estar infectada de espíritus inmundos muchas veces la hacen que viva en condiciones y lugares sucios.
5. Aunque extremadamente endemoniada, una persona puede tener momentos lucidos y convincentes.
6. Los demonios se ponen agresivamente y se niegan a ser echados fuera.
7. Los demonios tienen inteligencia.

8. Los demonios desean estar en cuerpo humano, aun en los animales.
9. Los demonios caen bajo la línea de autoridad dentro de los límites geográficos y tienen miedo de entrar en el terreno de otro espíritu gobernador.
10. Los demonios conocen la palabra de Dios.

Los demonios saben que la palabra dice acerca del fin cuando ellos serán consignados al abismo:

"Vi a un ángel que descendía del cielo, con la llave del abismo, y una gran cadena en la mano. Y prendió al dragón, la serpiente antigua, que es el diablo y Satanás, y lo ató por mil años; y lo arrojó al abismo, y lo encerró, y puso su sello sobre él, para que no engañase más a las naciones, hasta que fuesen cumplidos mil años; y después de esto debe ser desatado por un poco de tiempo."
Apocalipsis 20:1-3

También ellos sabían que Jesús era el hijo de Dios:

"Y clamando a gran voz, dijo: ¿Qué tienes conmigo Jesús, Hijo del Dios altísono? Te conjuro por Dios que no me atormentes."
Marcos 5:7

Jesús comenzó a revelar a nuestro verdadero enemigo; satanás y sus malvados demonios, nunca el hombre tuvo entendimiento completo de que también Jesús empezó a enseñar a como derrotar al enemigo, de hecho, Jesús anuncio específicamente que el vino a libertar a los cautivos.

"El Espíritu del Señor está sobre mí, Por cuanto me ha ungido para dar buenas nuevas a los pobres; Me ha enviado a sanar a

*los quebrantados de corazón; A pregonar libertad a los cautivos,
Y vista a los ciegos; A poner en libertad a los oprimidos;"*
Lucas 4:18

*"El que practica el pecado es del diablo; porque el diablo peca
desde el principio. Para esto apareció el Hijo de Dios, para
deshacer las obras del diablo."*
1 Juan 3:8

Jesús les dio poder a los discípulos para echar fuera demonios, él les dio autoridad a los setenta para que hicieran lo mismo:

*"Entonces llamando a sus doce discípulos, les dio autoridad
sobre los espíritus inmundos, para que los echasen fuera, y para
sanar toda enfermedad y toda dolencia. Los nombres de los
doce apóstoles son estos: primero Simón, llamado Pedro, y
Andrés su hermano; Jacobo hijo de Zebedeo, y Juan su
hermano; Felipe, Bartolomé, Tomás, Mateo el publicano, Jacobo
hijo de Alfeo, Lebeo, por sobrenombre Tadeo, Simón el
cananista, y Judas Iscariote, el que también le entregó. A estos
doce envió Jesús, y les dio instrucciones, diciendo: Por camino
de gentiles no vayáis, y en ciudad de samaritanos no entréis, sino
id antes a las ovejas perdidas de la casa de Israel. Y yendo,
predicad, diciendo: El reino de los cielos se ha acercado. Sanad
enfermos, limpiad leprosos, resucitad muertos, echad fuera
demonios; de gracia recibisteis, dad de gracia."*
Mateo 10:1-8

*"Después llamo a los doce, y comenzó a enviarlos de dos en dos;
y les dio autoridad sobre los espíritus inmundos."*
Marcos 6:7

Jesús les dijo muy claro que todos los creyentes deberían echar fuera demonios:

"Y estas señales seguirán a los que creen: en mi nombre echaran fuera demonios; hablaran nuevas lenguas"
Marcos 16:17

Jesús empezó a instruir a sus discípulos y por supuesto a nosotros a cómo desarrollarnos en la guerra espiritual, el enseño como atar y desatar:

"Porque ¿cómo puede alguien entrar en la casa del hombre fuerte, y saquear sus bienes, si primero no le ata? Y entonces podrá saquear su casa."
Mateo 12:29

"Y a ti te daré las llaves del reino de los cielos; y todo lo que atares en la tierra será atado en los cielos; y todo lo que desatares en la tierra será desatado en los cielos."
Mateo 16:19

El enseño como combatir con el enemigo, cancelando y derribando sus puertas:

"Y yo también te digo, que tú eres Pedro, y sobre esta roca edificare mi iglesia; y las puertas del Hades no prevalecerán contra ella."
Mateo 16:18

El enseño que los espíritus malignos van a lugares áridos cuando son echados fuera, y si fuera posible regresan siete espíritus malos para entrar de nuevo:

"Cuando el espíritu inmundo sale del hombre, anda por lugares secos, buscando reposo; y no hallándolo, dice: Volveré a mi casa de donde salí."
Lucas 11:24

Por eso debemos entender que nuestra casa no puede dejarse vacía, ni desprotegida después que los demonios son echados fuera. Tenemos que ser llenos con el Espíritu Santo y la palara de Dios.

Jesús también les dio a todos los creyentes autoridad y responsabilidad para hacer guerra:

"Porque David no subió a los cielos; pero el mismo dice: Dijo el Señor a mi Señor: Siéntate a mi diestra, hasta que ponga a tus enemigos por estrado de tus pies."
Hechos 2:34-35

"Porque preciso es que el reine hasta que haya puesto a todos sus enemigos debajo de sus pies."
1 Corintios 15:25

"Pero Cristo, habiendo ofrecido una vez para siempre un solo sacrificio por los pecados, se ha sentado a la diestra de Dios."
Hebreos 10:12-13

Todos los creyentes debemos tomar acción de echar fuera los demonios, fuera de su casa donde vives, fuera de su cuerpo, fuera de su familia y fuera de sus finanzas. La victoria completa de Jesús sobre el reino de satanás, Jesús vino por medio de la cruz y su resurrección, el vino y por nosotros destruyo principados y derroto a satanás declarando así la suerte del diablo:

> *"Y despojando a los principados y a las potestades, los exhibió públicamente, triunfando sobre ellos en la cruz."*
> *Colosenses 2:15*

Los poderes del gobierno de satanás es cosa del pecado, con la muerte y resurrección del hijo se nos empodero para que nosotros fuéramos conquistadores sobre el reino de satanás, el príncipe de este mundo esta vencido y juzgado:

> *"Y de juicio, por cuanto el príncipe de este mundo ha sido ya juzgado."*
> *Juan 16:11*

La autoridad y el poder para derrotar al enemigo es un privilegio otorgado por Dios a todos los santos:

> *"He aquí os doy potestad de hollar serpientes y escorpiones, y sobre toda fuerza del enemigo, y nada os dañara."*
> *Lucas 10:19*

Jesús dijo que nosotros somos la iglesia:

> *"Y yo también te digo, que tú eres Pedro, y sobre esta roca edificare mi iglesia; y las puertas del Hades no prevalecerán contra ella."*
> *Mateo 16:18*

En el libro de los Hechos, encontramos principios de la mayor revelación del reino de satanás. Pablo en varias de sus cartas se refiere a principados, potestades, gobernadores de las tinieblas de este mundo, tronos y dominios:

"Porque no tenemos lucha contra sangre y carne, sino contra principados, contra potestades, contra los gobernadores de las tinieblas de este siglo, contra huestees espirituales de maldad en las regiones celestes."
Efesios 6:12

"Porque en él fueron creadas todas las cosas, las que hay en los cielos y las que hay en la tierra, visibles e invisibles; sean tronos, sean dominios, sean principados, sean potestades; todo fue creado por medio de él y para él."
Colosenses 1:16

Los apóstoles y los creyentes continuaron la lucha contra el reino de satanás. Pedro, Juan y los otros apóstoles incluyendo a Pablo, quien también lucho contra satanás para echarlo fura.

"Y aun de la ciudad vecinas muchos venían a Jerusalén, trayendo enfermos y atormentados de espíritus inmundos; y todos eran sanados."
Hechos 5:16

¿Recuerda usted a una joven con espíritu de adivinación que seguía a Pablo y Silas por todas partes donde iban ellos? echaron fuera a ese espíritu:

"Y esto lo hacía por muchos días; mas desagrado a Pablo, este se volvió y dijo al espíritu: Te mando en el nombre de Jesucristo, que salgas de ella. Y salió en aquella misma hora."
Hechos 16:18

El echar fuera demonios fue practicado tan ampliamente por los cristianos, que los judíos intentaron hacer lo mismo.

Los hijos de Esceva aprendieron en tierra ajena una dolorosa lección cuando trataron de echar fuera demonios sin creer en Jesucristo:

"Pero algunos de los judíos, exorcistas ambulantes, intentaron invocar el nombre del Señor Jesús sobre los que tenían espíritus malos, diciendo: Os conjuro por Jesús, el que predica Pablo. Había siete hijos de un tal Esceva, judío, jefe de los sacerdotes, que hacían esto. Pero respondiendo el espíritu malo, dijo: A Jesús conozco, y sé quién es Pablo; pero vosotros, ¿quiénes sois? Y el hombre en quien estaba el espíritu malo, saltando sobre ellos y dominándolos, pudo más que ellos, de tal manera que huyeron de aquella casa desnudos y heridos."
Hechos 19:13-16

El hombre con espíritu inmundo salto sobre ellos y estos huyeron desnudos y heridos.

En el libro de Apocalipsis, 50 años después de que Jesús ascendió al Padre, él le dio al apóstol Juan una revelación completa de las intenciones de satanás de vencer a los santos en los tiempos finales, para que no pudiera gobernar al mundo entero:

"Entonces el dragón se llenó de ira contra la mujer; y se fue a hacer guerra contra el resto de la descendencia de ella, los que guardan los mandamientos de Dios y tiene el testimonio de Jesucristo."
Apocalipsis 12:17

"Y se le permitió hacer guerra contra los santos y vencerlos. También se le dio autoridad sobre toda tribu, pueblo, lengua y nación. Aquí hay sabiduría. El que tiene entendimiento, cuente el

número de la bestia, pues es número de hombre. Y su número es seiscientos sesenta y seis."
Apocalipsis 13:7,18

No solamente eso, un encuentro entre el pueblo de Dios y las del reino de satanás tendrá lugar.

La cruz desarmo a satanás y los poderes espirituales hostiles que habían reinado sobre el hombre y el mundo, este reinado había tenido su origen en el pecado y la caída. Ahora Jesús había venido a arruinarlos, y despojando a los principados y a las potestades, los exhibió públicamente triunfando sobre ellos en la cruz *(Colosenses 2:15 "Y despojando a los principados y a las potestades, los exhibió públicamente, triunfando sobre ellos en la cruz)* las escrituras nos enseñan que satanás ha sido desposeído de su derecho, poder y autoridad sobre todo de la cruz y recibió la preciosa sangre de Cristo como expiación por su pecado.

¿De que despojo Jesús a satanás?

Veamos en *Romanos 8:33-34 "¿Quién acusara a los escogidos de Dios? Dios es el que justifica. ¿Quién es el que condenara? Cristo es el que murió; más aun, el que también resucito, el que además está a la diestra de Dios, el que también intercede por nosotros."*

Que lo despojo del derecho a culparnos. Satanás ha sido despojado de su derecho a mantenernos cautivos, ya no somos culpables. Ha sido despojado de su derecho de propiedad sobre nosotros. No tiene armas, ni derecho de retenernos.

Jesús exhibió a satanás públicamente en la cruz

Cristo hizo de ellos un espectáculo público, alguien podría objetar este pasaje y decir "¿no es Cristo quien ese día fue hecho un espectáculo público?" Efectivamente lo fue despojado de sus vestiduras y hecho un espectáculo público ante hombres que gritaron: "Si eres hijo de Dios, desciende de la cruz". Pero debemos recordar que había otro espectáculo publico desarrollándose en la invisible esfera espiritual.

En la esfera espiritual, Cristo hizo un espectáculo público de satanás y de todos los ejércitos demoniacos. Jesús los exhibió ante el mundo espiritual y ante los ojos de los justos que han llegado a la perfección. Ellos no lo vieron como un ángel de luz, como frecuentemente le gusta presentarse; sino en su verdadera naturaleza lo vieron como un ladrón corrompido y mentiroso. Satanás y todos los ejércitos demoniacos fueron vistos en su verdadera naturaleza.

Satanás y todas las huestees se llenaron de coraje contra el Hijo de Dios. Había una cruz y una tumba vacía, Jesús derroto a satanás en su propio terreno, fue expuesto en exhibición como el enemigo derrotado que realmente es; es un asesino. Jesús paso a través de la atmosfera, declarando que ni la ley de la gravedad, ni los poderes del infierno lo podrían retener.

Jesús derroto a satanás

Jesús decidió morir por su pueblo porque sabía que el enemigo era un hombre fuerte mortalmente malvado, pero vino uno más fuerte para poner en libertad a los cautivos.
Jesús actuó en la historia no solo para reconciliar a los pecadores, sino también para exponer el error del dualismo en todos lados, la gente tenía a los dioses de la superstición.

Jesús no solo los derroto, sino que también anuncio que se inclinarían ante él y lo reconocieran como Señor.

El poder de satanás fue demolido en la cruz, Jesús triunfo sobre satanás por fin había llegado su tiempo de derrota, mas sin embargo, restan las preguntas:
Si satanás ha sido desarmado, exhibido y derrotado en la cruz, ¿Por qué mi vida esta tan lejos de ser victoriosa?

Ante todo, si usted no ha sido salvo está expuesto a que satanás lo ataque y resida en su vida, usted no puede tener victoria sobre satanás si no aplica la sangre de Cristo a sus pecados, en segundo lugar, si usted es creyente la única manera en que satanás lo puede atacar es si usted le ha dado derechos para hacerlo.

La biblia advierte *ni deis lugar al diablo (Efesios 4:27)*
Si usted le ha dado lugar al diablo viviendo en rebeldía y pecado, ha abierto una puerta donde le da la bienvenida al enemigo para que venga y lo esclavice.

Hay victoria en la cruz, la sangre limpio nuestros pecados y le quito a satanás todo el poder, cada clavo que traspasaron en sus preciosas manos fue también un clavo en el fetro de satanás. Cada cristiano fue echo libre, la muerte de Cristo fue una batalla en la que Dios obtuvo una victoria inmortal en el conflicto.

Nuestro Señor murió ganando la batalla y se levantó de la muerte triunfante para imponer la victoria.

Hay victoria en Jesús todos los días. Cuando satanás viene, sencillamente le recordamos quien es nuestro salvador, si nos culpa le declaramos que hemos sido perdonados, si desea tentarnos dejemos que las palabras de nuestro Señor lo derroten.

Si quiere tocarnos le declaramos que él no tiene autoridad sobre lo que es propiedad de Dios, renunciando que ya no somos de su propiedad, si no que ahora somos propiedad exclusivamente de Dios.

Dios promete a su pueblo romper las puertas del enemigo

"Alaben la misericordia de Jehová, Y sus maravillas para con los hijos de los hombres. Porque quebrantó las puertas de bronce, Y desmenuzó los cerrojos de hierro."
Salmo 107:15-16

El mismo Jesucristo tienes las llaves del infierno y de la muerte

"Y el que vivo, y estuve muerto; mas he aquí que vivo por los siglos de los siglos, amen. Y tengo las llaves de la muerte y del Hades"
Apocalipsis 1:18

Las llaves, por supuesto de puertas y portones.

Como se profetizo en *Isaías 22:22* "Y pondré la llave de la casa de David sobre su hombro; y abrirá, y nadie cerrará; cerrará, y nadie abrirá."

El poder de las llaves de David,

"Escribe al ángel de la iglesia en Filadelfia. Esto dice el Santo, el Verdadero, el que tiene la llave de David, el que abre y ninguno cierra, y cierra y ninguno abre."
Apocalipsis 3:7

Las puertas del enemigo en los tiempos del fin serán tomadas por el pueblo de Dios,

*"Las puertas de los ríos se abrirán, y
el palacio será destruido."
Nahúm 2:6*

Dios nos ordena a destruir las fortalezas de satanás,

*"Extendió su mano sobre el mar, hizo temblar los reinos, Jehová mando respecto a Canaán, que sus fortalezas sean destruidas."
Isaías 23:11*

La desobediencia abre puertas ha satanás

No abra puertas, esa es la manera de mantener a los demonios afuera, la desobediencia es lo que les permite entrar.

Cuando Cristo libera a las personas de la opresión demoniaca la biblia dice que su expulsión de los espíritus inmundos era efectiva, él prohibía que volvieran a entrar.

*"Y cuando Jesús vio que la multitud se agolpaba, reprendió al espíritu inmundo, diciéndole; Espíritu mudo y sordo, yo te mando, sal de él y no entres más en él."
Marcos 9:25*

Lo que encontramos ordenando al espíritu malvado que salga y que no entre más, expulsado en el nombre de Jesús es definitivo.

Los demonios que son expulsados no tienen opción de regresar, hay otros demonios que pueden ocupar su lugar; pero cuando son expulsados al abismo ya no tienen acceso a esa vida. Para los creyentes que hemos sido libres, la manera de permanecer libres y mantener la libertad es mantener una relación de confesión con Dios a través de Jesús. Practicar la desobediencia es una entrada segura para los demonios ¡no lo hagas!!!

No haga trato con satanás, satanás fue capaz de entrar exitosamente en Judas, *Lucas 22:2-4 "y los principales sacerdotes y los escribas buscaban como matarle; porque tenían al pueblo. Y entro satanás en Judas, por sobrenombre Iscariote, el cual era uno del número de los doce; y este fue y hablo con los principales sacerdotes, y con todos los jefes de la guardia, de cómo se lo entregara."*

El propio satanás entro en Judas y lo poseyó, no parecer haber sido muy difícil y se describe en solo una oración en la palabra de Dios. ¿Qué puerta abrió? Todos podríamos especular, pero obvio que había una puerta abierta mediante el pecado NO confesado y que probablemente era ladrón; es interesante que Jesús no dijo que Judas tenía un demonio, dijo: él era el diablo *Juan 6:70, "Jesús les respondió; ¿No os he escogido yo a vosotros los doce, y uno de vosotros es diablo?"* Tal vez Judas era un agente secreto de satanás; ¡estaba en la cena del Señor no solo Judas…satanás estaba allí!!! Cuando entro en Judas, en el más solemne de todos los momentos. Después de haber orado juntos y dado gracias, satanás entro en Judas, los demonios pensaban que nadie los avía visto cuando esto susidio. No fue visible, los discípulos ni estaban seguros de que sería uno de ellos quien traicionara a Jesús, a menudo he pensado en esto; ¿Tenía Judas una maldición generacional tan grande que los demonios podían entrar y salir por esa puerta?

Habría hecho un pacto con satanás sin duda era capaz de hacerlo porque lo hiso con las autoridades para traicionar a Jesús.

Hasta el día de hoy la gente sigue haciendo pacto con satanás. Por tanto, aunque parezca, yo sé que en su frustración y necesidad algunas personas traten de hacer negocio con satanás, a menudo buscan el poder y los favores a través de medios demoniacos. Tenga cuidado de hacer un trato con santas, mantenga esa puerta bien cerrada con candado.

El pecado NO confesado es una rendija abierta para satanás. Los demonios no se van porque usted valla a la iglesia o lea la biblia; al menos que usted viva una vida santa con Dios a través de una relación intima con el. Vivir una vida en santidad les ayudara a no abrir puertas, le ayudara a reconocer el pecado y confesarlo a fin de recibir perdón. Sin embargo, la persona más justa que usted conozca también está propensa a abrir puertas a los demonios.

Está claro, es sencillo hay que quitarle sus derechos legales. Usted puede leer su biblia el día entero, pero si arrastra un pecado no confesado, entonces el permiso legal ha sido otorgado a satanás, pero no se desanime, la gracia de Dios siempre es suficiente; el siempre perdonara al que se arrepiente. A Dios le agrada cuando confesamos un pecado y recibimos su purificación, los demonios buscan una puerta abierta; Jesús busca cubrir nuestro pecado. Los demonios buscan lo que no está cubierto; lo que nos mantiene libres es permanecer perdonados, se trata de reconocer el pecado y admitirlo ante Dios y reconocer quien es Jesús.
Permanecer libre no depende de que usted lleve una vida perfecta, sino de saber que Jesús nuestro salvador es perfecto.

A continuación, también le hablare de seis espíritus que operan hoy en día dentro de la iglesia de cristo, estos espíritus de control y manipulación deben de ser desenmascarados. La iglesia sufre de una fuerte contaminación producto de espíritus inmundos que han atacado espiritualmente y han logrado hacer estragos. Estos espíritus quieren que usted seda terreno, eso significa que poco a poco usted ceda el paso a la influencia de estos espíritus, robando su voluntad para tomar decisiones por usted.

"Entonces llamando a sus discípulos, les dio autoridad sobre los espíritus inmundos, para que los echasen fuera, y para sanar toda enfermedad y toda dolencia."
Mateo 10:1

Jezabel

"Y conoceréis la verdad, y la verdad os hará libres"
Juan 8:32

Hay seis espíritus, muchas veces esos seis espíritus se manifiestan a través de personas dentro de la iglesia y muchas de estas personas no se dan cuenta de que el enemigo los está usando; otros si lo saben, pero no buscan ayuda.

¿Cuáles son esos espíritus que atacan la iglesia?

1. Espíritu de Jezabel
2. Espíritu de Absalón
3. Espíritu de Fariseísmo
4. Espíritu de Ocultismo
5. Espíritu de Letargo
6. Espíritu de Pitón

El primer espíritu que vamos a analizar es el de Jezabel.

1. **Espíritu de Jezabel**
   Acab se vendió para hacer lo malo ante los ojos de Jehová; porque Jezabel su mujer lo incitaba.

   "A la verdad ninguno fue como Acab, que se vendió para hacer lo malo ante los ojos de Jehová; porque Jezabel su mujer lo incitaba."
   1 Reyes 21:25

   Acab, Rey de Israel desobedece la ley de Jehová al casarse con la hija del Rey Sidonio. Era sacerdotisa de Baal diosa de la sensualidad, llamada por los fenicios "Reina del Cielo", quien era realmente Jezabel, la esposa controladora y manipuladora de Acab Rey de Israel.

"¿Y ahora dices tú: Ve, di a tu amo: Aquí esta Elías; para que el me mate? Y le dijo Elías: Vive Jehová de los ejércitos, en cuya presencia estoy, que hoy me mostrare a él. Entonces Abdías fue a encontrarse con Acab, y le dio el aviso; y Acab vino a encontrarse con Elías. Cuando Acab vio a Elías, le dijo: ¿Eres tú el que turbas a Israel? Y él respondió: Yo no eh turbado a Israel, sino tú y la casa de tu padre, dejando los mandamientos de Jehová, y siguiendo a los baales. Envía, pues, ahora y congrégame a todo Israel en el monte Carmelo, y los cuatrocientos cincuenta profetas de Baal, y los cuatrocientos profetas de Asera, que comen de la mesa de Jezabel."
1 Reyes 18:14-19

Acab

Representa al hombre débil espiritual y de carácter, tanto en el hogar como en la iglesia. La consecuencia de su posición pasiva fue la destrucción del sacerdocio familiar.

Era un hombre pasivo y como desobedeció la ley de Dios, su mujer Jezabel tomo el control dominándolo a tal grado que logro que más de diez millones de hebreos se inclinaran para adorar a Baal; solo siete mil rodillas no se habían doblado delante de sus dioses falsos.

Cuando se habla de Jezabel, la identificamos en nuestra sociedad actual como:

1. La fuente de la sensualidad obsesiva
2. La adoración a lo oculto
3. La hechicería
4. La igualdad de los sexos

Jezabel y sus características:

- No se interesa por otros
- No trabaja en equipo

- Es autosuficiente

Control mental y toda situación bajo influencia de espíritus satánicos, y es altiva.

A través del sexo, seduce y controla. No solo al marido sino a sus amantes.

Desprecia la autoridad masculina. Este espíritu se caracteriza por dominio y control hacia el marido en lugar de sumisión a la autoridad.

Esto simplemente significa que rehúsa cohabitar o vivir con alguien a menos que pueda controlar o dominar la relación. Si no logra dominar cambia de técnica hasta encontrar su objetivo, en secreto insta el mal a su marido y se esconde detrás de él.

A este espíritu lo vemos en la mujer del rey de Herodes que le pidió a su hija que bailara frente al rey para que sedujera con movimientos sensuales y sexuales, para así realizar sus planes y matar a Juan el Bautista. Este espíritu se mueve en tres áreas diferentes:

a. **En el ser humano:**
Opera en el área de individuo, sea hombre o mujer. Ataca a ambos sexos, pero tiene tendencia hacia la mujer. Gradualmente se deja dominar por el celo. Puede ser insegura, vanidosa, desea controlar y dominar a otros utilizando el sexo, pero como hemos visto, su fuerza está en el control. La podemos encontrar en mujeres amargadas contra los hombres, los humillan públicamente y los controlan con amenazas en vidas sexuales. El control y el dominio son su objetivo.

b. **Iglesia:**

Se filtra en la iglesia para controlar al siervo de Dios o

para hacerlo caer. También opera en la iglesia como un espíritu de seducción y de fornicación. Aunque se mueve dentro de la iglesia odia el espíritu profético y le molesta el fuego del Espíritu Santo que representaba a Elías, el siervo enviado de Dios, lleno de poder y de manifestaciones gloriosas para los últimos días.

c. **Nación:**
Opera como principado en toda una nación tomando fuerza y encadenando a sus habitantes como en el caso de Acab rey de Israel.

> *"Porque no tenemos lucha contra sangre y carne, sino contra principados, contra potestades, contra los gobernadores de las tinieblas de este siglo, contra huestes espirituales de maldad en las regiones celestes."*
> *Efesios 6:12*

Sus Técnicas

1. **Las asechanzas del diablo**

> *"Vestíos de toda la armadura de Dios, para que podáis estar firmes contra las asechanzas del diablo."*
> *Efesios 6:11*

Asechanza – es *methodeia* en griego y se refiere a engaño artificios para perjudicar a alguien. Habla de métodos y planes para engañar y dañar.

> *"También es necesario que tenga buen testimonio de los de afuera, para que no caiga en descredito y en lazo del diablo."*
> *1 Timoteo 3:7*

"Para que satanás no gane ventaja alguna sobre nosotros; pues no ignoramos sus maquinaciones."
2 Corintios 2:11

Nuestro equipo de la armadura de Dios.

"Vestíos de toda la armadura de Dios, para que podáis estar firmes contra las asechanzas del diablo. Porque no tenemos lucha contra sangre y carne, sino contra principados, contra potestades, contra los gobernadores de las tinieblas de este siglo, contra huestes espirituales de maldad en las regiones celestes. Por tanto, tomad toda la armadura de Dios, para que podáis resistir en el día malo, y habiendo acabado todo, estar firmes. Estad, pues, firmes, ceñidos vuestros lomos con la verdad, y vestidos con la coraza de justicia, y calzados los pies con el apresto del evangelio de la paz. Sobre todo, tomad el escudo de la fe, con que podáis apagar todos los dados de fuego del maligno. Y tomad el yelmo de la salvación, y la espada del Espíritu, que es la palabra de Dios."
Efesios 6:11-17

Consideremos cuidadosamente cada una de las piezas de la armadura mencionadas aquí. Pablo evidentemente usa como ilustración las piezas de la armadura del soldado que le vigilaba en la prisión en Roma y saca aplicaciones espirituales de cada una.

2. **Nación**
Opera como principado en toda una nación tomando fuerza y encadenando a sus habitantes como en el caso de Acab, rey de Israel.
Este espíritu opera sin obstáculos a través de la industria de:
- Espectáculos
- Diversiones
- Moda

- Nueva era

Se infiltra a través de la pornografía usando revistas playboy, videos para adultos desvelando en lo oculto e íntimo a cientos de líderes y pastores religiosos bajo el control de este espíritu.

El número máximo de aborto se ha multiplicado por miles en comparación a los sacrificios humanos que se hacían a Baal. Cuando no solo sacrificaban niños, sino que por orden de Jezabel decapitaban profetas del Dios vivo. Esto nos recuerda a lo que sucede en diferentes países donde se realizan sacrificios humanos.

Lo que el espíritu de Jezabel aborrece:

- El arrepentimiento
- La humildad de corazón
- La palabra de fuego profética
- El sometimiento
- La intercesión y el ayuno

Su odio es contra Dios mismo y sus escogidos.

¿Cuáles son las características que identifican que este espíritu está operando en una persona?

Habla a menudo de revelaciones que tienen un gran ego,

> *"Alábate el extraño, y no tu propia boca:*
> *El ajeno y no los labios tuyos."*
> *Proverbios 27:2*

- Es común observar que anhelan constantemente el reconocimiento.
- Pelean y velan por ser mencionados desde el púlpito por los líderes hasta el punto de que es muy normal verlos

ofendidos y resentidos cuando los líderes no mencionan su nombre.
- Tratan de estar cerca de los lideres a través de los halagos y cumplidos, o esperando escuchar grandes profecías que los eleve a una posición de grandeza de los demás, pero son falsos, no tiene nada de malo darle cumplidos a la gente si viven con la motivación correcta. Pero no lo es cuando se dicen cosas tales como *"nadie ha servido en esta iglesia como tú"* muy raras veces quieren autoridad, pero buscan el poder detrás del trono.

Este espíritu opera en aquellas mujeres que dicen que se someten al marido, pero solo en público porque por atrás hacen lo que quieren, dominando y controlando.

Generalmente atrae a los miembros más débiles de la iglesia y empieza a esclavizarlos con halagos, falsa profecías, buscar a personas que estén en rebelión o aquellos que han sido heridos y están resistiendo a la autoridad. Este espíritu sabe cómo manipular a las emociones. Usará a sus esclavos espirituales para difundir el chisme, el descontento y la división.

"Seis cosas aborrece Jehová, Y aun siete abomina su alma: Los ojos altivos, la lengua mentirosa, las manos derramadoras de sangre inocente, el corazón que maquina pensamientos inicuos, los pies presurosos para correr al mal, el testigo falso que habla mentiras, y el que siembra discordia entre hermanos."
Proverbios 6:16-19

A menudo tratara de casar a las parejas, de esa manera controlara sus relaciones con profecías falsas, con frases como "Dios me dijo que te dijera."

¿Cuáles son los posibles blancos de este espíritu en la

iglesia?

- Pastores
- Evangelistas
- Líderes de adoración y alabanza
- Intercesores

El espíritu de Jezabel intentara destruir cualquier iglesia que tenga avivamiento, palabra de Dios revelada y una unción fresca y continua llenura del Espíritu Santo. Manipula a los niños y los usa como herramienta de manipulación. Por lo general, se siente perseguido, siempre está diciendo a las personas lo que le han hecho, cuan injusto han sido que no le aprecian y hace todo esto para que le tengan lastima y compasión, usa la manipulación a través de la autocompasión para controlar y manipular a la familia. A menudo tiene amargura, especialmente hacia los hombres, su padre y aun en otras figuras de autoridad no puede someterse, no tolera que le digan "no" porque se prepara para la guerra. Jezabel siempre está contendiendo y verbalizando contra aquellos que están en autoridad. Odia a los profetas y la oración de la iglesia porque le descubren. No le gusta nada que tenga que ver con profecía porque se ve controlada y descubierta directamente.

¿Alguna vez se ha sentido inseguro?

A Jezabel le gusta moverse en el ambiente de la inseguridad, frustración y confusión. Jezabel ama el poder y el control.

¿Como nos defendemos del espíritu de Jezabel?

Nuestra defensa es el arrepentimiento y la liberación, es vivir con un corazón limpio. Es de notar que el genuino arrepentimiento produce la verdadera intervención y presencia divina en la vida de la persona necesitada.

DESCUBRE AL ESPIRITU DE ABSALÓN

Espíritu de traición que le gusta operar en el corazón de los líderes de la iglesia.

El espíritu de Absalón, conócelo e identifícalo y no hagas pacto con él.

¿Quien era Absalón?

"Aconteció después de esto, que Absalón se hizo de carros y caballos, y cincuenta hombres que corriesen delante de él. Y se levantaba Absalón de mañana, y se ponía a un lado del camino junto a la puerta; y a cualquiera que tenía pleito y venia al rey al juicio, Absalón le llamaba y le decía: ¿De qué ciudad eres? Y el respondía: Tu siervo es de una de las tribus de Israel. Entonces Absalón le decía: Mira, tus palabras son buenas y justas; mas no tienes quien te oiga de parte del rey. Y decía Absalón: ¡Quien me pusiera por juez en la tierra, para que viniesen a mi todos los que tienen pleito o negocio, que yo les aria justicia! Y acontecía que cuando alguno se acercaba para inclinarse a él, el extendía la mano y lo tomaba, y lo besaba. De esta manera hacía con todos los israelitas que venían al rey a juicio; y así robaba Absalón el corazón de los de Israel."
2 Samuel 15:1-6

Era el hijo de David que traiciono a su padre guiando a Israel a revelarse con el fin de usurpar el trono.

Este espíritu opera a través de personas que están descontentas y ofendidas. Líderes espirituales que traicionan a la autoridad que Dios ha puesto sobre la congragación. Estas personas buscan seguidores que apoyen a su agenda personal, la cual es contraria a la visión del pastor y de la iglesia.

A menudo el espíritu de Absalón guiara seguidores hasta sacarlos de la iglesia causando divisiones y trayendo gran daño a la misma iglesia. Así como a Jezabel, a este espíritu le gusta la atención y es consumido por el deseo de controlar. Es muy independiente y le gusta promoverse así mismo, aunque Absalón fingió su genuino interés por los problemas de la gente, su real motivación era pasar por encima de la autoridad de su padre y promoverse a sí mismo.

"Al cabo de cuatro años, aconteció que Absalón dijo al rey: Yo te ruego me permitas que vaya a Hebrón, a pagar mi voto que he prometido a Jehová. Porque tu siervo hizo voto cuando estaba en Gesur en Siria, diciendo: Si Jehová me hiciere volver a Jerusalén, yo serviré a Jehová. Y el rey le dijo: Ve en paz. Y él se levantó, y fue a Hebrón. Entonces envió Absalón mensajeros por todas las tribus de Israel, diciendo: Cuando oigáis el sonido de la trompeta diréis: Absalón reina en Hebrón. Y fueron con Absalón doscientos hombres de Jerusalén convidados por él, los cuales iban en su sencillez, sin saber nada. Y mientras Absalón ofrecía los sacrificios, llamó a Ahitofel gilonita, consejero de David, de su ciudad de Gilo. Y la conspiración se hizo poderosa, y aumentaba el pueblo que seguía a Absalón. Y un mensajero vino a David, diciendo: El corazón de todo Israel se va tras Absalón."
2 Samuel 15:7-13

¿Qué es lo que causa que el espíritu de Absalón se manifieste?

La ambición personal

Permanece descontento, como líder quiere ser primero y promover su agenda personal antes de la agenda que se le ha estipulado.

Absalón roba los corazones de la gente con zalamería, halagos y piropos.

Este espíritu le habla a la gente de tal manera que empiezan a admirarlo, produciendo así orgullo espiritual que engaña pensando que ellos son más espirituales que el pastor, entonces el espíritu de competencia toma control. Y luego siembran contienda, divisiones y aún grupo de seguidores quienes son alimentados por un espíritu de crítica. Muchas veces de ahí salen y abren otras iglesias con fruto de división y sin presencia de Dios.

Ofensas no resueltas

Pequeñas ofensas que a lo largo del camino se convierten en fortalezas en su mente y en el corazón,

"Mas Absalón no habló con Amnón ni malo ni bueno; aunque Absalón aborrecía a Amnón, porque había forzado a Tamar su hermana. Aconteció pasados dos años, que Absalón tenía esquiladores en Baal-hazor, que está junto a Efraín; y convidó Absalón a todos los hijos del rey. Y vino Absalón al rey, y dijo: He aquí, tu siervo tiene ahora esquiladores; yo ruego que venga el rey y sus siervos con tu siervo. Y respondió el rey a Absalón: No, hijo mío, no vamos todos, para que no te seamos gravosos. Y aunque porfió con él, no quiso ir, más le bendijo. Entonces dijo Absalón: Pues si no, te ruego que venga con nosotros Amnón mi hermano. Y el rey le respondió: ¿Para qué ha de ir contigo? Pero como Absalón le importunaba, dejó ir con él a Amnón y a todos los hijos del rey. Y Absalón había dado orden a sus criados, diciendo: Os ruego que miréis cuando el corazón de Amnón esté alegre por el vino; y al decir yo: Herid a Amnón, entonces matadle, y no temáis, pues yo os lo he mandado. Esforzaos, pues, y sed valientes. Y los criados de Absalón hicieron con Amnón como Absalón les había mandado. Entonces se

levantaron todos los hijos del rey, y montaron cada uno en su mula, y huyeron. Estando ellos aún en el camino, llegó a David el rumor que decía: Absalón ha dado muerte a todos los hijos del rey, y ninguno de ellos ha quedado. Entonces levantándose David, rasgó sus vestidos, y se echó en tierra, y todos sus criados que estaban junto a él también rasgaron sus vestidos. Pero Jonadab, hijo de Simea hermano de David, habló y dijo: No diga mi señor que han dado muerte a todos los jóvenes hijos del rey, pues sólo Amnón ha sido muerto; porque por mandato de Absalón esto había sido determinado desde el día en que Amnón forzó a Tamar su hermana. Por tanto, ahora no ponga mi señor el rey en su corazón ese rumor que dice: Todos los hijos del rey han sido muertos; porque sólo Amnón ha sido muerto. Y Absalón huyó. Entre tanto, alzando sus ojos el joven que estaba de atalaya, miró, y he aquí mucha gente que venía por el camino a sus espaldas, del lado del monte. Y dijo Jonadab al rey: He allí los hijos del rey que vienen; es así como tu siervo ha dicho. Cuando él acabó de hablar, he aquí los hijos del rey que vinieron, y alzando su voz lloraron. Y también el mismo rey y todos sus siervos lloraron con muy grandes lamentos. Mas Absalón huyó y se fue a Talmai hijo de Amiud, rey de Gesur. Y David lloraba por su hijo todos los días. Así huyó Absalón y se fue a Gesur, y estuvo allá tres años. Y el rey David deseaba ver a Absalón; pues ya estaba consolado acerca de Amnón, que había muerto."

2 Samuel 13:22-39

Absalón tenia falta de perdón con su padre, porque Amnón había violado a su hermana Tamar. Cuando su hermana le dio noticia que su hermano la había violado, dice la palabra de Dios que *"más Absalón no hablo con Amnón ni malo ni bueno"*, aunque Absalón aborrecía a Amnón porque había forzado a Tamar su hermana paso el tiempo y Absalón no perdono; quedo en su corazón una ofensa no resuelta. Esto lo llevo a la amargura y al odio hasta que mato a su propio hermano.

> *"Pero como Absalón le importunaba, dejo ir con él a Amnón y a todos los hijos del rey. Y Absalón había dado orden a sus criados, diciendo: Os ruego que miréis cuando el corazón de Amnón este alegre por el vino: y al decir yo: Herid a Amnón, entonces matadle y no temáis pues yo os lo eh mandado."*
> 2 Samuel 13:27-28

¿Cuáles son los blancos de ataque de este espíritu?

- Predicadores
- Diáconos
- Miembros de la directiva de la Iglesia
- Líderes de diferentes departamentos que han servido en la Iglesia por mucho tiempo.

Absalón en la Iglesia

Hemos visto como ofensas no resueltas nos llevan a pecar. Estas abren puertas para que el espíritu de Absalón nos engañe. Algunas veces no a la persona físicamente, pero si podemos matarla espiritualmente hablando mal de ellas tales como líderes de la iglesia y dañando su testimonio.

Un pastor había tomado una iglesia la cual había sido fundada a causa de una división y por lo tanto no había en ella la presencia de Dios. Entonces el pastor fue y pidió perdón a su ex pastor y la presencia de Dios comenzó a sentirse, la iglesia se había arruinado a raíz de una división.

Cual fue el fin de Absalón; murió colgado mientras que a David le fue restaurado su trono.

> *"Y la batalla se extendió por todo el país; y fueron más los que*

destruyo el bosque aquel día, que los que destruyo la espada."
2 Samuel 18:8

Necesitamos guardar nuestra mente de este espíritu, cuidemos las áreas por donde este espíritu viene. Puede ser ambiciones personales u ofensas no resueltas.

¿Cuál es el final de una persona que se deja influenciar por este espíritu?

- Enfermedad
- Muerte
- Destrucción
- Miseria

No permita que en su corazón haya falta de perdón porque eso lo llevara a la amargura, al odio y al pecado y termine destruido por satanás.

Básicamente hay 12 etapas en las que las personas pasan cuando son influenciados por Absalón, el espíritu de rebelión y deslealtad. Si no se lidia con la deslealtad que se propaga a través de la congregación, trae una división de la iglesia o de la partida de muchos santos afectados.

Aquí están las doce etapas:

1. **Espíritu Independiente**
   Es una actitud de independencia que surge cuando la persona ya no quiere servir a los dirigentes, sino que busca el reconocimiento y una reputación propia.

2. **Auto Promoción**

Cuando las personas hacen lo posible para obtener el aprecio de los hombres. En *2 de Samuel 15* Absalón robo el corazón de la gente.

3. **Orgullo Espiritual**
   Cuando las personas reconocen y alaban a la persona engañada por este espíritu, esta comienza a creer que es más que los líderes.

4. **Un Espíritu Ofendido**
   Absalón cae en un espíritu ofendido por el orgullo espiritual. Cuando sus ideas y regalos no son promovidos como cree que deberían ser, se vuelve altamente ofendido. A menudo el busca a otros que estarán de acuerdo con él en su ofensa.

5. **El Espíritu Crítico**
   Todas las decisiones son cuestionadas y criticadas delante de la gente. Lamentablemente con este espíritu crítico, el que es como Absalón ya no puede recibir la alimentación o la dirección espiritual de los líderes y pastores de la congregación.

6. **Un Espíritu Competitivo**
   Absalón se ve así mismo en competencia con el liderazgo de la iglesia y comienza a distorsionar y tergiversar las decisiones y dirección que los lideres están dando.

7. **Siempre Contiende y Divide**
   Absalón lleva sus ofensas a muchas personas en la iglesia y difunde su descontento a través de diversos medios.

8. **Acusa el Liderazgo**
   Absalón alimenta a sus seguidores con su espíritu crítico. Cosa de menor importancia por lo general no relacionadas con cualidades espirituales de Dios. Se preguntan cómo; ¿que tipo de carro trae el pastor? ¿Cuanto tiempo toma para levantar la ofrenda? ¿Predica muy largo y todo es dinero?

9. **Infidelidad Abierta y División**
   Absalón siente que muchos lo están siguiendo, por lo cual audazmente lleva su deslealtad a la luz pública, en este punto los lideres toman conciencia de su grupo de descontentos, ahora las personas se ven obligadas a elegir entre los líderes de la iglesia y el Absalón que los ha engañado.

10. **Conspiración Sólida**
    Absalón justifica su conspiración a todo el mundo centrado en su atención en las cuestiones de menor importancia que le han encontrado al liderazgo. Por lo general, Absalón no tiene acusaciones legitimas como la predicación de doctrinas falsas o pecados flagrantes por parte del pastor.

11. **Una Iglesia Dividida**
    Absalón declara grupos divididos dentro de la misma iglesia declarando una nueva visión.

12. **El Juicio de Dios a la Iglesia**
    Las escrituras nos dicen que si la raíz es mala, todo el árbol será malo, y cada iglesia o ministerio que se dio a luz por un espíritu de Absalón estará lleno de rebeldía, deslealtad y la iglesia se dividirá constantemente.

Todo aquello que nace como fruto de Absalón, siempre le seguirá la rebelión, la amargura y la miseria.

Es muy importante identificarlo:

1. El espíritu se mueve en alguien que está cerca y relacionado contigo.

> *"Mientras todavía hablaba, vino Judas, uno de los doce, y con él mucha gente con espadas y palos, de parte de los principales sacerdotes y de los ancianos del pueblo. Y el que le entregaba les había dado señal, diciendo: Al que yo besare, ése es; prendedle. Y en seguida se acercó a Jesús y dijo: !!¡Salve, Maestro! Y le besó. Y Jesús le dijo: Amigo, ¿a qué vienes? Entonces se acercaron y echaron mano a Jesús, y le prendieron."*
> *Mateo 26:47-50*

> *"José su marido, como era justo, y no quería infamarla, quiso dejarla secretamente. Y pensando él en esto, he aquí un ángel del Señor le apareció en sueños y le dijo: José, hijo de David, no temas recibir a María tu mujer, porque lo que en ella es engendrado, del Espíritu Santo es."*
> *Mateo 1:19-20*

2. **El enemigo intenta usar este espíritu cuando es un ministerio sano:**

Si usted ve una iglesia sana que se está moviendo en el poder del Espíritu Santo, delo por hecho que el enemigo hará todo lo posible para romper la unidad usando el espíritu de Absalón en contra de este ministerio.

Espíritu de Fariseísmo

Este espíritu está lleno de hostilidad mortal, este espíritu mato a Abel, crucifico a Cristo y apedreo a Pablo.

Por naturaleza, el espíritu farisaico odia la gracia y ama el legalismo. El legalismo es otro espíritu que hay que echarlo fuera. El espíritu farisaico milita en contra de la verdad, adoración y relación con Dios, Caín se enojó cuando Dios acepto la ofrenda de Abel y no acepto la de él.

¿Como lidio Jesús con los legalistas? Les llamo tal como son,

> *"Vosotros sois de vuestro padre el diablo, y los deseos de vuestro padre queréis hacer. Él ha sido homicida desde el principio, y no ha permanecido en la verdad, porque no hay verdad en él. Cuando habla mentira, de suyo habla; porque es mentiroso, y padre de mentira."*
> Juan 8:44

Les llamo hijos del diablo, sepulcros blanqueados.

¿Como opera este espíritu en la iglesia?

- ➤ Ama la alabanza de los hombres
- ➤ Se preocupa mucho por una posición y honra en la iglesia
- ➤ Insiste en gobernar sobre las personas con sus tradiciones y leyes

Son los religiosos de las iglesias, los sumamente espirituales que fingen tener súper espiritualidad, pero no se dejan corregir porque creen que lo saben todo. Es de los que no hacen ni dejan hacer. Tiene un espíritu de crítica terrible,

> *"Mas !!ay de vosotros, escribas y fariseos, hipócritas! porque*

cerráis el reino de los cielos delante de los hombres; pues ni entráis vosotros, ni dejáis entrar a los que están entrando."
Mateo 23:13

Le interesa más cumplir con el tiempo, que con el mover de Dios. No lleva fruto para Dios y vive de apariencias.

El Espíritu de Ocultismo

Este espíritu es un espíritu que subyuga y controla a las personas a través del miedo y tradiciones de hombres.

Este tipo de espíritu está relacionado muy cercanamente con el espíritu de Jezabel. La meta de este espíritu es subyugar y destruir las enseñanzas bíblicas y la vida cristiana. El espíritu de brujería usa la fuerza y algunas veces el poder emocional para manipular a otros.

> *"Y manifiestas son las obras de la carne, que son: adulterio, fornicación, inmundicia, lascivia, idolatría, hechicerías, enemistades, pleitos, celos, iras, contiendas, disensiones, herejías, envidias, homicidios, borracheras, orgías, y cosas semejantes a estas; acerca de las cuales os amonesto, como ya os lo he dicho antes, que los que practican tales cosas no heredarán el reino de Dios."*
> Gálatas 5:19-21

Brujería

Es difícil distinguir claramente entre brujería, hechicería y magia. Estas prácticas utilizan medios ocultos que no son de Dios para producir efectos más allá de los poderes naturales del hombre. La brujería es perversa porque recurre a espíritus malignos. Implica un pacto o por lo menos una búsqueda de intervención de espíritus, el ser brujo o bruja se obtiene por vínculos satánicos en que se entra por una dedicación muchas veces dentro de la familia.

La brujería implica la creencia, una realidad invisible a la que el practicante queda atado. Las sagradas escrituras enseñan que se trata de una identidad diabólica;

"Porque es abominación para con Jehová cualquiera que hace estas cosas, y por estas abominaciones Jehová tu Dios echa estas naciones de delante de ti."
Deuteronomio 18:12

Práctica de los brujos

La brujería data desde los tiempos antiguos Mesopotamia y Egipto. Así lo demuestra la biblia, no todos los brujos siguen las mismas prácticas. Pero las siguientes son muy comunes entre ellos.

El brujo hace un pacto con el demonio, usando el nombre de Cristo, tiene ritos diabólicos en lo que hacen una misa negra de consagración y adoran al príncipe de las tinieblas y participan en reuniones de brujos donde hacen sus maldiciones, la brujería está relacionado con el satanismo.

Tanto en la brujería como en la magia (sea del color que sea) se encuentran estos elementos

1. La realización de rituales
2. El uso de substancias y objetos materiales que tienen poderes satánicos
3. Pronunciamiento de un hechizo
4. Un sacerdote satánico que efectúa el rito

La brujería consta de rituales para hacer sus hechizos; ejerce un maleficio o atadura sobre alguien, alguno de los cuales requieren hierbas particulares.

También hay palabras de conjuro o hechizos que pueden ser escritas para obtener un mayor poder. Quien realiza el rito debe desear su propósito con todas sus fuerzas para obtener mayores efectos, y muchas veces deben realizar ayunos por periodos prolongados antes de realizar el rito para purificar el cuerpo.

¿Es real el poder de la brujería?

Su poder es real y también en muchos casos sugestión de la mente, en ambos casos está actuando satanás. La biblia no deja lugar a dudas sobre el hecho de los seres humanos, tiene libertar para pactar con el diablo el cual tiene influencia en la tierra y en las actividades humanas. La biblia condena la brujería y la hechicería porque son abominación a Dios,

"A la hechicera no dejarás que viva."
Éxodos 22:18

"Ni encantador, ni adivino, ni mago, ni quien consulte a los muertos. Porque es abominación para con Jehová cualquiera que hace estas cosas, y por estas abominaciones Jehová tu Dios echa estas naciones de delante de ti." Deuteronomio 18:11-12

1 Samuel 28:1-25 narra la visita del rey Saúl a la hechicera de Endor.

"Y el hombre o la mujer que evocare espíritus de muertos o se entregare a la adivinación, ha de morir; serán apedreados; su sangre será sobre ellos."
Levíticos 20:28

Adivinación: (Mancia) la adivinación es la práctica de querer predecir el futuro mediante medios ocultos; el conocimiento escondido.

Cartomancia: Adivinación por medio de la lectura de los naipes (cartas).

Quiromancia: Adivinación por medio de la lectura de las líneas y forma de la mano.

Oniromancia: Adivinación de los sueños

Grafología: Adivinación por medio del tipo y rasgo de la lectura.

Bola de cristal: Es una manera de adivinación en donde se asegura que los mensajes aparecen visualmente en una bola de cristal.

Astrología: Su concepto es la atribulación de personalidad a los cuerpos celestes, a quien se concibe como deidades directrices de los destinos humanos y que revela los eventos del mañana.

Zodiaco: Cinturón imaginario de los principales planetas con excepción de Plutón. Esta dividido en 12 constelaciones que los astrólogos creen que afecta las experiencias humanas.

Horóscopo: Adivinación de la fecha de nacimiento y la posición de las estrellas y planetas para predecir la conducta, la personalidad y el futuro.

I ching: Es un sistema de horóscopo chino basado en la combinación de recetas horizontales enteras y entrecortadas que según sus intérpretes permite conocer el futuro.

Numerología: Asociación de la fecha de nacimiento a la secuencia numérica para predecir el futuro.

Ouija: Tablero con el alfabeto y numero del 0 al 9 impreso; empleada para recibir mensajes espiritistas respecto al futuro. El señalador es movido por demonios.

Cabala: Interpretación mística de la Sagrada Escritura entre los judíos y algunos cristianos medievales. Ciencia oculta, relacionada con esta interpretación

Orar primero para cubrirnos con la sangre de Cristo antes de hacer esta oración.

Oración de guerra espiritual contra todo lo oculto de brujería y hechicería

En el nombre de Jesucristo oro contra el espíritu gobernador y todos los guías espirituales, vengo cubierto con la sangre de Jesucristo en el nombre de Jesús.

Los paralizo y amordazo prohibiéndoles que influencien o fortalezcan (brujos / brujas) etc. en el nombre de Jesús en este instante.

Estamos destruyendo sus obras: los espíritus de odio, amargura y homicidio, espíritu de envidia y celo, espíritu de brujería y hechicería y todos sus espíritus, sus obras, sus poderes, sus influencias, están destruidas en el nombre de Jesús los paralizo a todos en este momento. Ustedes ya no podrán contra la iglesia (o persona especifica) en el nombre de Jesús.

Vengo contra el espíritu de ceguera, atando a los espíritus de esclavitud y tristeza, miedo y odio.

Te pido Señor que les abras los ojos de modo que puedan ver la gloria de Dios y que le abras sus corazones para que puedan escuchar tu voz. Rompe las cadenas en su vida y dales la libertad en su alma para que sean libres para arrepentirse. Muéstrales toda obra maligna que han cometido.

Señor Jesús, dales la convicción en sus corazones para el

arrepentimiento. Rescata estas almas de las tinieblas, salva estas almas para honra y gloria de tu santo nombre.

¡Satanás, te reprendo en el nombre de Jesús! Atando todas tus influencias, no interferirás más con estas almas y ellos tendrán su propio libre albedrio para decidir su arrepentimiento.

Señor Jesús, yo oro para que envíes a tus ángeles, queremos que guerreen contra estas actividades demoniacas en el poderoso nombre de Jesús.

Letargo

Este es uno de los mayores ataques que la gente está teniendo, la mayoría lo está sufriendo y no sabe cómo manejarlo. Este es un espíritu silencioso que trabaja día a día. El letargo espiritual está asociado a la venganza, a la duda y como consecuencia al frio espiritual.

Letargo significa: Estado de somnolencia profunda y prolongada modorra.

Despertemos de todo letargo

Este es uno de los mayores ataques que la gente está teniendo. La mayoría lo está sufriendo y no sabe cómo manejarlo. Este es un espíritu silencioso que trabaja día a día.

Es con esto que luchamos hoy una modorra generalizada que esclaviza la mente.

Entonces uno lucha con una mente que no ha sido libre del pensamiento de esclavitud, de esta manera las perlas (palabras de Dios) son tirada en el soquete constantemente, porque una mente esclava pierde su capacidad de producir.

"No deis lo santo a los perros, ni echéis vuestras perlas delante de los cerdos, no sea que las pisoteen, y se vuelvan y os despedacen."
Mateo 7:6

"Por lo cual dice: Despiértate, tú que duermes, Y levántate de los muertos, Y te alumbrará Cristo."
Efesios 5:14

Hay un claro llamado al salir del estado de sueño, hay un grito del reino que pide que te actives. Activación es sinónimo de fe, fe es sinónimo de agradar a Dios, sinónimo es de producirle gozo, producirle gozo a Dios es sinónimo de que vendrá fortaleza, la fortaleza de Dios es sinónimo de que me voy a levantar y voy a conquistar lo que el reino a establecido para que conquiste.

"Pero por cuanto eres tibio, y no frio ni caliente, te vomitare de mi boca."
Apocalipsis 3:16

La versión BLS dice *"pero como solo me obedeces un poco te rechazare por completo."*

El espíritu de letargo espiritual produce un estado en la persona de obedecer un poco, pero debemos aprender que obedecer un poco para Dios es lo mismo que no hacerlo.

No servimos a un Dios que duda de lo que quiere hacer, servimos a un Dios que está deteniendo a soltar las cosas más sorprendentes y sobrenaturales que jamás hayamos vivido, por eso Dios busca gente dedicada.

Este espíritu de letargo te empuja hacia adelante lo que deberías de solucionar hoy, te hace esconder de los problemas que no puedes resolver. Te quita la valentía para enfrentar y te aleja de la paternidad de Dios.

Dos claves fundamentales que debemos saber para comprender como se mueve este espíritu.

1. **Se mueve en el silencio**

   "porque Demas me ha desamparado, amando este mundo, y se ha ido a Tesalónica. Crescente fue a

> *Galacia, y Tito a Dalmacia."*
> *2 Timoteo 4:10*

El espíritu de letargo actúa en silencio, no importa con quien y cuanto trabajes. Demas es una demostración que lo que nosotros no quebramos hoy, si no quitamos ese letargo que estamos sintiendo terminará con nuestra vida.

2. **Se mueve comiendo la semilla**

> *"Y el que fue sembrado en pedregales, éste es el que oye la palabra, y al momento la recibe con gozo; pero no tiene raíz en sí, sino que es de corta duración, pues al venir la aflicción o la persecución por causa de la palabra, luego tropieza. El que fue sembrado entre espinos, éste es el que oye la palabra, pero el afán de este siglo y el engaño de las riquezas ahogan la palabra, y se hace infructuosa."*
> *Mateo 13:20-22*

El letargo espiritual, una de las características que tiene es que te come la raíz y te convierte en un cristiano sin cimientos. Utiliza la aflicción, la persecución, el afán, el engaño de las riquezas para apagarte y no dejarte levantar.

Te profetizo: Viene una activación espiritual. Dios te va a levantar del sueño para que vuelvas a ganar y levantarte.

Alcanzando mayores niveles en lo espiritual

Dios nos está metiendo en una dimensión mayor del Espíritu Santo, solo de esta manera podremos lograr hasta el día de hoy quebrar el espíritu de letargo. Un nivel mayor de espiritualidad dará como resultado una mayor confianza en el desenvolvimiento en la tierra.

La iglesia se ha acostumbrado a una vida espiritual superficial decorada, mas por métodos, formalidades, y doctrinas que por la presencia de Dios.

¿Como mejoro mi nivel espiritual en lo personal y ministerial?

1. **Siempre detrás de la puerta**

    El nivel espiritual no crece por la imposición de manos, el nivel espiritual es el éxito de una iglesia viene por lo que hace detrás de la puerta, ¿Por qué detrás de la puerta? Porque Dios siempre estará esperándonos en la intimidad.

    "Entra luego, y enciérrate tú y tus hijos; y echa en todas las vasijas, y cuando una esté llena, ponla aparte. Y se fue la mujer, y cerró la puerta encerrándose ella y sus hijos; y ellos le traían las vasijas, y ella echaba del aceite."
    2 Reyes 4:4-5

La presencia de Dios nuca la vas a encontrar afuera, la vas a encontrar adentro.

Puede venir por la imposición de manos, pero, soy yo quien tiene que mantenerla.

El nivel espiritual viene cuanto cierro la puerta y busco llenar la vasija, observemos el ejemplo de Daniel.

"Cuando Daniel supo que el edicto había sido firmado, entró en su casa, y abiertas las ventanas de su cámara que daban hacia

Jerusalén, se arrodillaba tres veces al día, y oraba y daba gracias delante de su Dios, como lo solía hacer antes."
Daniel 6:10

Nosotros somos la tierra fértil para Dios. En la repartición de la tierra, que soy yo, debe estar la tierra que le pertenece a él como un lugar santificado. En el antiguo tiempo, cuando los hijos de Israel repartieron las tierras, Dios les hablo y les dijo "cuando haya terminado, aparten tierra para mí para que mi nombre sea invocado, esa tierra será santa." ¿Que quiero decir con esto? El nivel de espiritualidad sube cuando entiendo y aprendo a respetar el lugar que le pertenece a Dios a nivel personal y ministerial. Siendo libre de lo religioso, no hay nada más estéril que tratar de ver a Dios por medio de las formas de las estructuras. Dios nunca vino a establecer una religión, Dios viene a establecer su reino,

"Mas !!ay de vosotros, escribas y fariseos, hipócritas! porque cerráis el reino de los cielos delante de los hombres; pues ni entráis vosotros, ni dejáis entrar a los que están entrando."
Mateo 23:13

Jesús predico siempre sobre el reino de los cielos y no sobre una religión.

Cambiar la visión para entrar en la acción

Cambiar la manera de ver las cosas subirá mucho tu nivel de espiritualidad. La visión de las cosas es clave para tu desarrollo espiritual.

"Los envió, pues, Moisés a reconocer la tierra de Canaán, diciéndoles: Subid de aquí al Neguev, y subid al monte,"
Números 13:17

Hermanos, tenemos que entender que estamos tomando los frutos de algo muy grande, algo grande viene para nosotros. Subir al nivel de espiritualidad nos permite ver a un Dios como nunca antes lo hemos visto. ¡Debemos declarar guerra a ese espíritu de letargo por que la victoria es nuestra!

Síntomas del Letargo

1. Distracciones
2. Desorganización
3. Dificultad para enfocarse
4. Dificultar para poner atención
5. Mala memoria
6. Problemas para seguir instrucciones
7. Dificultad para terminar proyectos
8. Sentirse intranquilo e impaciente
9. Problemas para manejar el tiempo y llegar a tiempo
10. Perder las cosas y dificultad para recordar
11. Pensamientos acelerados y una mente negativa
12. Aburrimiento frecuente
13. Cambios de estado de animo
14. Falta de auto control

Deshágase del Espíritu Pitón

¿Alguna vez sintió como si se distrajera con facilidad de su propósito, y su visión se ha sentido desgastada y abatida en los últimos meses?

Comenzó el año con fuerza, pero en algún punto del camino sintió como si lo golpeara un viento de frente, tanto de sus circunstancias o solo porque se sintió débil y exhausto sin explicación. El Espíritu Santo me guio hacia esta cita bíblica *Hechos 16:16-40* para darme las herramientas correctas para oponerme a lo que vino en contra de nosotros y quiero compartirlas con ustedes, creo que muchos en el cuerpo de Cristo estuvimos enfrentando la resistencia del espíritu pitón.

> *"Aconteció que mientras íbamos a la oración, nos salió al encuentro una muchacha que tenía espíritu de adivinación, la cual daba gran ganancia a sus amos, adivinando."*
> *Hechos 16:16*

La oración, literalmente, deshace los ataques contra nuestra vida y arroja la serpiente hacia los fuegos de Dios. Este versículo y los que siguen nos habla sobre los efectos del espíritu de pitón, quiero darles un breve resumen acerca del espíritu pitón.

Herramientas y estrategias sobrenaturales que surgen de estos versículos que Dios me entrego para vencer y ser libres de esta opresión demoniaca

Acerca de Pitón

Pablo y Silas iban a la casa de oración, pero fueron desviados de su camino por esta esclava; El espíritu de pitón busca distraernos y esclavizarnos. Su objetivo es distraer a los que van a la oración, aquellos que siguen el camino hacia su llamado.

Quiere mantenernos fuera del lugar secreto por medio de distracciones y perturbaciones, arrojara circunstancias y diversiones sobre nuestro camino que nos lleva al padre en oración. Pitón opera por medio de falsas profecías y engaños.

En el verso 18 del libro de Hechos dice así; continuo muchos días, por fin Pablo se molestó tanto que se volvió y reprendió al espíritu. La primera vista de esta afirmación parece algo confusa porque parece verdadera, pero seamos claros, el enemigo distorsionara la palabra de Dios para sus propósitos, burlándose y provocando, como lo que ocurrió aquí.

Las ambiciones de pitón buscan disminuirnos por medio de las burlas, nos escarnecerá personalmente, se burla del llamado de Dios para nuestra vida y cuestionara si son posibles los sueños en nuestro corazón. Gritara sobre nosotros implacablemente hasta que como ocurrió con Pablo a sentirnos debilitados y muy frustrados, nos acusara en público y nos rodeara con gente mentirosa, juzgadora y criticona.

Pitón también busca exponernos, desnudarnos y golpearnos hasta que seamos despojados

> *"Y se agolpó el pueblo contra ellos; y los magistrados, rasgándoles las ropas, ordenaron azotarles con varas."*
> *Hechos 16:22*

Su intención es robarnos y desviarnos de nuestro destino enredándonos en sus mentiras alrededor de nuestro corazón hasta que finalmente quedemos esclavizados por sus cadenas. Pero no debemos temer, mayor es el que vive en nosotros que el que vive en el mundo;

> *"Hijitos, vosotros sois de Dios, y los habéis vencido; porque mayor es el que está en vosotros, que el que está en el mundo."*

1 Juan 4:4

Claves para vencer a este espíritu de Pitón

Declare su autoridad: Muchos de nosotros cuando enfrentamos la opresión tenemos la tendencia de escapar de la confrontación en lugar de enfrentarla, el temor que tenemos por delante no debemos hablar negativamente de las circunstancias que nos rodean. No podemos distraernos por el ruido del momento, porque solo nos debilitara. En lugar de distraernos debemos de enfocarnos en quienes somos en Cristo y declarar nuestra victoria en el nombre de Jesús.

Pablo nos muestra cómo enfrentar este ataque con firmeza.

> *"Y esto lo hacía por muchos días; mas desagradando a Pablo, éste se volvió y dijo al espíritu: Te mando en el nombre de Jesucristo, que salgas de ella. Y salió en aquella misma hora."*
> *Hechos 16:18*

Y finalmente apartándonos de la distracción, y ordenándole que se valla en el nombre de Jesús.

> *"Y ellos le han vencido por medio de la sangre del Cordero y de la palabra del testimonio de ellos, y menospreciaron sus vidas hasta la muerte."*
> *Apocalipsis 12:11*

Una de las mejores armas que tenemos es la palabra de nuestro testimonio. Al decretar el nombre de Jesús, su sangre nos cubre y nos hace como hijos e hijas del altísimo y victoriosos sobre el enemigo en todo tiempo, pero necesitamos declarar nuestra autoridad.

Eleve su canto de victoria

Si usted se sintió abatido y los lazos de la desesperación estrangularon la vida de sus sueños y esperanza, es tiempo para cantar más allá de las circunstancias que vinieron en su contra. Su canción de adoración al padre es un arma de guerra de los cielos para hacer estallar la atmosfera de pereza y de pasivides.

> *"El cual, recibido este mandato, los metió en el calabozo de más adentro, y les aseguró los pies en el cepo."*
> *Hechos 16:24*

Vemos a Pablo y a Silas en prisión después de su batalla con pitón, con sus pies y manos atadas, una versión de la biblia dice que estaban *impertérritos*, comenzaron a cantar y sus canticos de adoración cautivaron a todos los presos de la cárcel.

> *"Entonces sobrevino de repente un gran terremoto, de tal manera que los cimientos de la cárcel se sacudían; y al instante se abrieron todas las puertas, y las cadenas de todos se soltaron."*
> *Hechos 16:26*

El espíritu pitón busca distráenos y esclavizarnos, su objetivo es distraer a todos los que siguen su camino de oración y a los que están en el camino a su llamado. Nuestro canto de victoria antes de la apertura viene para sacudir literalmente los fundamentos del terreno y el cielo, quebrando todas las cadenas que nos impidieron avanzar y cada puerta que nos mantuvo encerrados.

> *"Despiértate, salterio y arpa; Despertaré al alba."*
> *Salmo 108:2*

Nuestra canción hará que la luz penetre en medio de la noche.

Sacúdasela al pitón de encima

Creo que el terremoto fue una señal sobrenatural cuando se sacudieron al espíritu pitón.

"Entonces, habiendo recogido Pablo algunas ramas secas, las echó al fuego; y una víbora, huyendo del calor, se le prendió en la mano."
Hechos 28:3

Pablo se encontraba con otra serpiente, pero esta vez era un animal. Cuando estaban reunidos alrededor del fuego, una serpiente venenosa lo mordió en la mano.

"Pero él, sacudiendo la víbora en el fuego, ningún daño padeció."
Hechos 28:5

Entre los pocos predadores naturales, las águilas tienen diferentes maneras de atacar a las serpientes, especialmente cuando quieren alcanzar a las águilas en sus nidos, las sacudirán brevemente y las arrojan desde una gran altura. No demuestra ninguna misericordia hacia las serpientes y así mismo nosotros tampoco deberíamos manifestarla.

La pregunta es ¿Cómo nos sacudimos a las serpientes?, recuerda a Pablo y Silas yendo a orar antes de encontrarse con esta oposición,

"Cuando hubieron orado, el lugar en que estaban congregados tembló; y todos fueron llenos del Espíritu Santo, y hablaban con denuedo la palabra de Dios."
Hechos 4:31

Aquí vemos un relato asombroso de las manifestaciones de lo que pueden lograr las oraciones. Después de haber orado tembló el lugar en el que estaban todos reunidos y todos fueron llenos del Espíritu Santo y proclamaron la palabra de Dios sin temor alguno.

La oración literalmente sacude los ataques de nuestra vida y arroja a las serpientes en los fuegos de Dios.

Finalmente, no podemos olvidar el milagro increíble de las aperturas que Dios nos permitió luego de esta oposición, todos los prisioneros que estaban con Pablo y Silas ese día fueron libres, el carcelero y toda su familia libre, y le entraron sus vidas a Cristo Jesús. Es el tiempo para hablarle a nuestro problema, llevarle nuestras aflicciones al padre y ordenarle a pitón que se valla en el nombre de Jesús.

Mientras oramos y levantamos nuestro cántico de adoración, veremos una apertura en medio de la noche y nos sacudiremos todo lo que estaba oponiendo.

La biblia declararía en todo tiempo y por encima de toda circunstancia que mayor es el poder de Dios. Así como hay diferentes serpientes, una de las especies es la serpiente pitón, la cual no mata automáticamente así mismo los espíritus, también son conocidos a la luz de la palabra de distintas maneras dependiendo de cómo opera el enemigo así trabaja su jerarquía,

"Porque no tenemos lucha contra sangre y carne, sino contra principados, contra potestades, contra los gobernadores de las tinieblas de este siglo, contra huestes espirituales de maldad en las regiones celestes."
Efesios 6:12

Estando en el mundo donde somos transitorios nos manejamos en el espíritu con armas espirituales. El enemigo trabaja como la pitón, dejando sin aliento al creyente. Los va envolviendo poco a poco hasta quitarle el aliento y robarle la vida de Dios.

"Entonces Jehová Dios formó al hombre del polvo de la tierra, y sopló en su nariz aliento de vida, y fue el hombre un ser viviente."
Génesis 2:7

Es importante entender que satanás busca oprimir lentamente al creyente para asfixiarlo, buscando desesperarlo, debilitarlo en el espíritu y contristar el Espíritu Santo, creemos que Dios siempre tiene respuesta para nuestra petición.

"Dios, Dios mío eres tú; De madrugada te buscaré; Mi alma tiene sed de ti, mi carne te anhela, En tierra seca y árida donde no hay aguas,"
Salmo 63:1

Hay momentos que sentimos que caminamos en tierras áridas, pero es cuando más cerca del manantial estamos. Debemos conocer quien es Dios para poder reconocer las herramientas que él nos da y entrar en guerra espiritual, capacitándonos para hacerle frente.

"Vosotros sois de vuestro padre el diablo, y los deseos de vuestro padre queréis hacer. Él ha sido homicida desde el principio, y no ha permanecido en la verdad, porque no hay verdad en él. Cuando habla mentira, de suyo habla; porque es mentiroso, y padre de mentira."
Juan 8:44

Testimonio

Tenia yo 7 años cuando asistía a una iglesia con mis padres, me gustaba mucho cuando papa me leía la biblia, sin pensar que en ese mismo tiempo yo iba a pasar por un terrible abuso que robaría mi inocencia y cambiaria el rumbo de mi vida. Cierto día, llego un tío, le pidió a mi papa que si podía ayudarle yo a buscar a su caballo alrededor que se le había espantado, yo inocente acepte ir a ayudarle, me dijo ese hombre que le ayudara a subir a una piedra, cuando me acerque para ayudarle el empezó a tocarme inadecuadamente, yo sentía miedo, el me dijo que me iba a pagar muy bien y yo no quise, ¡llore! Y a el no le importo, me empezó a tocar mis partes intimas, me baje como pude de la piedra y me amenazo con que si yo le decía a mi papa lo iba a pagar caro, que nadie tenia que saberlo, tuve mucho miedo y no hable.

Yo hablaba con Dios porque me sentía sucio y triste, pero todo siguió igual, ese hombre me perseguía y me tocaba. Cuando falleció mi papa ya no fui mas a la iglesia, empecé a tener coraje, me sentía solo y desprotegido. Ese hombre me abusaba, así paso el tiempo, llegué a la edad de la adolescencia, empecé a tomar y usar marihuana y fumar cigarrillos por que me sentía con coraje y ganas de vengarme, me uní a personas mayores que yo, que eran pandilleros, con ellos me sentía como en familia y me apodaron "satanás" por que yo era muy violento y lleno de ira. En ese tiempo me junté con una mujer mayor que yo y me indujo al ocultismo; adorar a la muerte, hacer pactos y ritos satánicos en los cementerios en los cuales se sacrificaban animales con el fin de beber su sangre, hacer pactos con la muerte en el cual ofrecí a mi madre.

En uno de los pleitos pandilleros, golpeamos tanto a uno de la pandilla contraria que lo dejamos moribundo, por ese motivo, nos persiguieron a balazos y fue cuando hui y decidí venirme al norte. Al llegar a los Estados Unidos, empecé a consumir drogas mas fuertes y a beber todos los días y como consecuencia del abuso de drogas dos veces estuve a punto de morir por sobredosis, para ese entonces yo ya escuchaba voces, miraba sombras de enanos monstruosos y una sombra alta que me rodeaba noche a noche. En ese tiempo conocí a mi vecina, ella decía que andaba en la búsqueda, yo no le entendía a que se refería. Un día ella me presto un libro que era sobre la fe, porque yo sufría insomnio, quise leerlo por las noches, pero no pude, mi problema de esquizofrenia aumento y mis alucinaciones me atormentaban, me apegué a mi vecina y ella me platicaba como ella sentía la necesidad de vivir diferente y en mi interior la verdad también lo sentía y me uní a ella y empecé a revivir mis días cuando iba de niño a la iglesia, la palabra de Dios que me fue enseñada por mi padre ya fallecido. Incluso empecé a recordar alabanzas y juntos las escuchábamos, pero creo que ahí se manifestó el enojo de la santa muerte, porque al yo querer saber de Dios, este ser maligno de la muerte le quería quitar la vida a mi madre por el pacto que había hecho con esa santa muerte. En mis alucinaciones un ser diabólico enano y horrible me perseguía y me hablaba diciéndome que iba a tomar la vida de mi madre la cual yo le había pactado, ¡y era verdad!, mi madre tubo un accidente en esos días, estuvo muy mal en el hospital, se fracturo una pierna, el doctor dijo que no podían hacer mucho por ella, se la encellaron pero algo paso que se le infecto y querían amputársela, me sentía desesperado con impotencia y mucha ansiedad, aun así había un deseo de saber de Dios, pero también empezó una lucha tremenda en mi interior, mi vecina me invito a unas clases a la que la habían invitado a ella en una iglesia, fue muy fuerte la lucha para decidir ir y aun mas para llegar, sentarme y tener que escuchar a la pastora. Sentía odio, desespero, impaciencia, frustración, un deseo inmenso de hacerle daño cada miércoles que asistía, hubieron veces donde quería salir corriendo y no volver, incluso una ves lo hice, pero cuando volví iba con la intención de hacerle daño a la pastora. Cuando ella hablaba quería írmele encima para golpearla, ahorcarla, y mi mente maquinaba como dañarla, hasta con un cuchillo. Pero algo me hacia quedarme y conforme pasaba el tiempo, mi ira se apoderaba de mi en el momento de la liberación, llegue a aventar las sillas a los lados, ¡a gritar tan fuerte! A querer golpear, me estorbaba todo a mi alrededor, sudaba, tenia una fuerza que yo también dentro de mi quería controlar y no podía, solo quería hacerle daño a la pastora, pero a ella la usa el poder del Espíritu Santo y contra El ningún ser maligno puede. Así que ahí empezó mi liberación y salvación para vida eterna, porque al llegar a Ministerios Eben-Ezer, donde mora la presencia de Dios y el Poder de Jesucristo, a través del Espíritu Santo que habita en mi pastora Alba Rivas, aquí en estas clases de cada miércoles para sanar el alma herida, aquí verdaderamente hay libertad, libertad de espíritu.

Jesús me hizo libre de abuso sexual, falta de perdón, ofensas físicas, odio, ira, maldad, drogas (marihuana, glas, vino, cigarro), venganza, esquizofrenia, alucinaciones (ver sombras y escuchar voces), violencia, malas amistades, ocultismo, pactos satánicos, idolatría (adorar a la muerte), beber sangre de animales sacrificados en ritos, muerte, insomnio, seres malignos que me manipulaban mi mente, resentimiento, desespero, frustración y ansiedad. Le doy toda la gloria y la honra a Jesucristo que me hizo libre y salvo, y estoy eternamente agradecido porque supe que: en ningún otro hay salvación, porque no hay otro nombre bajo el cielo dado a los hombres en el cual podemos ser salvos, solo Jesucristo,

"Y en ningún otro hay salvación; porque no hay otro nombre bajo el cielo, dado a los hombres, en que podemos ser salvos."
Hechos 4:12

Oración

PARA DESENMARCARAR A SATANAS

A través de la sangre de Jesús soy redimido de los engaños de Satanás y de todos mis pecados por la sangre de Jesucristo que me limpia de todo pecado, soy justificado y perdonado hoy. Se que hoy soy apartado para Dios y que mi cuerpo es templo del Espíritu Santo.

Soy redimido mediante Jesucristo, limpio por la sangre de Jesucristo y le pertenezco en cuerpo, alma y espíritu y que su sangre me protege de todo mal. Satanás no tiene mas poder sobre mi vida, no tiene mas lugar dentro de mi.

Renuncio a todo espíritu malvado que venia con astucia y engaños, poniendo mascaras, velos, vendas y cintas mágicas para que no conociera la verdad del poder transformador de Jesucristo en la cruz del calvario venciendo y rompiendo todo engaño de satanás. Cristo Jesús lo exhibió quitándole toda mascara diabólica poniéndolo al descubierto públicamente, y a través de la sangre de Cristo, hoy tomo la autoridad como dice en...

"Y estas señales seguirán a los que creen: En mi nombre echarán fuera demonios; hablarán nuevas lenguas."
Marcos 16:17

En el poderoso nombre de Jesús, te quito todo el derecho legal que yo te había dado y te quito la mascara, ¡!te ordeno que sueltes mi vida en el nombre de Jesús!! Ato todo demonio de transferencia, lo ato y le ordeno que se vaya, ahora te mando al abismo y me cubro con la sangre de Cristo y el poderoso Espíritu Santo, amen.

CAPITULO 12

SÍMBOLOS SATANICOS

Los símbolos ocultistas se encuentras alrededor del mundo entero, estos provienen de antiguas culturas que se dedicaron a adorar a sus dioses y divinidades que fueron integrados por los pueblos y naciones en firma de amuletos que muchos de ellos prevalecen y son usados, estos símbolos como los collares, anillos, aretes, cadenas, tatuajes, en camisetas, etc. Algunos de estos símbolos se han usado como amuletos de buena suerte, pero de acuerdo con las escrituras, todo este sistema de adoración es idolatría y pecado;

"Pero temo que como la serpiente con su astucia engañó a Eva, vuestros sentidos sean de alguna manera extraviados de la sincera fidelidad a Cristo."
2 Corintios 11:3

Satanás es astuto y seduce los sentidos hasta tener lo cinco sentidos intoxicados con sus mentiras,

"El que practica el pecado es del diablo; porque el diablo peca desde el principio. Para esto apareció el Hijo de Dios, para deshacer las obras del diablo."

1 Juan 3:8

Muchos de estos símbolos u objetos de imágenes, son puertas abiertas para que las personas estén atadas y poseídas por santanás ya que al tenerlos los usara, ya sea con conocimientos de causa o de forma deliberada como decimos, encierran poderes ocultos de los brujos y hechiceros. Hicieron pactos y rituales e invocaciones sobre estos invitados y consagrarlos a los espíritus que adoraban.

Hasta el día de hoy, muchos hechiceros y satanistas siguen diseñando este tipo de amuletos, son pedidos de las personas que lo solicitan. Sabemos que los demonios operan a través de estos objetos donde supuesta protección al que los posee, pero mas que nada la persona que lo posee su confianza en ellos.

Otros símbolos satánicos de era moderna se usan de una manera cotidiana por las personas, sabiendo exactamente su significado donde honra a satanás de manera liberada. Muchas personas son engañadas por satanás de manera ingenua, confían ciegamente en estos objetos y le cierran las puertas a Jesús que es el suficiente salvador que puede con poder absolutos liberarlos de satanás, la biblia dice,

"Sabiendo que el que resucito al Señor Jesús, a nosotros también nos resucitara con Jesús, y nos presentara juntamente con vosotros."
2 Corintios 4:14

Vemos como las celebridades usan el símbolo de la mano cornuda, la biblia dice,

"Que guarda misericordia a millares, que perdona la iniquidad, la

rebelión y el pecado, y que de ningún modo tendrá por inocente al malvado; que visita la iniquidad de los padres sobre los hijos y sobre los hijos de los hijos, hasta la tercera y cuarta generación."
Éxodo 34:7

Exactamente lo que da a decir y trasmitir al hacer estas señas con su mano y definitivamente saben que están honrado a lucifer, satanás.

Si usted revisa con cuidado y descernimiento y en cauteloso, encuentras en la mayoría de las siguientes bandas o celebridades, ya sea conexiones directas o nexos secretos con lo que a Illuminati y/o satanás no se refiere. Hay bandas quienes cantan sobre satanás y el diablo en general en sus letras, están promoviendo con su entendimiento el satanismo, la idea que el infierno es un lugar divertido por que ellos van a estar ahí (así lo dicen). Satanás a cegado el entendimiento de muchos artistas contrabando y pervirtiendo la mente de los seguidores, adoran a satanás de una manera desenfrenada y rechazan todo lo que tiene que ver con Cristo. Muchos de estos artistas han pactado con satanás y han caído atrapados por sus mentiras diabólicas. Jesús dijo,

"¿Por qué no entendéis mi lenguaje? Porque no podéis escuchar mi palabra. Vosotros sois de vuestro padre del diablo, y los deseos de vuestro padre queréis hacer. El ha sido homicida desde el principio, y no ha permanecido en la verdad, porque no hay verdad en el. Cuando habla mentira, de suyo habla; porque es mentiroso, y padre de mentira. Y a mi, porque digo la verdad, no me creéis."
Juan 8:43-4

En el mundo satánico, hay un lenguaje que usan los demonios a través de las personas para comunicarse cuando están siendo echados fuera en el nombre de Jesucristo. Cuando eso pase, deshaga la señal y anule toda invocación.

Nota: Estas siguientes señales aparecen en diversas muñecas, juguetes, etc. que han sido conjuradas por los fabricantes. ¡CUIDADO!

DESCRIBIMOS ALGUNAS POSICIONES

 (1) Esta "Posición" quiere decir que hay odio.

 (5) Esta "Posición" es que hay rencor y odio, hay opresión de violencia.

 (2) Esta "Posición" es de brujería, se llama espíritu de umbanda o macumba.

 (6) Esta "Posición" es llamando a los espíritus inmundos

 (3) Esta "Posición" es de adivinación. (Leer la mano o cartas y a la ves espiritismo)

 (7) Esta "Posición" es señal diabólica.

 (4) Esta "Posición" es de magia negra

 (8) Esta "Posición" es un pacto cerrado.

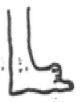

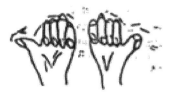

(9) Esta "Posición" es llamando a los espíritus pidiendo ayuda a los demonios.

(12) Esta "Posición" esta pidiendo ayuda a los demonios y es un demonio movido por los deseos vehementes de angustia o de desánimo también.

(10) Esta "Posición" con los dedos hacia dentro es que hay opresión. Los demonios se acumulan en los dedos.

(13) Esta "Posición" es un espíritu de religiosidad y a la vez esta llamando espíritus.

(11) Esta "Posición" debemos de apartar las manos para que los demonios salgan del cuerpo sin hacer ninguna resistencia.

(15) Este demonio se llama incubo de sexo y solo busca a la mujeres para hacer acto carnal con ellas.

(15) Esta "Posición" es pacto de sangre o de entrega.

(17) Esta es de odio y a la vez pide ayuda a otros y es un espíritu violento.

(16) Esta "Posición" de los pies cruzados temblorosos, significan los espíritus que molestan el cuerpo y que están poniendo resistencia, para no salir de el.

(18) Esta "Posición" es diabólica y a la vez esta pidiendo ayuda a los demonios también.

SIMBOLOS SATANICOS

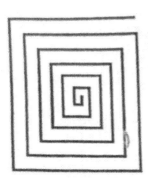

Este símbolo representa el encierro en sueño infinito ósea la muerte.

Este símbolo representa el sueño infinito del hipnotismo.

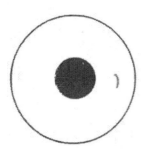

Este símbolo es utilizado por los satánicos para expresar que donde se encuentre este símbolo el lugar pertenece a satanás.

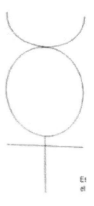

Este símbolo significa el símbolo de los brujos

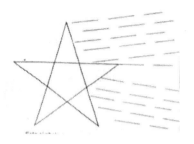

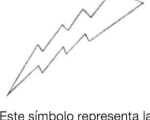

Este símbolo representa la estrella fugaz que es, la caída de luzbel.

Este símbolo representa la rapidez de satanás en su caída.

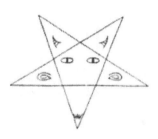

Este símbolo representa la estrella de Bophamet como una cabra.

Este símbolo representa la daga del sacrificio llamado othorni o pin muy común visto en tatuajes.

La mano en esta formación simboliza el saludo a anibus el dios de la muerta

El triangulo al revés significa abracadabra, antigua forma de llamar al

E.L.O.
O.L.E.

Manera antigua de llamar al diablo inconscientemente en las plazas de toros.

Este símbolo es el *ank* o *ancia* de la nueva era, representa el dominio vaginal de la mujer sobre el hombre.

Este símbolo representa los tres elementos del mundo de la nueva era: fuego, tierra, y agua.

Este símbolo significa anarquía satánica.

Este símbolo de la filosofía china representa las fuerzas que se contraponen.

Este símbolo significa el mundo dividido por satanás.

PENTAGRAMA INVERTIDO: Simboliza la estrella de la mañana, nombre que Satanás ha tomado para sí. Usada en brujería y rituales ocultos para conjurar espíritus de maldad. Puede estar dentro de un círculo o no, de cualquier manera representa a satanás.

BAFOMET: Inico de los satanistas. Es una deidad demoniaca y es un símbolo de Satán. Puede verse como joyería, o en rituales de brujos.

PENTAGRAMA: Símbolo usado en brujería, representa los elementos, la tierra, el viento, el fuego y el agua, con el espíritu rodeándolos.

HEXAGRAMA: Es uno de los símbolos más potentes usados en los poderes de las tinieblas. Usado en los trabajos de magia. Se confunde con la estrella de David, pero ésta estrella está dentro de un círculo.

ANKHA: Simboliza los rituales de fertilidad. Además el espíritu que es el poder de unión de las representaciones de lo masculino y femenino. Es además llamado el sello de por vida.

SVASTICA O RUEDA DEL SOL: Es un símbolo religioso antiguo usado mucho tiempo antes de que Hitler tomara el poder. Ha sido usado en inscripciones Budistas, Monumentos, Celtas y monedas Griegas. Representa el curso del sol en los cielos. También representa el poder del boomerang, todo lo que sube tiene que bajar, todo lo que haces se devuelve.

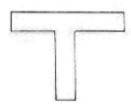

CRUZ TAU: Símbolo del dios Matras de los Persas y de Aryans de la India. Para ellos, Mathras era el ángel de luz, o la luz celestial. Es usado por modernos masones como símbolo de la T cuadrada.

CUERNO ITALIANO: Unicornio. Fue introducido por los Druidas de Escocia e Irlanda. Es asociado con la Buena suerte y la Buena fortuna. También es usado como el "ojo del mal". Además significa que Satanás tomaría control de tus finanzas.

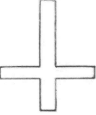

CRUZ INVERTIDA: Simboliza burla y rechazo a JESÚS. Los satanistas se ponen estas cruces como collares. Puedes verla en cantantes de Rock y en las portadas de sus discos.

ZODIACO: Usado en adoración satánica oculta. Los practicantes conocen a su dios como Baal o Lucifer. Esto incluye los signos de los horóscopos.

CABEZA DE CABRA: La cabra cornuda es el dios de los brujos. Es el modo satánico de burlarse del CORDERO que murió por nuestros pecados.

CRUZ DE NERON: También se le conoce como signo de "amor y paz". Otro signo que es de burla a la cruz de Jesús. También significa: Las ruinas del hombre muerto. Apareció en algunos bastones de los SS de Hitler.

YING YANG: En la filosofía china, son dos grandes principios opuestos o fuerzas de las que todo depende. Yang es masculino, luz y positivo. Yin es femenino, oscuro y negativo.

EL ESCARABAJO SAGRADO: para algunos este símbolo egipcio significa reencarnación. Es además el símbolo de Belcebú, Señor de las moscas (satanás). Si los satanistas lo tienen puesto, significa que tienen poder y es fuente de protección.

«S» SATANICA: Representa un "lighting bolt" o rayo cayendo, que significa «Destructor». En la mitología, era el arma de Zeus. Puesta en el cuerpo o en la ropa significa poder sobre los demás. Además usada por los temidos SS de la Alemania Nazi. (ss = servicio satanas). El Grupo de rock KISS usa este símbolo.

CRUZ SATANICA: Cruz que cuestiona la Deidad de Dios. Dentro del ocultismo representa los tres príncipes coronados: Satanás, Belial y Leviathan. Significa completa sujeción bajo Lucifer.

UDJAT: También conocido como "el ojo que todo lo ve". Uno de algunos de los símbolos que significa "Rey del Infierno Lucifer". Es quien ellos piensan sería pasado el juicio. La lágrima significa el lamento de todos aquellos que no pueden salir de su influencia.

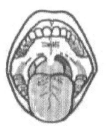

LA LENGUA EXTENDIDA: Es símbolo de muerte. Uno de los integrantes del grupo Kiss (Gene Simmons) acostumbra a realizar esta expresión. En una de las portadas de Rolling Stones, aparece este símbolo.

LA CALAVERA: Es el símbolo de la muerte y usado para maldecir. En ritos satánicos sirve como recipiente para colocar la sangre de los sacrificios. Es usado en varias ocasiones por jóvenes en collares, anillos y pendientes. La influencia negativa es muy fuerte al usarlos.

666 (LOS TRES SEISES): EL NOMBRE DEL HOMBRE. LA MARCA DE LA BESTIA. APOCALIPSIS 13:18

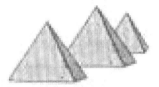

PIRAMIDES: Representa a la trinidad de la idolatría demoniaca: Nimrod (padre) Semiramis (diosa madre) Tammuz (dios hijo). Se dice que desprenden descargas eléctricas positivas y que concentran poderes cósmicos. Son usadas como instrumentos de suerte y adivinación, porque supuestamente contienen revelaciones y profecías del mundo.

LA HOSTIA: Las iniciales que están en las hostias, son las siglas de la trinidad egipcia; Isis, Horus y Seb. Cuando Jesús instituyo la cena, partía el pan en pedazos, por tanto, no podrían ser redondos por arte de magia. El usó el pan y vino como elementos simbólicos de su cuerpo y de su sangre. *Dios prohibió a los judíos adoración al dios solar. (2 Crónicas 33:4).*

JUEGO DE CARTAS: Juego de azar, diseñado para la burla de Dios y la de los mandamientos. El rey representa al diablo, la reina a María la madre de Jesús, dando a entender que de esta unión blasfema nació nuestro salvador. Los corazones rojos representan la sangre de Jesús, las espadas la persecución y destrucción de los cristianos. Una burla a los mandamientos ya que los simbolizan con el número de cartas en un mazo. Los adivinos creen solucionar el pasado, el presente, el futuro, y predecir la suerte del consultante. Este juego pertenece a la cartomancia la cual consiste en usar las barajas como medios adivinos; una práctica prohibida en La Biblia. (Deuteronomio 18:10-12).

ANARQUIA: Significa abolir todas las leyes. En otras palabras "haz lo que quieras". Esta es la ley de los satanistas. Usada por los Punks y los Rockeros y los seguidores de Heavy Metal.

SIGNO DE BRUJOS O SIGNO DE LA LUNA: Usado para saludar la luna naciente. Además, es el saludo secreto de satánicos y brujos.

MANO CORNUDA: Es el signo de reconocimiento entre aquellos que están dentro de lo Oculto. Nota el dedo pulgar sobre los dedos y es hecho con la mano izquierda.

Como podemos apreciar en esta tabla, algunos de estos símbolos los llegamos a usar antes de Conocer a Jesús, y algunos todavía los usan sin saber el significado oculto que manejan, y que es una abierta invitación a Satanás. Es menester que estos símbolos sean destruidos y pedirle perdón a Dios por haberlos usado, y que cierre toda influencia oculta que estos hayan tenido en nuestra vida. Entonces podremos sentir la libertad que Jesús vino a traer a los cautivos. Dios dice en su palabra: "MI PUEBLO PERECE POR FALTA DE CONOCIMIENTO". *Oseas 4:6*

TATUAJES

"Y no haréis rasguños en vuestro cuerpo por un muerto, ni imprimiréis en vosotros señal alguna. Yo Jehová"
Levíticos 19:28

Los tatuajes en los cuerpos traen maldiciones, los tatuajes incluyen la inserción de agujas finas y aplicando colorantes en la perforación para formar un modelo. Los hechiceros a menudo pasan sus poderes o demonios por medio de un tatuaje en el cuerpo de un descendiente, pocos se preguntan porque Dios prohibió a los israelitas marcar sus cuerpos como una moda.

Algunas mujeres me preguntan sobre los tatuajes cosméticos donde el color de los labios y sobre líneas de los ojos se tatúan permanentemente. Desconozco de la respuesta para eso, aunque pareciera que una vez que usted conoce las advertencias de la biblia sobre desfigurarse el cuerpo o ponerse marcas en su cuerpo por propósitos cosméticos seria pecaminoso.

Si usted se siente inseguro y de todas maneras lo hace, donde no cabe la fe, aunque con propósito cosmético eso debería ser pecaminoso.

Si usted de todas maneras hizo algo donde no cabe la fe, eso es pecado, donde no hay obediencia habrá maldición.

"Pero el que duda sobre lo que come, es condenado, porque no lo hace con fe; y todo lo que no proviene de fe, es pecado."
Romanos 14:23

Hay quienes se tatúan para reafirmar su identidad o sentirse libres o dueños de su cuerpo, sin embargo, la biblia nos dice,

Romanos 12:1 "Así que, hermanos, os ruego por las

misericordias de Dios, que presentéis vuestros cuerpos en sacrificio vivo, santo, agradable a Dios, que es vuestro culto racional."

Los tatuajes están mas de moda hoy mas que nunca, por ejemplo, hay gente que sigue una moda o muestra pertenecer a cierto grupo, pero en ese caso conviene preguntarse ¿qué hare si el tatuaje pasara de moda o si me arrepintiera? Si uno analiza sus motivos, podrá tomar una buena decisión.

"Sabiduría, ante todo; adquiere sabiduría; Y sobre todas tus posesiones adquiere inteligencia."
Proverbios 4:7

"Los pensamientos del diligente ciertamente tienden a la abundancia; Mas todo el que se apresura alocadamente, de cierto va a la pobreza."
Proverbios 21:5

A menudo, la decisión de hacerse un tatuaje se toma por impulso, por quien tome esa decisión tal vez tenga que cargar por mucho tiempo con las consecuencias, sus relaciones interpersonales o su empleo podrían verse afectadas, además quitarse un tatuaje es caro y doloroso y ese hecho lo comprueba el floreciente negocio de eliminar tatuajes.

"Todo me es licito, pero no todo conviene; todo me es licito, pero no todo edifica."
1 Corintios 10:23

Antes de hacer cualquier decisión o cualquier cosa, necesitamos pausar y pensar ¿como esta decisión me beneficiara a mi y a los que me rodean?

Hacerte un tatuaje puede ser tan personal, que llegar a ser

orgulloso y egoísta de tu parte sin darte cuenta. Como cristianos las persona que deben llegar a tu mente son tus padres, esposa e hijos.

40 de cada 100 jóvenes menores de 25 años se han hecho algún tipo de tatuaje o perforación en la piel.

> *"Pues el fin de la ley es Cristo, para justicia a todo aquel que cree."*
> *Romanos 10:4*

> *"Porque cualquiera que hiciere alguna de todas estas abominaciones, las personas que las hicieren serán cortadas de entre su pueblo. Guardad, pues, mi ordenanza, no haciendo las costumbres abominables que practicaron antes de vosotros, y no os contaminéis en ellas. Yo Jehová vuestro Dios."*
> *Levítico 18:29-30*

> *"Pero antes que viniese la fe, estábamos confinados bajo la ley, encerrados para aquella fe que iba a ser revelada. De manera que la ley ha sido nuestro ayo, para llevarnos a Cristo, a fin de que fuésemos justificados por la fe. Pero venida la fe, ya no estamos bajo ayo."*
> *Gálatas 3:23-25*

> *"Aboliendo en su carne las enemistades (la ley de los mandamientos expresados en ordenanzas), para crear en si mismo de los dos un solo y nuevo hombre, haciendo la paz."*
> *Efesios 2:15*

El hecho que hubo una orden contra los tatuajes debería causar duda en nosotros.

Tenemos que recordar que nuestros cuerpos tanto como el alma han sido redimidos y pertenecen a Dios.

"Porque eres pueblo santo a Jehová tu Dios, y Jehová te ha escogido para que le seas un pueblo único de entre todos los pueblos que están sobre la tierra."
Deuteronomio 14:2

" ¿O ignoráis que vuestro cuerpo es templo del Espíritu Santo, el cual esta en vosotros, el cual tenéis de Dios, y que no sois vuestros?
Por que habéis sido comprados, por cierto; glorificad, pues, a Dios en vuestro cuerpo y en vuestro espíritu, los cuales son de Dios."
1 Corintios 6:19-20

"¿No sabéis que sois templo de Dios, y que el Espíritu de Dios mora en vosotros? Si alguno destruyere el templo de Dios, Dios le destruirá a el; porque el templo de Dios, el cual sois vosotros, santo es."
1 Corintios 3:16-17

"En el también vosotros, habiendo oído la palabra de verdad, el evangelio de vuestra salvación, y habiendo creído en el, fuisteis sellados con el espíritu santo de la promesa."
Efesios 1:13

"Por lo tanto, hermanos, os ruego por las misericordias de Dios que presentéis vuestros cuerpos como sacrificio vivo, santo, agradable a Dios, que es vuestro culto racional."
Romanos 12:1

Oración

Señor Jesús, te agradezco por haber enviado a tu hijo Jesucristo a morir en la cruz por mi para vencer la muerte y el pecado. Te pido que me cubras con tu sangre preciosa, libérame de toda influencia satánica en el poderoso nombre de Cristo Jesús. Me pongo la armadura de Dios

> *"Vestíos de toda la armadura de Dios, para que podáis estar firmes contra las asechanzas del diablo."*
> Efesios 6:11

Me levanto contra toda asechanza del diablo, no acepto ningún intento del enemigo, no recibo ninguna de sus maldiciones, hoy se debilita todo maleficio y toda fuerza diabólica, cierro la puerta a los ataques satánicos y a todo símbolo ocultista que esta en mi alrededor, en el poderoso nombre de Cristo Jesús, Amen.

Oración Del Pecador

Ahora mismo, donde usted se encuentre, puede recibir el regalo de vida eterna a través de Jesucristo. Si decide aceptarlo, acompáñame en esta oración y repita en voz alta:

Padre Celestial, yo reconozco que soy un pecador y que mi pecado me separa de ti. Me arrepiento de todos mis pecados y hoy voluntariamente confieso a Jesucristo como mi Señor y salvador y que murió por mis pecados. Creo con todo mi corazón que resucito de los muertos. Jesús, te pido que entres a mi corazón y cambies mi vida. Renuncio a todo pacto con el enemigo y si yo muero se que al abrir mis ojos estaré en tus brazos, amen.

Si has hecho esta oración con un corazón sincero, mira lo que Jesús dice acerca de la decisión que acabas de tomar.

"Que si confesares con tu boca que Jesús es el Señor, y creyeres en tu corazón que Dios le levanto de los muertos, serás salvo. Porque con el corazón se cree para justicia, pero con la boca se confiesa para salvación."
Romanos10:9-10

"De cierto, de cierto os digo: El que cree en mi, tiene vida eterna."
Juan 6:47

Si este libro te fue de bendición y te gustaría compartir el testimonio de lo que Dios hizo en tu vida a través de este libro, puedes enviárnoslo a pastoraalbarivas@gmail.com.

ACERCA DEL AUTOR

La pastora Alba Rivas, es una sierva de Dios llamada como profeta para proclamar y establecer el Reino de Dios.

Es fundadora de Ministerios Eben-Ezer junto a su esposo Jaime Rivas, con la experiencia de 30 años de ministerio en el pastorado.

Es una mujer fuerte, guerrera, e incansable que a sido formada en el lugar secreto y que depende de la dirección del Espíritu Santo con una continua revelación fresca de la palabra de Dios.

La pastora Alba ama a las almas, es usada en diferentes áreas dentro del ministerio como lo es en la liberación, consejería, predicación, enseñanza de la palabra, discipulados, congresos y retiros de mujeres, etc.

Made in the USA
Columbia, SC
11 January 2025

50698923R00196